西部雪山耸峙，峡谷古树参天；

长江之水天上来，黄河远上白云间。

东部盆地环山，平坝浅丘相连；

三星堆金沙惊世人，古蜀文明数千年。

大熊猫的故乡，珍稀植物摇篮；

九寨黄龙都江堰，乐山大佛峨眉山。

公园城市聚人气，林草皆是风景线；

八十八处景观地，不得不去待打探。

探秘四川

—— 88个不得不去的林草景观

主编／杨博

四川科学技术出版社

出版说明

本书是在2020年四川省林业和草原局策划实施的"探秘四川——不得不去的88个最美林草景观"评选活动的基础上，结合入选点位的实际，深入到遴选出的88个林草景观点进行采编制作的。本书内容涵盖了森林、湿地、草原等各类生态景观类型，全面梳理并展示了四川林草特色生态旅游景观资源，系统推介林草旅游线路，立体呈现各地林草特色产业。

自本书2021年面世以来，引起了社会的广泛关注。本书编辑部收到读者反馈，书中部分景点已在本书出版过程中变得更美、设施也更完善；部分景点涉及的行政区域划分也有最新的调整。为此，我们重新核实、修正了全书相关数据，再次推出《探秘四川——88个不得不去的林草景观》。

本书由四川省林业和草原局策划并组织编纂，四川省林业和草原宣传中心指导，成都无端堂文化传播有限公司具体实施，并以此成立本书的编纂委员会和内容创作部。

本书涉及的阿坝藏族羌族自治州、甘孜藏族自治州、凉山彝族自治州在正文中做了简称处理，分别简称为阿坝州、甘孜州、凉山州。

《探秘四川——88个不得不去的林草景观》（第二版）编纂委员会

主　　任　李天满
副 主 任　李　剑
顾　　问　印开蒲　胡　宏　李小波　田捷砚　李忠东
委　　员　(按姓氏笔画排序)
　　　　　　马朝洪　古晓东　朱　敏　杨世红　杨旭煜　吴春燕
　　　　　　张革成　张洪明　陈小中　陈红权　周古鹏　郭祥兴
　　　　　　顾海军　熊德华　黎治福

《探秘四川——88个不得不去的林草景观》（第二版）内容创作部

主　　任　马朝洪
副 主 任　张　杨　余　波
主　　编　杨　博
执 行 主 编　龙春雨　灵　犀　林　巧

撰 稿 人　(按姓氏笔画排序)
　　　　　　马艺璇　王银成　邓　伟　李子怡　阳　红　杨　博
　　　　　　杨　然　张蓝予　张　倩　岳肇宇　林　巧　黄世涛
　　　　　　税楠莉　鲍相龙　霍雨佳

摄 影 师　(按姓氏笔画排序)
　　　　　　王　琦　王铁松　扎西东洲　甘　霖　田捷砚　代永清
　　　　　　吕仕友　江宏景　刘华伟　李学朴　李　屏　何　丹
　　　　　　杨　建　杨清亮　邹　森　郭建良　姜跃斌　贾　林
　　　　　　黄文志　廖仕林　等

美 术 编 辑　丁　秀　王　静　陈　述　李支柱
绘　　图　熊　雯

品 牌 推 广　邓　祥　霍雨佳　宛洪利
网 络 推 广　宋　佚　魏　杰　刘　杨　宋得恩　李　易
新媒体运营　王银成
视频拍摄　文明智
统　　筹　陈豆豆
视 觉 合 作　图虫创意　大可影像

《探秘四川——88个不得不去的林草景观》（第一版）编纂委员会

副 主 任 包建华
顾　　问 印开蒲　胡　宏　田捷砚　李忠东
委　　员（按姓氏笔画排序）
马朝洪　古晓东　朱　敏　杨天明　杨世红　杨旭煜
吴春燕　张洪明　陈小中　陈红权　周古鹏　郭祥兴
顾海军　蒋洪彬　黎治福

《探秘四川——88个不得不去的林草景观》（第一版）编辑部

主　　任 马朝洪
副 主 任 张　杨
主　　编 杨　博
执行主编 龙春雨　灵　犀

撰 稿 人（按姓氏笔画排序）
马艺璇　王银成　邓　伟　李子怡　阳　红　杨　博
杨　然　张蓝予　张　倩　岳肇宇　黄世涛　税楠莉
鲍相龙　霍雨佳

摄 影 师（按姓氏笔画排序）
王　琦　王铁松　扎西东洲　甘　霖　田捷砚　代永清
吕仕友　江宏景　刘华伟　李学朴　李　屏　何　丹
杨　建　杨清亮　邹　森　郭建良　姜跃斌　贾　林
黄文志　廖仕林　等

美术编辑 丁　秀　王　静　陈　述　李支柱
绘　　图 熊　雯

品牌推广 邓　祥　霍雨佳　宛洪利
网络推广 宋　佚　魏　杰　刘　杨　宋得恩　李　易
新媒体运营 王银成
视频拍摄 文明智
统　　筹 陈豆豆
视觉合作 图虫创意　大可影像

目录

川西北 生态示范区
林草景观

阿坝藏族羌族自治州

黄龙	002
九寨沟	008
神仙池（嫩恩桑措）	016
若尔盖	020
四姑娘山	026
达古冰川	032
毕棚沟	040
卧龙保护区	046
情人海	052

毛木初	060
九鼎山	066

甘孜藏族自治州

稻城亚丁	070
措普沟	078
格聂神山	084
海螺沟	090
荷花海	096

攀西 经济区
林草景观

凉山彝族自治州

泸沽湖	104
寸冬海子	110
灵山	112
螺髻九十九里	116
邛海	120
仙人湖	124
百草坡	128

攀枝花市

苏铁保护区	132
二滩	136

成都平原经济区
平原及周边山地林草景观

成都市
- 丹景台 —— 142
- 北林绿道 —— 146
- 花舞人间 —— 150
- 花涧和鸣 —— 154
- 天府花溪谷 —— 158
- 鞍子河 —— 162

德阳市
- 神瀑沟 —— 168
- 云湖 —— 172

绵阳市
- 七曲山 —— 176
- 九皇山 —— 182
- 王朗 —— 186

遂宁市
- 观音湖 —— 190
- 金华山 —— 196
- 高峰山 —— 200

资阳市
- 花溪河 —— 208
- 安岳柠海 —— 212

眉山市
- 瓦屋山 —— 216
- 玉屏山 —— 222
- 黑龙滩 —— 226
- 青神竹林湿地 —— 230

雅安市
- 轿顶山 —— 234
- 龙苍沟 —— 240
- 喇叭河 —— 244
- 蒙顶山 —— 254
- 碧峰峡 —— 258
- 田湾河 —— 264

乐山市
- 峨眉山 —— 268
- 乐山大佛 —— 278
- 大风顶 —— 284
- 桫椤湖 —— 290
- 黑竹沟 —— 294
- 沐川竹海 —— 298

目录

探秘四川 —— 88个不得不去的林草景观

川南 经济区 林草景观

宜宾市
- 蜀南竹海 —— 306
- 兴文石海 —— 312
- 宜宾樟海 —— 316
- 金兰花谷 —— 322

泸州市
- 福宝 —— 326
- 玉皇观 —— 332

内江市
- 古宇湖 —— 336

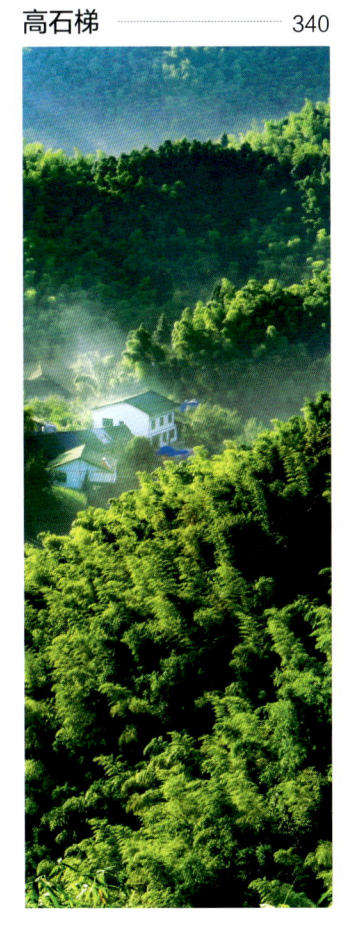

自贡市
- 高石梯 —— 340

川东北 经济区 林草景观

广元市
- 剑门关 —— 346
- 翠云廊 —— 354
- 唐家河 —— 358
- 白龙湖 —— 364
- 曾家山 —— 370
- 鸳鸯池 —— 376
- 天曌山 —— 380
- 南河 —— 386
- 米仓山大峡谷 —— 390

南充市
- 嘉陵江绿色生态走廊 —— 394
- 琳琅山 —— 400
- 太蓬山 —— 406
- 白云寨 —— 410
- 锦屏山 —— 416

广安市
- 华蓥山 —— 422

达州市
- 巴山大峡谷 —— 428
- 宣汉国家森林公园 —— 434
- 八台山 —— 440
- 黑宝山 —— 448
- 云门天寨 —— 452
- 铁山 —— 456

巴中市
- 光雾山 —— 460
- 空山天盆 —— 466

探秘四川
这里风景如画

四川是祖国西南广袤沃野的中央。天府之国包揽万千山水；巴蜀大地，广迎八方宾客。在几千年的历史长河中，四川沉淀了悠久而丰满的文化内涵；如今，四川以兼收并蓄、更加开放、更加包容的态度向世界呈现出卓越的风姿。

"美丽中国看四川，绿水青山尽巴蜀"。近年来，四川省林业和草原局坚持以习近平新时代中国特色社会主义思想作为行动指南，坚持以新发展理念统领全省林草工作全局，深入践行"绿水青山就是金山银山"的发展理念思路，以新理念把握新方向，以新思路破解新难题。先后以天然林保护、退耕还林、生态脆弱区治理、大规模绿化全川、荒漠化治理、重要湿地保护与恢复、大熊猫国家公园建设等重大生态工程为抓手，以每年增绿近千万亩的速度推进绿色全覆盖。而今，天府之国绿意盎然，巴山蜀水绿韵动人。在四川林草人的努力之下，大熊猫、大九寨、大峨眉、大草原、大竹海、大贡嘎、大蜀道等世界级林草精品景观带建设如火如荼，吸引着世界目光，为"一干多支、五区协同"区域发展新格局注入了绿色发展的新价值。

四川有数量众多的林草景观资源，有尚未开放的秘境和隐藏景点。在川西北生态示范区，有雪山、冰川、湖泊、森林、草原、牧场、藏寨、歌舞，自然景观与民族文化交相辉映，春、夏、秋、冬风光变化无穷。这瑰丽天成的大自然和谐之景，是身居闹市的人们向往的最后净土。在川南林草景观带，感微风徐徐，看竹海浪涛，此起彼伏，生态屏障守护着长江中下游的安全；在攀西林草景观带，泸沽湖、苏铁保护区、攀西大裂谷纷纷呈现，穿越横断山脉，喀斯特地貌尽收眼底，感慨沧桑变迁中的林田湖草传奇；在川东北林草景观带，巴山水青冈天然种群形成了中国西南山地的斑斓奇观，守护着四川绿色版图的东北大门；在成都平原林草景观带，龙泉山森林公园绿意盎然、黑龙滩国家湿地公园烟波浩渺、安岳柠海果香四溢、遂宁观音湖百种莲花竞相展现……

发现四川、探秘四川、点赞四川。2019年，四川省林业和草原局启动"探秘四川——不得不去的88个林草景观"评选活动，为广大群众奉献了一场"绿水青山"的饕餮盛宴。活动的网络点击量超过4 000万，有效投票超过1 000万，黄龙、九寨沟、瓦屋山、蒙顶山、邛海、喇叭河、黑竹沟等88个点位在寻访和评选中脱颖而出，最终入选"探秘四川——不得不去的88个林草景观"名单。全省各市、州以评选活动为契机，深挖本地秘境景点，促进了本地隐藏资源的开发，克服了疫情带来的不利影响，推动了地方生态旅游经济强势复苏。既赢得了市场，更赢得了民心。基于此，我们编著了《探秘四川——88个不得不去的林草景观》一书，以展示四川林草秀美风光，推介林草特色产业，打造林草景观带，引导民众走进自然、亲近自然，为地方绿色发展助力。

《探秘四川——88个不得不去的林草景观》自2021年面世以来，引起了读者的强烈共鸣。本书在广大林草工作者群体中争相传阅，晒各自的林草家底，比各自的林草美景，谈最新的林草工作成果，一时间成为行业时尚。为了打造林草主题精品图书，更好地讲述林草故事，传播林草声音，本书编撰团队与指导专家团队在第一次出版的图书取得阶段性成果的基础上结合景观景点最新情况，对文稿进行再次修改、校对和润色，对所选用图片进行反复甄选、打磨。几易其稿，让凝聚着四川林草人厚望的图书再次面世，以飨读者。

生态美则天府美，生态兴则天府兴。一幅青山常在、绿水长流、空气常新的美丽四川图景正在加快绘就。随着成渝双城经济圈的深入推进，四川林草景观培育和推广将站在新的历史起点上。四川林草人抢抓战略发展机遇期，加强生态建设和生物多样性保护，不断探索，深入推进、推动四川林草高质量发展，努力开辟生态文明建设实践的新境界，加快建设人与自然和谐共生、绿色发展先行区，肩负起维护国家生态安全的神圣使命。

四川省林业和草原局
2023年12月

若尔盖
湿地科普教育基地·占哇景区

四川九寨沟国家级自然保护区
神仙池景区

四川九寨沟
国家级自然保护区

四川黄龙
国家级风景名胜区

四川省达古冰川
国家地质公园

四川金川国家森林公园
情人海景区

四川省梭磨河森林公园
毛木初景区

九鼎山
风景名胜区

四川省米亚罗自然保护区
毕棚沟景区

四川卧龙国家级自然保护区

四川四姑娘山
国家级风景名胜区

四川措普
国家森林公园

四川海螺沟冰川
国家森林公园

四川海子山
国家级自然保护区
格聂神山景区

四川荷花海
国家森林公园

四川亚丁
国家级自然保护区

川西北 生态示范区
林草景观

灵秀圣洁的大美之境

川西北生态示范区地处青藏高原与四川盆地之间，包括阿坝州和甘孜州。这里有蜀山之王——贡嘎雪山，有最后一片净土——稻城亚丁，有世界自然遗产——九寨沟、黄龙，有新发现的河曲景观——阿坝县曼扎唐湿地，有神仙池、情人海、毕棚沟……有或大名鼎鼎，或养在深闺的各色林草景观……

若尔盖国家湿地公园的优良生态吸引大量黑颈鹤来到这里繁衍生息；震后重生的九寨沟恢复往日动人神采；黄河从这里流过，红军长征从这里穿过；格萨尔王曾在这里征战。湖泊、雪山、冰川、原始森林、草原、江河等奇特的自然景观在这里集中展示，独一无二的高原特色林草景观与绚丽多彩的藏族文化、红军长征文化有机融合，林草主题生态旅游带正在形成。

川西北生态示范区保留着大自然最初的样子，孕育着灵秀圣洁的山川之美，真正实现绿水青山就是金山银山的愿景。

阿坝松潘 四川黄龙国家级风景名胜区

黄龙

探究大自然"钙化"的秘密

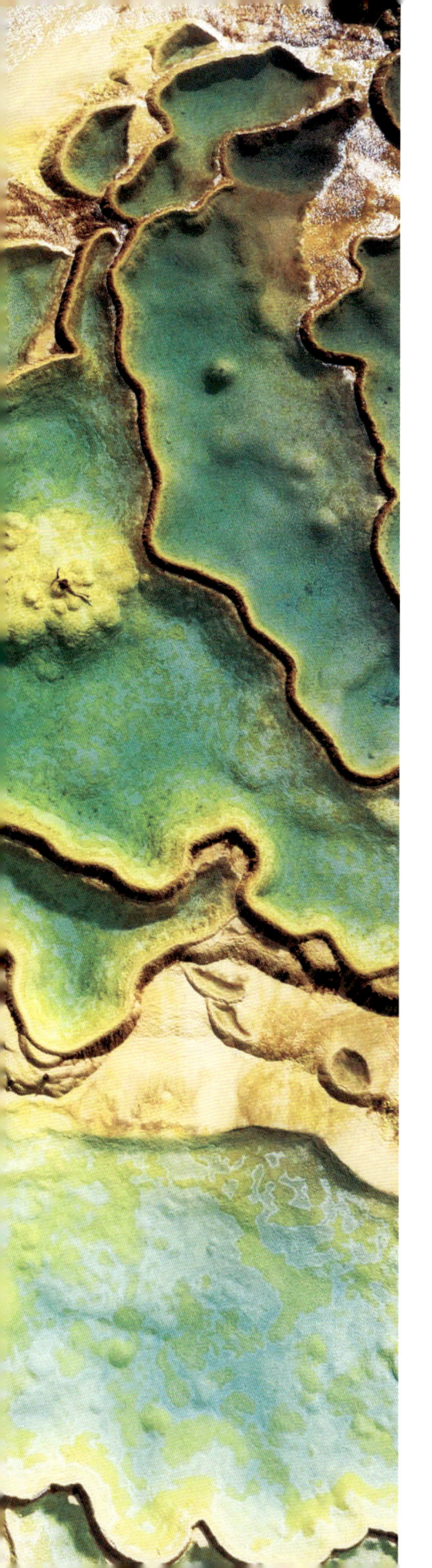

权威测评·林草探秘指数

资源禀赋：	99
体验产品：	99
基础设施：	98
交通优势：	98
网络人气：	99
品牌潜力：	97

左图：黄龙五彩池 姜跃斌 | 摄

四川黄龙国家级风景名胜区位于阿坝州松潘县，1982年被评为"国家重点风景名胜区"，1992年被列入"世界自然遗产名录"。这里以规模宏大、结构奇巧、色彩丰艳的地表钙化景观为主景，以彩池、雪山、峡谷、森林"四绝"著称于世。除此以外，滩流、古寺、民俗等看点也为黄龙增色。游客还可以在这里发现各种不同的森林生态系统，以及石灰岩构造、瀑布和温泉。

落入深山的巨龙

黄龙和九寨沟都是世界自然遗产。与九寨沟一山之隔的黄龙，可以称得上是钙化博物馆。黄龙背倚海拔5 588米的岷山主峰雪宝顶，下临涪江源流，主体是一条由南向北、逐渐隆起的山脊，全长7.5千米，宽1.5千米。

黄龙似一条黄色的巨龙蜿蜒起伏。山脚处的涪源桥是龙尾，从这里开始，黄色的"龙身"沿着山体蜿蜒而上，那层层叠叠的水池恰似覆盖龙身的晶莹龙鳞；最高点是美如瑶池仙境的五彩池，它是巨龙的眼睛。

黄龙沟内色彩斑斓的地貌景观主要由钙化彩池构成，在地质学上称为"钙化梯"，也叫"灰华田"。这是一种并不少见的岩溶地貌，但像黄龙如此大的规模世间绝无仅有。

最早记述黄龙奇观的外国人

100多年以前，一位叫亨利·威尔逊的英国植物学家受英国皇家植物园与美国哈佛大学的委托，不远万里来到中国四川。他多次深入四姑娘山、黄龙、贡嘎山等地采集植物标本，考察野生植物资源，把在这一地区采集到的红花绿绒蒿、岷江百合、黄花杓兰等上百种野生花卉引种到了西方国家。"黄龙真是一个神奇的地方，简直不可思议"，威尔逊在日记中曾经这样写道。

威尔逊是最早记述黄龙奇观的外国人，他的《中国——园林之母》一书有这样的描述，一股激流夹带过量的石灰从亘古雪原——雪宝顶奔腾而下，沿岸沉积着厚厚的乳白色石灰外壳。这里被当地人认为是圣洁的，对他们而言，任何自然现象都有强烈的诱惑力。那里早就建有一座庙和由溪流冲刷而成的50个小湖，展示着最旖旎的风光。

威尔逊在松潘和黄龙拍了大量的照片，从这些老照片上可以看到，百年前松潘古城的四周有高大的城墙，城内屋舍鳞次栉比，城外岷江蜿蜒流过，俨然一座安宁美丽的小城。大量黄龙钙化池的黑白照片虽然没有记录下黄龙钙化池斑斓的色彩，但通过和今天的黄龙钙化池对比，我们发现：相较于百年前，碳酸钙堆积物至少增加了1～2米，黄龙钙化池正处在快速的生长期。威尔逊记录下黄龙美景的时候，他一定料想不到，百年后的黄龙成了世界自然遗产。

高山兰花，新晋"第八绝"

6月的黄龙，渐渐热闹了起来。阳光普照，天气回暖，雪山融水的慷慨补给，让溪水迫不及待地汇入彩池。遍地的兰花悄然开放，色彩缤纷，整个黄龙沟内都有了生机。若说黄龙是水养出来的，那兰花便增添了黄龙的高洁气质。6月是黄龙兰花盛开之期，也是最佳观赏期，更成了继彩池、滩流、瀑布、雪山、峡谷、森林、古寺后的"黄龙第八绝"。

黄龙景区内有兰科植物31属70种，仅在3.6千米长的黄龙沟内，就生长着19属34种美丽的兰花，其中不乏黄花杓兰、虾脊兰等世界著名兰花品种。黄龙兰花自然环境下生长面积为10平方千米，核心区为4平方千米；人工培育的黄龙兰花面积约为400平方米，主要培育的兰花品种有西藏杓兰、黄花杓兰、虾脊兰。通过人工培育兰花的成功试点经验，未来可以在黄龙景区适宜区域进行大面积的人工培育种植。

每年黄龙兰花盛开的时候，黄龙景区都会举办"高山兰花节"，至今已成功举办了五届。黄龙兰花在为游客带来不同体验的同时，也使黄龙沟既成为名副其实的兰花天堂，又是全球25个生物多样性热点地区之一。

黄龙有雪山、滩流、彩池、峡谷、古寺，其中钙化彩池称绝于世。
- 左图：雪山下的五彩池　夏雪东尔 | 摄
- 右图：每年6月，黄龙兰花盛放　贾林 | 摄

隆冬季节，整个黄龙沟是冰瀑雪海的世界，海拔最高的五彩池更加诡谲奇幻。它是黄龙地区最大的彩池群，由众多大大小小的彩池所构成，远远看去宛如片片碧玉盘，在阳光下，或红，或紫，或蓝，或绿，浓淡相宜，极尽美丽娇艳。

- 左图：冬日五彩池　黄龙管理局供图
- 右图：钙化池的钙化围堤　贾林 | 摄

景观体验

- **交通** 景区距九黄机场 40 千米，距红原机场 260 千米。自驾从成都出发约 360 千米，耗时 6.5 小时。
- **住宿** 瑟尔嵯国际大酒店、君悦大酒店、松潘云海假日酒店等。
- **美食** 牦牛肉、藏餐、贝母鸡、洋葱糍粑等。
- **特产** 黄龙香菇、松潘贝母、松潘虫草、羌族刺绣品等。
- **非物质文化遗产** 唐卡绘画艺术、羌族多声部民歌等。

探秘 黄龙"钙化"的地质之谜

如此美丽的钙化池是怎样形成的呢？黄龙沟四周高山上的冰雪融水和地表水渗入冰碛物，在石灰岩层下部形成浅层潜流，地下水循环的过程中，溶解了大量石灰岩中的碳酸钙物质。富含碳酸钙物质的地下水通过泉眼流出地表，析出碳酸钙结晶，并在水流的波折处堆积沉淀，最终形成钙化池。

经过成千上万年的积累，黄龙景区所在的区域内形成了厚数十厘米、高 10 厘米到 2 米不等的钙化围堤。随着地形的起伏，钙化围堤呈阶梯状上下层叠，围堤内汇集成形形色色、大小不一的彩池，小的一二平方米，大的数百平方米，错落有致，宛如仙境中的莲台瑶池。

春天来到黄龙风景区，山上的雪还没有化，天、地、森林都被一层银白覆盖。此时的黄龙钙化池好似一束幽蓝深邃的目光，含着清澈的泪水仰望着神山雪宝顶。黄龙钙化池会随着观赏位置和天气的不同而变色，站在观景步道和栈道上看钙化池，距离不同、角度不同、天气不同，钙化池的颜色也就不同，这是因为这些水富含矿物质，在不同的温度和光照条件下呈现出不同的颜色。

四川九寨沟国家级自然保护区

九寨沟

斑斓似锦的童话世界

权威测评·林草探秘指数

资源禀赋:	99
体验产品:	98
基础设施:	97
交通优势:	96
网络人气:	98
品牌潜力:	98

　　四川九寨沟国家级自然保护区位于阿坝州九寨沟县境内，地处四川盆地向川西高原过渡地带，1992年被列入"世界自然遗产名录"。九寨沟是四川神奇瑰丽自然风光的精华，泉、瀑、河、滩和108个海子，构成一个个五彩斑斓的瑶池玉盆；彩林、翠海、叠瀑、雪峰、藏情、蓝冰，为九寨沟主要看点，被称为"六绝"。

全人类的遗产

　　联合国教科文组织对九寨沟的评价：绝妙的自然现象及具有罕见自然美和美学价值的地区。《国家地理》杂志报道："在九寨沟自然保护区的高山上，稀有动植物得以找到庇护所，成千上万的游客发现了凉爽、清澈、蓝宝石和翡翠色的水域。"

　　九寨沟地质背景复杂，碳酸盐分布广泛，褶皱断裂发育，新构造运动强烈，地壳抬升幅度大，造就了多种多样的地貌，发育了大规模喀斯特作用的钙化沉积，并以喀斯特钙化沉积为主体，形成九寨沟艳丽典雅的群落。奔泻湍急的溪流，飞珠溅玉的瀑群，古穆幽深的林莽，连绵起伏的雪峰，这些地貌景观的和谐组合，构成独具特色的"九寨沟岩溶地貌"。

■ 左图：航拍九寨沟 杨建｜摄
■ 右图：九寨沟春色

彩林渲染的大地

被誉为"九寨沟六绝之首"的彩林，占景区一半以上的面积。2 000余种植物争奇斗艳，林中奇花异草色彩绚丽，沐浴在朦胧迷离的雾霭中的孑遗植物浓绿阴森，神秘莫测。林地上积满厚厚的苔藓，偶尔有鸟兽活动的痕迹。

日则沟风景线全长16千米，在诺日朗瀑布和原始森林之间，是九寨风景线中的精华部分，也是九寨沟彩林景观的代表。这里林木遮天蔽日，藤蔓纵横。每年10月中旬开始，进入到彩林最佳观赏时期，从山脊到湖边大部分树叶都已经变色：有的是金灿灿的黄，有的是漫山遍野的红，再加上其他的颜色作为过渡和点缀，九寨沟俨然成了一个天然的调色盘。

壮观神气的藏族民居

走进九寨沟，一栋栋藏族民居建筑分布在曲折蜿蜒的河谷两岸台地上。它们气势非凡、威武雄壮，形似穿着铠甲严阵以待、保疆卫国的战士，巍峨耸立在蓝天白云、碧水苍山与茫茫原野相互交衬的大地上，纯真而质朴，壮观而神气。

这是格萨尔王口中"从地上长出来的民居"。这种传统民居造型独特，是以古代勇士为原型的拟人化建筑。房屋一般不少于三层，分别象征勇士的头部、腹部和腿部，房顶所插的经幡象征着勇士头盔上的红缨，窗户则象征眼睛。传统民居继承了寺院建筑的造型和装饰风格之后，产生了具有强烈地域色彩的建筑风格：以黄、白、红、绿、蓝这五种色彩构成基调色，白墙、红窗、金瓦在川西高原格外高远辽阔的天空下显得圣洁大气。

上图：九寨沟六绝之一：彩林
下图：九寨沟景区里的藏寨

探秘四川 88个不得不去的林草景观

左一图：2017年8月10日
地震后三天的九寨沟诺日朗瀑布　杨建｜摄

左二图：2017年10月25日
地震发生两个月后诺日朗瀑布恢复情况　杨建｜摄

左三图：2018年7月6日
地震后一年左右诺日朗瀑布的植被大致恢复　杨建｜摄

左四图：2018年11月10日
诺日朗瀑布基本恢复震前景观　杨建｜摄

右上图：地震前冰封的诺日朗瀑布　李屏｜摄

创造与变革的自然之力

从九寨沟的形成历史来看，任何一处风景想要"修炼"到九寨沟的级别，它所要经历的"磨难"将超乎想象。

2017年8月8日，突如其来的7.0级地震袭击了九寨沟。原本色彩斑斓的多个高山、湖泊、坝体坍塌，湖水瞬间下泻，几乎干涸。然而，对于大自然而言，一切磨难皆是修炼，一切毁灭皆是创造。随着时间的推移，这些被地震破坏的景观已经逐步修复与更新，地质运动也促成了新的景观形成。受到地震影响的诺日朗瀑布，经人工干预后基本恢复如初；地震导致火花海消失，但同时又产生了一个新的瀑布——宽85米，高8米的双龙海瀑布。在阳光的映衬下，清澈的河水倾泻而下，涛声阵阵，蔚为壮观。

景区内湛蓝的五花海、珍珠滩瀑布、镜海等景点风采依然。初夏的五花海倒映着茂密的树林，仿佛是一片充满绿意的童话世界。珍珠滩瀑布倾泻而下，像一颗颗炸裂的珍珠，晶莹剔透，横冲直下，在阳光的照射下，散发出阵阵晶莹的光芒。要是站在瀑布底下观赏的话，能够感受到瀑布冲泻而下带来的阵阵凉意和浓浓的水汽。此时，呼吸着大自然赐予我们的负离子，瞬间可以把烦恼抛之脑后，心情舒畅开来。镜海，美如其名，它宛如一面镜子般倒映着山间的景色，哪里是天，哪里是海，一时竟分辨不清。

探秘四川 88个不得不去的林草景观

神奇的九寨蓝、圣洁的九寨水吸引游客寻幽探秘

探秘 神奇的"九寨蓝"

"九寨归来不看水"。九寨沟，以幽蓝澄澈的水体闻名天下，水是九寨沟最显著的名片，蓝是九寨沟最直接的色彩。

九寨沟的水为什么这么蓝？人们对此有很多绮丽的幻想。从科学的角度解释是：由于九寨沟地处岷山山系，属于典型的高寒喀斯特地貌，湖泊主要是喀斯特湖泊，水体主要来自大气降水、高山融雪水和地下岩水，含沙量少，洁净度高。除了水质洁净外，钙化沉积也是湖泊颜色形成的核心原因之一。悬浮碳酸钙颗粒对可见光的选择性反射和散射作用是湖泊颜色形成的光学基础。相比于高原非喀斯特湖泊，九寨沟喀斯特湖泊中悬浮的碳酸钙对可见光的反射、散射作用具有强烈的波长选择性，即反射光中短波长的蓝、绿光比例显著高于长波长的红光，这就是为什么我们观察到的湖泊颜色是蓝色。

景观体验

- **交通** 景区距九黄机场86千米，距红原机场320千米。自驾从成都出发约420千米，耗时8小时。
- **住宿** 九寨天堂洲际大饭店、亚朵轻居、九寨记忆温泉大酒店等。
- **美食** 素烧如意、洋芋糍粑、荞麦面食、奶渣包子、牦牛肉等。
- **特产** 九寨沟柿饼、九寨刀党、九寨沟蜂蜜等。
- **非物质文化遗产** 南坪曲子。

扫一扫 了解更多资讯

阿坝 九寨沟 | 四川九寨沟国家级自然保护区神仙池景区

神仙池（嫩恩桑措）

传说中仙女沐浴的地方

权威测评·林草探秘指数

资源禀赋：	🌐	88
体验产品：	🏃	87
基础设施：	🏠	86
交通优势：	🚇	92
网络人气：	📍	87
品牌潜力：	⛺	79

四川九寨国家森林公园神仙池景区位于阿坝州九寨沟县境内，为石炭系、三叠系碳酸盐岩组成的高山峡谷，被浩瀚无边的原始森林包围，既有足以与黄龙媲美的大型钙化池，又有可与九寨沟比肩的高山湖泊。

"九黄结晶"的体验胜地

神仙池景区藏语称为"嫩恩桑措"，意为仙女沐浴的地方。去过的人都说，大自然对四川真是厚爱有加，不仅赐给了九寨沟和黄龙，还孕育了这么一处集九寨、黄龙美景于一体的神仙池。

神仙池由1 200多个彩池和钙化池组成，主要景点分布在一条长约3 000米、宽约311米的高山峡谷之中。景区内海拔4 000米以上的山峰共有10多座，峰峦叠嶂，曲涧幽深，云雾缭绕，给人一种空灵、幽远的感觉。莲台彩池、瑶池、青龙海、神蛙海、金银滩等景点，各具神韵。其中，青龙海和神蛙海都与九寨沟的大小海子如出一辙：枯木静卧水底，青苔遍铺水岸，池中弯弯曲曲的藤蔓，舒卷飘逸的水草，大大小小的松球，在清澈澄碧的湖水里，宛如一件件精致的艺术品。

地质学家们对神仙池的成因和地质状况进行了全面考察，在考察中指出："神仙池钙化速度是黄龙风景区的10倍，为现代钙化沉积速度最快的地方，因此具有极高的科研价值。"神仙池除了美丽的钙化池景观外，还可以清楚地观察到钙化沉淀的形成过程，看到池中很多现代钙化沉淀物，是研究钙化形成机制的试验基地。

■ 左图：鸟瞰钙化池群　杨建｜摄
■ 右图：神仙池彩林　杨建｜摄

人间难得几回游

神仙池的核心区域，起于仙女桥，终于摸佛洞。其间，依次是水帘洞、金银滩、神泉、瑶池、青龙海、莲台彩池、仙女池、神蛙海。沿着古朴的木制栈道慢慢前行，身旁是郁郁葱葱的密林，在松柏和桦树的枝条间，不时有可爱的小松鼠穿过。成片的山坡被黄色、乳白色钙质所包裹，形成奇特的盆状钙化池和钙化坡，层层堆叠在面前，池中的水色呈现独特的"九寨蓝"景致。

潺潺细流沿着层层"梯田"缓缓流淌，在阳光的映射下，仿佛披上了一层金色的纱，那样耀眼璀璨。再向着密林深处走去，树木逐渐换上了彩色的衣裳，泛黄的树木倒映在水中，将水染成了五彩斑斓的颜色。

行走至青龙海，这里早已没有了钙化痕迹，只剩下一池幽静碧绿的湖水。天空下，一景一物浑然天成。藏在游步道尽头的神蛙海，被各种树木包围在一起，层层叠叠之间，站在木栈道的观景台上向远处看去，此刻山间清风徐徐，一切都是大自然最初的模样。

行走在神仙池，犹如来了一次爱丽丝梦游仙境之旅。这里不仅可以看到"童话世界"九寨沟般的碧水蓝天，还可以探秘"人间瑶池"黄龙般的钙化彩林。

■ 上图：二十八道拐景观　杨建 | 摄

景观体验

🚗 **交通** 景区距九黄机场116千米，距红原机场352千米。自驾从成都出发约450千米，耗时9小时。

🏨 **住宿** 九寨沟神龙酒店、九寨鲁能希尔顿度假酒店、阿坝藏家小楼客栈等。

🍴 **美食** 青稞饼、人参果饭、九寨酸菜、虫草鸭等。

🛍 **特产** 九寨沟甜樱桃、九寨沟虫草、羊肚菌等。

非物质文化遗产 南坪曲子等。

探秘 深藏高原林海里的二十八道拐

从九寨沟前往神仙池的公路上，沿途会经过二十八道拐，弯道从山脚一直延伸到山腰，这里是欣赏高原森林湿地景观的观景台。站在海拔3 640米的垭口，映入眼帘的是云雾笼罩下连绵起伏的群山，与盘山公路组合在一起，自成一幅山水画。

神仙池景区为打造独享生态空间，目前正进行游客限流管理，不必担心像其他景区那样出现人满为患的状况。整个景区被浩瀚的林海包围，高大的乔木和密集的箭竹将景区分成三个景点：上段称"莲台映彩"，中段为"仙女池"，下段名"金流泛波"。

高耸的云杉、树皮开裂的桦木、高原水柳，以及高大的乔木支撑起神仙池别样的天际线；有着红色、橘色、黄色叶片的灌木，丰富的苔藓植被，美丽的树挂，都为神仙池增色不少；阳光下的钙化池像宝石般点缀在林间，蓝如天，绿如地，啾啾鸟鸣和着潺潺流水是最纯粹的天籁之音。

阿坝 若尔盖湿地科普教育基地·古哇景区
若尔盖

若尔盖
别样的湿地风景

若尔盖草原是红军长征走过的地方。如诗如画的若尔盖，宛如一块镶嵌在川西北边界上的绿宝石。

除了草原，这里更有森林与神山。梅花鹿如同自然的使者守护在这里。每年七八月，是若尔盖的黄金季节，是探寻湿地秘境、观赏最美林草景观的最佳时机，也是若尔盖与你履行草原约定的理想时刻。

权威测评·林草探秘指数

资源禀赋：85
体验产品：80
基础设施：82
交通优势：83
网络人气：85
品牌潜力：88

■ 左图：若尔盖湿地 若尔盖县林业与草原局供图

若尔盖湿地科普教育基地——占哇景区位于阿坝州若尔盖县境内，景观类型丰富，涵盖草原、湿地、河曲、森林、峡谷、溶洞，是黄河源的林草景观大观园。这里有世界上最大的高原泥炭沼泽湿地，是黄河上游百分之三十的水源补给地；九曲黄河第一湾和花湖是若尔盖最靓丽的名片；同时，这里还是国家一级保护动物——四川梅花鹿的家园。除了草原和湿地很有看点外，峡谷和溶洞景观也异彩纷呈，新打造的温泉谷成为网红打卡地。

俯瞰九曲黄河第一湾

万涓成水汇大川，千转百回出险滩。黄河源于青海省巴颜喀拉山脉，自西向东，迂回曲折，在若尔盖县唐克镇与白河汇合，形成了壮美绝伦的九曲黄河第一湾。九曲黄河第一湾作为若尔盖草原最具代表性的景点，以一种大度的姿态、平和的心态表现了黄河"宁静致远"的精神。

中国并不缺乏壮美的河曲。在我国西部平坦的草原上，有众多河流蜿蜒曲折，但要欣赏河流曲折之美，必然是俯瞰的角度。登上唐克乡索克藏寺后面的山丘远眺，只见草原铺陈开来，蛇形水域自天际蜿蜒远去。如果说壶口瀑布是黄河最波澜壮阔的史诗，那么九曲黄河第一湾无疑是秀美祥和的序曲。它在辽阔原野间，在佛塔注视下，带着高原的纯净，蓄起史诗的力量，回首向北，悄然远去。不仅在四川，就算在整个中国，九曲黄河第一湾也算是最佳的河曲拍摄点之一。

左图：扎萨格森林 贾林 | 摄
中图：占哇乡溶洞 若尔盖县林业和草原局供图
右图：四川铁布梅花鹿自然保护区内的梅花鹿 若尔盖县林业和草原局供图

森林深处的四川梅花鹿家园

若尔盖县的四川铁布梅花鹿自然保护区展现着不一样的风景。保护区以保护四川梅花鹿及其栖息地为主要目的，是国家一级保护动物——四川梅花鹿的模式产地，分布着我国现存最大的梅花鹿野生种群。

梅花鹿行动机敏，奔跑迅速，成群分布在保护区的 9 条沟内。这里每天都能见到大量的四川梅花鹿的蹄印、小球形粪便及卧迹，并常能听到鹿鸣。在清晨和傍晚，还能用肉眼和望远镜看到成群的四川梅花鹿下山到小溪中饮水的场景。

站在保护区扎萨格峰丛顶端极目远眺，雪山逶迤，可以将自然之美尽收眼底。偶尔在绝壁上出现的岩羊和盘羊，以及林中的四川梅花鹿，为这片自然净土赋予勃勃生机，宛如现实版的绿野仙踪。

若尔盖县包座乡是四川梅花鹿分布的西南缘，也是岷山山系野生大熊猫分布的北端，建立起了包座自然保护区，主要保护对象为大熊猫等珍稀野生动物和森林生态系统。这里还分布着国家一级保护动物——胡兀鹫和金雕。在晴朗的天空中，经常能看到胡兀鹫展开翅膀悠闲地翱翔着，用特有的感觉，去捕捉眼睛无法看到的自然能量——上升气流。它们就这样长时间、远距离地盘旋，由于翅形较尖，鼓动两翼时与空气摩擦常发出一种笛哨声，展现着来自远古的英雄史诗。

景观体验

交通 景区距九黄机场 172 千米，距红原机场 184 千米。自驾从成都出发约 480 千米，耗时 8 小时。

住宿 若尔盖县梦幻花湖酒店、若尔盖大饭店、大草原藏家乐等。

美食 若尔盖牦牛肉等。

特产 若尔盖藏系绵羊肉、藏绵羊、四川河曲马、暗紫贝母等。

非物质文化遗产 川西北藏族山歌、藏药浴疗法等。

峡谷和溶洞渐次展现

从若尔盖县出发一路北行，至红星乡分路，经过降扎乡，正式进入川西北高原的高山峡谷地带，这里远离了人世间的喧嚣繁华。行至占哇乡，高原地质奇观开始出现。这里的地形复杂多变，属于西秦岭褶皱带，冰蚀地貌和断层、地堑、溶洞等景观并存，是天然的地质公园。其中，位于毕岗村的一线天景观和扎尔尕溶洞尤其壮美。

踏入一线天，两侧悬崖如削，高峻挺拔。在垭口的崖壁上，有充盈的泉水飞泻而下，传说是莲花生大师用神力凿出，将后山圣湖的水引流至此。一线天峡谷沿途还有天然形成的六字真言石，颇负盛名，很多高僧大德慕名前来朝拜。

行走在山谷内，微风拂面，神清气爽。待走出谷底，恍然间脑海中浮现出陶渊明的《桃花源记》。这里又何尝不是一个自然天成的桃花源呢？它保存着原始的风貌，不为世俗所沾染。

不远处是扎尔尕溶洞，洞穴四周几乎没有植被，全是裸露的基岩山石；远处的岩石上，还有岩羊活动的身影，正对洞口有一块如脊背状突兀的巨石，挂满了经幡。洞口是一处开阔的空间，高10余米，面积大约200平方米，这里有经幡和风马旗，看得出有佛事活动的痕迹。在经幡最集中的地方，有一个仅容一人俯身匍匐才能爬进去的小口，这就是溶洞的入口。溶洞处于原生状态，洞内湿度大，温度低，四周均是湿漉漉的，钟乳石倒垂而下，四周岩壁上到处是青稞嫩芽，它们是村民们进来朝圣时撒播的青稞种子，在洞里发了芽。洞内没有光照，青稞苗更显娇弱。

打卡川西第一温泉秘境

从占哇乡往县城方向行驶，沿着广袤无垠的若尔盖草原行驶，草原上的牛羊和天上的云朵一样密集，绿汪汪的世界充满了田园牧歌一样的静美。在河它村，坐落着花湖温泉谷，这是一个新的林草景观体验点，已开门迎客。

花湖温泉谷处于峡谷地带，依山而发源，依山而建设，山体向南北延伸，山水景观齐全。在这里享受大自然的极致之美，很容易获得愉悦感受。花湖温泉谷以自然资源为依托，结合现代化的设施，原始的藏家文化，浓郁的民族风情，已被旅游爱好者列入最想打卡的地方。

若尔盖草原，引来无数候鸟。扎西东洲 | 摄

探秘 世界上最大的泥炭沼泽湿地

花湖是若尔盖美之精华所在。若尔盖热尔大坝草原上分布着三个相邻的天然海子，一个是错尔干，另一个是错热哈，花湖居中，是最小的一个。花湖在藏语中的名字叫作"美朵错"。由于这里每年夏季盛开无数的细小野花，远望如一片花海，人们便叫它"花湖"。

这片高原湿地孕育了高原生灵。夏季，黄鸭、斑头雁、天鹅在花湖中浅滩嬉戏；湖面草长莺飞，繁花盛开。冬季的花湖，天空犹如粉蓝与粉白交织的色带，再渐变到满地的金黄，碧水苍草，黑颈鹤在天地间闲庭信步。花湖所在的这片湿地是世界上最大的泥炭沼泽湿地，也是黄河上游百分之三十的水源地。这里的黄河水清澈见底，澄明如镜，未被泥沙侵蚀，未遭到人为的污染。

这里的人们世代逐水草而居，星星点点的牧家帐篷，珍珠般洒落在连绵的浅丘下。1998年8月，若尔盖花湖被国务院确定为"国家级高寒湿地生物多样性保护区"，以此更好地保护这片湿地天堂。

阿坝小金 四川四姑娘山国家级风景名胜区

四姑娘山
冰川锻造出的绝世容颜

权威测评·林草探秘指数

资源禀赋：97
体验产品：95
基础设施：96
交通优势：93
网络人气：96
品牌潜力：89

　　四川四姑娘山国家级风景名胜区位于阿坝州小金县境内，属青藏高原邛崃山脉，2006年被划入"中国四川大熊猫栖息地世界自然遗产"。景区由双桥沟、长坪沟、海子沟及四姑娘山"三沟一山"组成，以雪山、冰川、峡谷、海子、民居为主要景观。这里的蓝天白云、冰雪奇山、草甸湖泊及各种野花构成一幅优美的山水画卷。在冰川和流水的长期雕刻下，四姑娘山形成了独特的景致，亦是登山爱好者的天堂！

亿万年沧桑见证冰川奇迹

　　以现今四姑娘山周围的海相沉积地层推断，这个区域曾是一片汪洋。大约2亿年前，印支期造山运动使得沧海变桑田，四姑娘山所在区域的海洋退却，陆地呼之欲出。6 500万年前，著名的喜马拉雅造山运动轰轰烈烈地展开，四姑娘山在此期间拔地而起，一次次地蓄势、抬升，四姑娘山终于冲出云霄，亭亭然立于天地间。

■ 左图：四姑娘山的夕阳，为亿万年冰川锻造的奇景，增添了神秘的背景
■ 右图：云雾中的四姑娘山若隐若现

■ 长坪沟枯树滩

新生代以来，地球上的冰川从两极逐渐向低纬度推进，四姑娘山也因此留下了第四纪冰川存在的证据：冰川具有较强的剥蚀作用，通过冰劈等方式，将下伏的岩石磨碎、吞噬、移动，剩下的岩体形成了各色的冰川地貌，如冰斗湖、刃脊、角峰、冰蚀U形谷等。正是冰川的剥蚀作用，使得四姑娘山的山形变得更为修长、秀美，并最终形成一并排的四个角峰，从而造就了四姑娘山幺妹峰（6 250米）、三峰（5 355米）、二峰（5 276米）、大峰（5 025米）卓越的身姿。

有高山就必定有深谷，四姑娘山的山间峡谷在当地被称为"沟"，蕴藏着独特的自然风光。海子沟是四姑娘山境内最原始的一条峡谷，沟内有几十个高山湖泊，冬季时节湖水清澈见底，像宝石一样熠熠闪光。长坪沟是攀登三峰、四峰的重要营地，也是攀岩、攀冰的主要场所；原始植物种类丰富，而且植被保存完好。双桥沟堪称山峰的博览会，是沟壑的陈列馆，山水相依，草木相间，云遮雾绕，置身其中，宛若仙境。独特、多彩的四姑娘山，还有许多我们所不知道的面孔。"川西蒙娜丽莎"神秘的面纱正等你去揭开。

四姑娘山的秋色缤纷异彩

四姑娘山景区以"雪山的博物馆、古树的陈列室、动物的生态园"著称,色彩绚丽丰富,天气变化多端,动植物品种繁多,美丽而神秘,使人流连忘返。秋季的四姑娘山展现出童话般的景色,整个景区缤纷异彩,宛如仙境。

随着秋天的步伐走进四姑娘山虹桥沟,沿途森林、草甸、海子、雪山一一呈现,沟内的主要景点有手板印、青草坪、鱼海子、两汊河、黄鸭海子等,但最引人入胜的是沙棘林。

在四姑娘山闻名遐迩的双桥沟,挺拔险峻的高山比比皆是,画屏口有锅庄山,撵鱼坝附近有犀牛望月、企鹅嘴、尖刀山。沿沟而入,两面皆山,却山山不同;处处皆景,而景景有别。在海拔4 000米的双桥沟里,既有低山地带常见的成片桦木林、柏杨林、青冈林,也有高山地带的云杉、冷杉、红杉,还有成片的沙棘、灌木、落叶松。这种立体分布的植物与雄壮奇特的高山相结合,就构成了包括五色山在内的"双桥沟八大景观"。

毗邻双桥沟的木尔寨沟,高山草甸、深山峡谷、原始森林、雪山、冰川、海子、林中溪流、枯木,以及藏于林间的牧场,山间游走的羊群和牦牛,构成一幅幅美妙绝伦的风景画,令人向往。这里的秋天,有金黄而透明的落叶杉林,漫山烈焰般的红叶,展现出层次丰富的"一山四季",其景色不亚于以秋景著称的米亚罗风景区。

常住四姑娘山的日本人大川健三是一位摄影师，他把中国山的美分成了两类：一类是黄山类型的美，这一类型在中国人的传统审美中比较常见；另一类是阿尔卑斯山类型的美，比如四姑娘山。

阿尔卑斯山脉有现代冰川发育的雪山，主要分布在瑞士境内。瑞士国土面积为4.13万平方千米，雪山冰川的面积大约占百分之一；而我国青藏高原及边缘地区现代冰川的面积加起来达5万多平方千米，比整个瑞士的国土面积都大。中国仅川西就有数个媲美阿尔卑斯山的高山及高山旅游区。中国西部有许多阿尔卑斯山类型的山，四姑娘山是其中之一。

■ 右图：四姑娘山长坪沟的雪山彩林景观

探秘 长坪沟、海子沟，户外穿越的天堂

　　长坪沟平缓悠长，四姑娘山就坐落在距沟口16千米处。经过长坪沟可直通四姑娘山的山脚下，还可绕过四姑娘山，经毕棚沟，穿越到理县。清代乾隆年间，对朝廷影响巨大的两次金川之战，曾以此为战场。沟内藏族村寨星罗棋布，沟底有藏传佛教寺庙和藏族群众祭祀四姑娘神山的锅庄台。沟内，古老的驿路在茫茫林海里穿梭延伸，历经沧桑的翠柏青松郁郁葱葱，飞瀑流泉在密林中哗哗作响。春天，山花齐开，争相斗艳；秋日，彩叶竞艳，美不胜收。

　　海子沟是四姑娘山的重要组成部分，全长为19.2千米，面积为126.48平方千米。从沟口的锅庄坪开始到沟尾，地势如一条巨龙，故当地人又称海子沟为"龙抬头"。作为四姑娘山的核心景区，海子沟深受登山爱好者的喜爱。其中，攀登四姑娘山大峰、二峰均会经过海子沟，每年沟内都会举行盛大的朝山会，以祈求风调雨顺。沟内有花海子、浮海、蓝海等高山湖泊，湖泊里生活着很多无鳞的远古鱼类，成为今天人们了解这块土地的活化石。站在晶莹的高山湖泊边，看高原黄鸭在水面游动，听空山鸟语婉转的啼鸣，使人产生无尽的遐想。

景观体验

- **交通** 景区距九黄机场385千米，距红原机场305千米。自驾从成都出发约215千米，耗时4小时。
- **住宿** TOWO上品酒店、牧云客栈、见山熙设计师酒店、明朗山庄、三生三世十里桃花客栈等。
- **美食** 藏民奶渣、藏香猪肉制品、牦牛肉、洋芋糍粑等。
- **特产** 四姑娘山沙棘、小金苹果、小金酿酒葡萄、小金松茸、小金羊肚菌、小金红景天等。
- **非物质文化遗产** 嘉绒锅庄、马尔锅庄、川西藏族山歌等。

四川省达古冰川国家地质公园
阿坝黑水

达古冰川
鲸背岩的守望

站在达古冰川索道终点环望，四周白茫茫不见边际。 达古冰川管理局供图

权威测评·林草探秘指数

资源禀赋：91
体验产品：92
基础设施：90
交通优势：88
网络人气：90
品牌潜力：83

四川省达古冰川国家地质公园位于阿坝州黑水县境内，处于四川盆地西北边缘山地向高原丘陵过渡的高山峡谷地带，是国家级风景名胜区、国家 4A 级旅游景区、国家地质公园。这里以美丽多姿的冰川为主要看点，洁白的冰川和生机勃勃的森林相映成趣，冰蚀湖平静而美丽，金丝猴、藏酋猴、羚牛、岩羊等野生动物可视率极高。

发现鲸背岩，守望亿万年

著名冰川学家张文敬曾在达古冰川乘坐索道上山时，意外发现了位于景区海拔大约 4 300 米的羊拱山上的鲸背岩。根据这次考察发现的古冰川痕迹，他推测，历史上达古冰川体量是现今冰川体量的上千倍，这对于研究和恢复达古冰川地区的古环境、古气候有重大意义。

鲸背岩，又称羊背岩或羊背石，是典型的冰川侵蚀地貌景观。由于冰川向前向下运动时，对所过之处产生肉眼看不见、缓慢而持久的磨蚀作用，亿万年后，当冰川后退后，显露出的基岩形状就像匍匐在谷地中的羊群，故而得名鲸背岩。一条几十米长的鲸背岩，通常需要上万年甚至更久的时间才能形成。在南极或北极，冰川退化后的地方，鲸背岩比较常见，但在内陆山地冰川地区，却十分罕见。

据张文敬考证，现在的达古冰川只是个"婴儿冰川"，跟它在第四纪冰川期的体量远远不能相比。不过，小型的现代冰川却是地球环境演变的窗口，尤其是时有时无、时大时小的"婴儿冰川"，就像设置在冰冻圈和生物圈之间的寒暑表，体现着地球环境的变化。

冰川彩林,定格秘境"标准照"

在达古冰川海拔 4 000 米以下的山坡上,覆盖着郁郁葱葱的针叶阔叶林,森林保护完好,原始气息浓郁,与卡龙沟等以原始森林景观著称的景区相比较,有过之而无不及。自景区入口前往索道下站的路途中,首先便要经过达古冰川景区的原始森林。穿行于林间,只见高耸挺拔的各种树木层层叠叠、遮天蔽日,使人顿生幽静、神秘之感。林中,高几十米、几个人才能合围的古树比比皆是,颜色绯红、质地松软的苔藓和厚厚的松针铺在密林的深处。在秋季,这些树木的枝叶逐渐变黄、变红,色彩丰富。彩林和雪山定格了川西秘境的"标准照"。

高山杜鹃，另类惊喜

穿过浩瀚的林海，在海拔 3 800~4 200 米的地方是达古冰川景区的又一经典景致——上千亩的高山杜鹃林。每年 5~6 月是赏杜鹃的最佳时节，只见漫山遍野的杜鹃花竞相开放，争奇斗艳：那红的、白的花瓣在绿叶的衬托下，显得十分高贵、典雅，恰似一盆盆天然的盆景；山风吹来，杜鹃花随风摇曳，好似在欢迎远方来的客人。人们在惊喜之余，不由得被它顽强的生命力所折服。

■ 上图：达古冰川彩林景观

东措日月海，冰川之中的"翡翠哑铃"

出了景区内的杜鹃林，翻越一道山脊，呈橄榄绿哑铃状的东措日月海就静静地躺在那里。海子长1 500米，宽300余米。凝望日月海，它就像少女深情的眼睛，明亮而又恬静，令人怦然心动。伫立湖边，仿佛光在这里停滞，声音在这里消失，偶尔山风拂过，湖面微波荡漾，才稍觉生命的存在。

在海拔4 860米的冰川之上，打卡网红咖啡馆

乘坐世界海拔最高的达古冰川索道向山顶出发，索道第一站就是I号冰川。当双脚真切地站在冰川之上，只觉一股寒意迎面扑来。凝神一看，冰川那呈月牙形的身躯映入眼帘，长年积淀起来的白雪轻轻地覆盖着它冰冷的躯体，冰川前缘的冰蚀崖若隐若现，蔚蓝的冰蚀湖中飘浮着无数块大小不等、形状各异、洁白晶莹的冰块，好似天边的浮云。冰川的褶皱状纹饰像树木年轮一般美丽而清晰，仿佛在无声地诉说着亿万年沧海桑田的变迁。

II、III号冰川位于I号冰川的左侧，与I号冰川并列相连，各有特色，几条冰川一直延伸到达古雪山的顶端，十分壮观。在II号冰川上还有一冰洞，深不可测，立于冰洞口，朝内望去，隐约可见形状各异、似水晶般晶莹透亮的冰凌、冰柱，奇妙无比，令人赞叹。

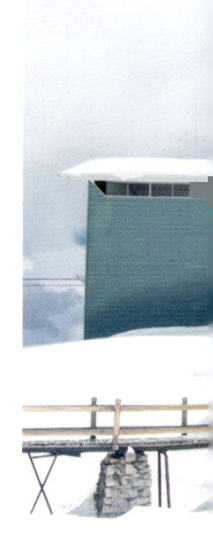

从海拔 4 860 米的山顶俯瞰哑铃状的东措日月海与冰斗冰川，泉冰相映成趣，恍若仙境。

■ 上图：东措日月海 江岛｜摄
■ 下图：达古冰川之巅的网红咖啡馆

冰川之上，有皑皑白雪，在这样一个圣洁之地，品一杯香气四溢的咖啡会是怎样的感受？在达古冰川索道最高处，建有一座咖啡馆，为登山之后的人们提供暂时的停留场所。最近，打卡这个全世界最孤独的咖啡馆成为网络时髦活动，这座小小的咖啡馆也因此成为"网红打卡点"，吸引着大批游人。

达古冰川的周围，生活着众多的珍稀动物，如金丝猴、羚牛、林麝、岩羊等，时常可以看见它们在山脊上悠闲地散步或成群地嬉戏、玩耍，为冰川增添无穷的活力。冰川的秀丽、森林的神秘、高山瀑布的壮美和野生动物的可爱，加上最近爆红网络的咖啡馆，构成了达古冰川景区多彩的立体生态世界。不久的将来，它可能会成为举世瞩目的仙山琼阁。

探秘 从科考到景观的发现之旅

千百年来，达古冰川一直不为世人所知晓。直到1992年，日本科学家通过卫星发现了达古冰川，并于同年8月来到黑水县，然后登上了达古冰川，对其进行了考察。他们认为："达古冰川是全球海拔最低、面积最大、年纪最轻的冰川。"一经曝光，它的美立即震惊了世界。

达古冰川有着"小瑞士"的美誉。入冬后，达古冰川即被厚厚的雪所覆盖；天气晴朗的时候，在阳光的照射下，冰川显得晶莹剔透，闪耀着耀眼的光芒，远处皑皑雪山连绵起伏，甚为壮观。这样的场景只有在冰川之巅才能看到。这里还是电影《中国机长》的拍摄地。电影里，在9 000米高空俯瞰雪山的画面正是来自达古冰川。

右图：在达古雪山之巅俯瞰冰川雄姿

景观体验

- **交通** 景区距九黄机场245千米，距红原机场98千米。自驾从成都出发约315千米，耗时6小时。
- **住宿** 达古冰山大酒店、黑水达古冰川山景宾馆、黑水县达古冰山国际大酒店等。
- **美食** 黑水酥油茶、黑水咂酒、黑水酸菜、黑水玉米馍馍等。
- **特产** 黑水县核桃、黑水凤尾鸡、黑水中蜂蜜等。
- **非物质文化遗产** 阿尔麦多声部、卡斯达温舞等。

扫一扫
了解更多资讯

阿坝理县 | 四川省米亚罗自然保护区毕棚沟景区

毕棚沟
大自然打翻的调色盘

权威测评·林草探秘指数	
资源禀赋:	89
体验产品:	90
基础设施:	93
交通优势:	91
网络人气:	89
品牌潜力:	81

四川省米亚罗自然保护区毕棚沟国家级生态旅游示范区位于阿坝州理县境内,是邛崃山系大熊猫走廊世界自然遗产的重要组成部分。毕棚沟是国内非常知名的红叶观赏胜地。每年的10月中旬到11月初是去毕棚沟观赏红叶的最佳时机。漫山黄叶、红叶与神秘雪山、神奇冰川、秘境森林、金色草甸和清澈湖泊组合出极佳的视觉盛宴。

描绘川西生态画卷

毕棚沟位于四姑娘山背面,被比作四姑娘山的美丽背影,是一个集原生态景观博览、登山穿越、极地探险、滑雪滑冰、休闲度假于一体的大型原生态旅游风景区。优美的自然风光、丰富的自然生态景观、优良的生态环境是毕棚沟景区引以为傲的资本。走到这里,便是投入到了大自然的怀抱,一路上被绿水青山环绕,更是一种世外桃源般的美好体验。

毕棚沟是个五彩斑斓的世界,浓绿的树、深红的叶、青青的湖、湛蓝的天、纯白的雪,众多林草主题景观像璀璨的珍珠镶嵌在毕棚沟风景区内的6条高山峡谷带里。这里奇峰峻峭、沟壑纵横、冰川林立,野生动植物种类繁多。它涵盖冰川、雪峰、海子、原始森林、溪流、瀑布、高山草甸、红叶、花海、彩林等自然风光,以山雄、水异、林秀、景奇为特色。

这里主要居住着藏族、羌族两个少数民族,他们不但完整地保存和延续着本民族的语言、文化习俗、生活方式,而且形成了独特的共居文化。景区内美丽的杂谷脑峡谷被中外学者誉为"天然民俗博物馆和藏羌民族文化风情走廊"。

■ 左图:毕棚沟秋色 毕棚沟景区管委会供图

■ 右图:毕棚沟冬日晨雾

走进毕棚沟,"嗨翻"四季

毕棚沟,是藏羌文化走廊上一颗璀璨的明珠。她那婀娜身影在四季山水中变换,春观杜鹃,夏行草甸,秋赏彩林,冬戏冰雪,让每一个深入原始森林的游客,都像是坠入一场林草景观的自然梦境里。

【春之魅】冰雪初融,万物复苏的季节,来到这里,将遇见毕棚沟的纯净与美好。春天的毕棚沟繁花似锦,是一个生机勃勃的五彩世界。从海拔2 000米到5 000米,毕棚沟的高山峡谷之中,处处涌动着生命的欢唱。

【夏之韵】水润千山,万壑披翠,毕棚沟迎来避暑与康养时光。夏季的毕棚沟是绿色的海洋。小野花开始了它的邂逅,在昼长夜短的季节,叶片开始舒展,像注入了一剂兴奋剂。这里的花开始盛放,红、白、粉、紫的花朵如繁星点点,置身其中像坠入星河。漫步林间,满眼翠绿,微风拂面,鸟语花香,视觉、听觉、嗅觉、触觉,舒爽清透,享受最惬意的森林浴。

【秋之色】从9月到11月,毕棚沟迎来五彩缤纷的梦幻季节,秋风染出3 000平方千米的红叶彩林。这里的枫叶红得比米亚罗风景区早,山川泉水间,到处都是娇艳似火的枫叶,徜徉其间,犹如置身"火"的世界。雪山下,最鲜艳的红、最亮丽的黄、最澄净的蓝,互相浸染、掩映,似泼洒出的一幅幅斑斓的油画。

【冬之趣】冬天的毕棚沟,雪花飘落,融入大地,化作茫茫一片。皑皑雪山下,景区内红石滩上的温泉静静地流淌,山林间的这片红与白相互衬托,勾勒出惬意的美景。看雪山、晒太阳、泡温泉,体验冰火两重天。此外,游客还可以在中国西南地区纬度最低的天然冰雪娱乐场享受滑雪的乐趣,体验雪地摩托的惊险与刺激。

在毕棚沟,四季景色各不相同,春观杜鹃、夏行草甸,秋赏彩林,冬戏冰雪。
■ 上图:毕棚沟·春　毕棚沟景区管委会供图
■ 中上图:毕棚沟·夏　毕棚沟景区管委会供图
■ 中下图:毕棚沟·秋　毕棚沟景区管委会供图
■ 下图:毕棚沟·冬　毕棚沟景区管委会供图

川西北

金黄与火红，一叶知秋

  大自然自有其法则，到了一定时节，万物都会按照大自然的指导手册进行变化：入秋后，白天变短，夜晚变凉，阔叶树开始落叶。枫树和槭树开始从绿色向红色和褐色过渡，落叶松和银杏树闪耀着金色和黄色的灿烂光芒。

  大自然尽情地施展自己的魔法。它雄踞高山之巅，手拿调色盘，笔触一挥，就向毕棚沟甩下了浓墨重彩的一笔。金秋时节的毕棚沟，小溪流水淙淙，落叶松金黄灿烂，灌木丛五彩缤纷，茂密的森林映衬着直插蓝天的雪峰，宛如一幅色彩斑斓的印象派油画。

  除了目之所及的色彩，毕棚沟的秋，还有万类霜天竞自由的声音。牛群与盘羊的踱步声、风呼啸而过的声音，带来了林草秘境的淳朴之声；潺潺流水搭配上彩林的倒影，让久居城市的人们感受到了一丝心灵的净化与平静。

探秘 毕棚沟彩林的自然基因

根据植物学定义，彩叶植物是指那些存在于自然界中或人工栽培选育的叶片在整个生长季节或生长季节的某些阶段表现出与自然绿色明显不同的色彩，有较高观赏价值的植物。彩叶植物成片地集中分布，就会形成具有观赏游览价值的彩林。

毕棚沟一带的彩叶树种主要有桦木属、落叶松属、槭树属、黄连木属、连香树属等。每年秋季，气候变化会引起彩叶植物叶片内各种色素比例的变化，尤其是胡萝卜素和花青素的变化。树叶变黄，主要是胡萝卜素的作用，多呈黄色和橙色；树叶变红，主要是花青素的作用，多呈红色或者紫红色，少数呈蓝色。

早秋的彩林，青翠里点缀着金黄，骨子里透着清新；深秋的彩林，鎏金里浇灌了火焰，阳光下感受炽烈。红叶似火和皑皑白雪在这个季节交融并存，一片叶染红了一个秋。

▲ 毕棚沟的彩林极具川西特色，犹如大自然打翻了调色盘，染料四溅，落入人间 毕棚沟景区管委会供图

景观体验

交通 景区距九黄机场283千米，距红原机场180千米。自驾从成都出发约215千米，耗时3小时。

住宿 阿坝毕凉山庄、阿坝毕棚沟印山红酒店、阿坝毕棚沟度假酒店、理县毕棚沟凌云山庄等。

美食 猪油麻花、羌民搅团、百合酥等。

特产 卡子核桃、理县大白菜、暗紫贝母、理县红樱桃等。

非物质文化遗产 羊皮鼓舞、释比戏、柯苏锅庄等。

扫一扫 了解更多资讯

四川卧龙国家级自然保护区

卧龙保护区

中国大熊猫保护与科研的起点

权威测评·林草探秘指数

资源禀赋	95
体验产品	90
基础设施	92
交通优势	89
网络人气	90
品牌潜力	86

左图：卧龙国家级自然保护区内生活的大熊猫 周孟棋｜摄

　　四川卧龙国家级自然保护区位于阿坝州汶川县，是以保护高山生态系统及大熊猫、金丝猴、珙桐等珍稀物种为主的综合性国家级自然保护区，2006年入选"世界自然遗产名录"。皮条沟红叶、巴朗山云海及中华大熊猫苑，是卧龙的主要看点，已成为国内自然体验教育的典型样本。

国内建立较早的自然保护区

　　卧龙国家级自然保护区始建于1963年，也是我国第一个自然资源保护特别行政区。在我国67个大熊猫保护区中，它在建立时间、保护面积、科研成果、知名度几方面都位居全国前列，是我国大熊猫保护科研的起点。

　　1980年，保护区加入联合国教科文组织人与生物圈保护区网，与世界野生生物基金会合作，建立了中国保护大熊猫研究中心。通过不懈地努力，中国保护大熊猫研究中心的科学家们成功攻克了圈养大熊猫人工繁育工作中的"发情难、配种受孕难、幼仔成活难"的三大难关，人工繁殖大熊猫幼仔存活率已经连续多年达到100%。

卧龙国家级自然保护区就像撑起了无形的保护伞，除了保护大熊猫，也庇护了如金丝猴、羚牛、小熊猫等众多珍稀物种。通过多年的实地保护、宣传与公众教育，大熊猫已经成为全世界保护工作的一面旗帜。作为濒危野生动物的"代言者"，它带来了希望、机会、资源和经验。

在卧龙，有着大熊猫培育经验丰富的专家群和源源不断喜欢大熊猫的旅客们，但是动物园、繁育基地并不是大熊猫真正的家，卧龙科研工作者也不只是把大熊猫关起来圈养与悉心呵护。在人工繁育大熊猫取得巨大成绩的同时，这里的科学家正在积极帮助大熊猫回到野外环境，融入野生的族群中，从而进一步增加大熊猫的野生种群和生物多样性，保护大熊猫所在栖息地的完整生态系统。

上图：卧龙国家级自然保护区的中华大熊猫苑景区
下图：秋日里的卧龙，大熊猫正在树枝间休憩

神树坪基地，看圈养大熊猫的最大种群

　　2008年，汶川大地震在一瞬间摧毁了无数人的生活家园，同时受到严重影响的还包括卧龙国家级自然保护区和区内的中国保护大熊猫研究中心。地震让这里的各种基础设施瘫痪，卧龙成为一座孤岛；地震造成的山体塌方堵塞了进入研究中心饲养场的唯一通道，大熊猫兽舍严重受损。震后，研究中心仍面临着严峻的问题，大熊猫圈舍紧张，种群密度过大，食物来源告急。研究中心的科研人员没有坐等外界援助，他们坚守岗位，利用已有条件，积极开展自救工作，努力保障了大熊猫的生活安全。

　　地震后，为了重建受到汶川地震影响的卧龙国家级自然保护区，香港出资14余亿元人民币，规划了生态环境保护、社区经济发展、人才培训等23个援建项目，并派出7名专家全程参与卧龙保护区重建。2016年5月11日，由香港援建的中国保护大熊猫研究中心卧龙神树坪基地中华大熊猫苑开园。这里圈养了74只大熊猫，是国内外最大的人工饲养大熊猫种群基地，约占全世界圈养大熊猫总数的50%。

　　神树坪基地海拔约2 500米，地处卧龙自然保护区核心位置，气候寒冷湿润，遍布自然竹林，拥有大熊猫最喜爱的气候和地理条件。基地共分为三个区域，分别为神树坪大熊猫饲养繁育参观区、圈养大熊猫野化培训区及野外放归区。目前，开放的大熊猫饲养繁育参观区不仅为全球的圈养大熊猫种群提供了舒适的栖息环境，同时也为公众带来了极佳的大熊猫观赏体验。圈舍就地取材，顺应地势而建，改造后的中华大熊猫苑共有"别墅"群落10余座。因为大熊猫是独居动物，每只大熊猫都有自己的"别墅"——一间独立的房间，外加一个面积相当大的户外活动场地。大熊猫的居住环境大大改善，再也没有铁笼、铁栏杆，取而代之的是透明玻璃，半野生放养的大熊猫达到40余只。

不只有大熊猫

卧龙之所以能够成为大熊猫的保护基地，与这里良好的自然环境、相对完整而健康的野生动植物群落结构密不可分。现实中人们加在大熊猫身上的光环，却无法掩盖其他珍稀动物与国宝大熊猫在一个系统里的共生关系。

近几年，令人欣喜的消息相继传来：2017年的一项调查显示，在卧龙132平方千米的雪豹栖息地内，至少生存着26只雪豹，分布密度居全国之首。当地"一母带三崽"的雪豹影像一经公布，便在国内外获得空前关注。在保护区的箭竹林中也能看到另一种珍稀哺乳动物——小熊猫的身影。相比于习惯独来独往的大熊猫，小熊猫有时会三五成群活动，偶尔也会独自攀上高处觅食。2018年，销声匿迹的金钱豹王者回归，再次为卧龙这片土地增添了勃勃生机与无限希望。

未来，卧龙将以大熊猫和雪豹双旗舰物种地、生物多样性科学研究理想地、稳定健康的大熊猫栖息地、山地雪豹种群的核心保护地的新面貌，向世界展示一个资源优势明显、统筹整合良好、保护卓有成效、具有世界眼光的新卧龙。

探秘 "斑斓山"的斑斓景色

完整的高山森林生态系统，植被垂直带的明显变化和海拔的大跨度，为大熊猫提供生存条件的同时，也造就了绝美的景致。号称"熊猫王国之巅"的巴朗山，位于四川卧龙自然保护区至四姑娘山风景区之间。海拔4 400多米的巴朗山公路垭口是眺望四姑娘山的最佳地点。巴朗山山高坡陡，沿途是高山草甸，雪山连绵；山谷里是静谧幽深的原始森林。海拔4 200米到2 900米的天然草场带来多样化的植物景观：各色野花，零散点缀的灌木，茂密的藤蔓，蜿蜒的乔木，以及高大的树林在整条线路中体现得淋漓尽致。

秋季的巴朗山，枫树、槭树、桦树、鹅掌松、落叶松渐次变为绮丽的鲜红色和金黄色，层林尽染。彩林层次分明地从山上一直红下来，目光所及之处，尽是姹紫嫣红一片，就连林间小道上都落满了密密麻麻的红叶。巴朗山又被称为"斑斓山"，实至名归。古人过巴朗山时也写道："立马秋风绝顶山，千崖万壑拥斑斓。拨开云雾依辰极，身在青霄紫气间。"

上图：卧龙的彩林令人惊艳　黄文志｜摄

景观体验

交通　景区距都江堰火车站60千米，距双流机场123千米。自驾从成都出发约125千米，耗时2.5小时。

住宿　卧龙大酒店、汶川龙祥人家酒店、汶川卓西驿栈、汶川鸿福酒店等。

美食　金裹银、三江黄牛、酸菜汤、汶川铜羊等。

特产　羌绣、羌笛。

非物质文化遗产　藏羌织绣、羌族水磨漆艺。

扫一扫 了解更多资讯

阿坝金川 四川金川国家森林公园情人海景区

情人海
坠落峡谷的眼泪

| 权威测评·林草探秘指数 |

资源禀赋：	83
体验产品：	72
基础设施：	71
交通优势：	70
网络人气：	75
品牌潜力：	65

四川金川国家森林公园情人海景区位于阿坝州金川县境内，地处青藏高原东部边缘。水域面积超过 5 万平方米的情人海是景区点睛之笔，湖水常年碧绿，与邻近的太阳河谷、阿科里草原等景区同为金川观音桥 4A 级旅游景区的重要组成部分。

大金川河：情人海的缔造者

情人海，又名长海子，藏名"撒尔脚揩"，海拔 3 800 米，是大渡河上游的支流大金川河形成的堰塞湖。大金川河全长 150 余千米，穿金川县全境。大金川河谷两岸峭壁高耸，河道狭窄，加上地震和降雨的影响，曾发生大规模的山体滑坡，从而形成了水深达 70 余米的情人海。由山体滑坡所形成的堰塞湖在这一地区并不罕见，且年代都不是很久远，加之后续滑坡、落石对堰塞湖体的不断加固，堰塞湖结构逐渐趋于稳定，最终成为当地人心中天赐的圣湖，赋予了许多美好的寓意。

大金川河上曾出现过当地居民发明的牛皮船，这是一种用牦牛皮拼接而成、形如澡盆的船，是最便捷的水上交通工具，距今已有千年历史。船夫们曾无数次撑着牛皮船往返于大金川河两岸，运送物资，摆渡乡亲。如今，牛皮船早已淡出人们的生活，唯有奔流不息的河水见证着那段往事。

左图：航拍情人海
右图：情人海森林景观 代永清｜摄

圣洁海子，天然氧吧，洗涤身心

　　情人海被藏族人民奉为神湖。湖中建有白塔，白塔旁边是一座小庙，周围挂满经幡，铺满石刻经文，保佑有情人情比金坚。湖中有很多鱼，是高原湖泊中常见的裸鲤，牧民视之为神物。湖水常年碧绿，水平如镜，湖畔是苍翠挺拔的云杉和高山柏树，碧空如洗，与湖光雪山交相辉映，成为一幅绝美的山水画，足以与九寨沟媲美。

　　沿着环湖的木栈道，走进情人海边原始森林，这条线路是景区推出的全新徒步线路。它全长3 000米，沿线生态植被保存完好，漫步其中就像是处于一个天然氧吧，可以近距离地欣赏到情人海、情人树、情人坡、情人洞、情人寨、雪山、彩林等景观。

宁静、空灵、潮涌，情人海的标签

情人海属于高原原生态自然风光，是川西为数不多的尚未被游客开发的净土，湖边有大片草原，牛羊成群，美不胜收。除了动人传说，情人海还以"静""灵""潮"三绝著称：由于种种传说和禁忌，周围居住的藏族人民坚信，人畜经过海子不能喧闹，否则震动空气，或大雨滂沱或冰雹砸头，故人过无声，马过摘铃，牛羊忌哨；如遇大旱，向着情人海的区域祈雨，以声震空，以祈雨来；情人海的湖水自西向东潜流，夏季有潮，每到潮起时，可以看见水深处泥沙起伏，涌动湖底波澜。冬季情人海湖面结冰，但湖中心并不上冻，雪后冰面多见马熊、狗熊、林麝、麂、豺、狼、狐狸及飞禽足迹。

清朝李心衡在《金川琐记》里对情人海传说中怪兽的描述："巴布里山巅的海子（情人海），有一物大如屋，形似青蛙，常踊跃涟漪中，翘首出水面四顾，不为人害，土民遥望见者，合掌佛号，即潜伏不见。"文人的描述更增加了情人海神秘的色彩，如今的情人海仍然似藏在金川深山巨谷中的处子，等待我们去探索。

盛夏清凉，避暑胜地

炎炎夏日，情人海是度假消暑的清凉之地。除了动人的传说，情人海区域拥有丰富的森林资源，被誉为"川西北生物基因库"，是四川全省生态环境质量最好的地区之一。同时，由于景区森林和溪流密布，负氧离子含量高，夏季平均气温为15℃，相比其他火炉城市动辄40℃的高温，金川观音桥风景区的情人海自然是避暑的好地方。

每逢盛夏，欢迎前往奇特而韵味深远的金川山水之中，避暑大金川，清凉情人海。

上图：情人海里建有白塔，岸边建有小庙，周围挂满经幡，铺满石刻经文　代永清 | 摄

下图：情人海彩林下的牦牛群　代永清 | 摄

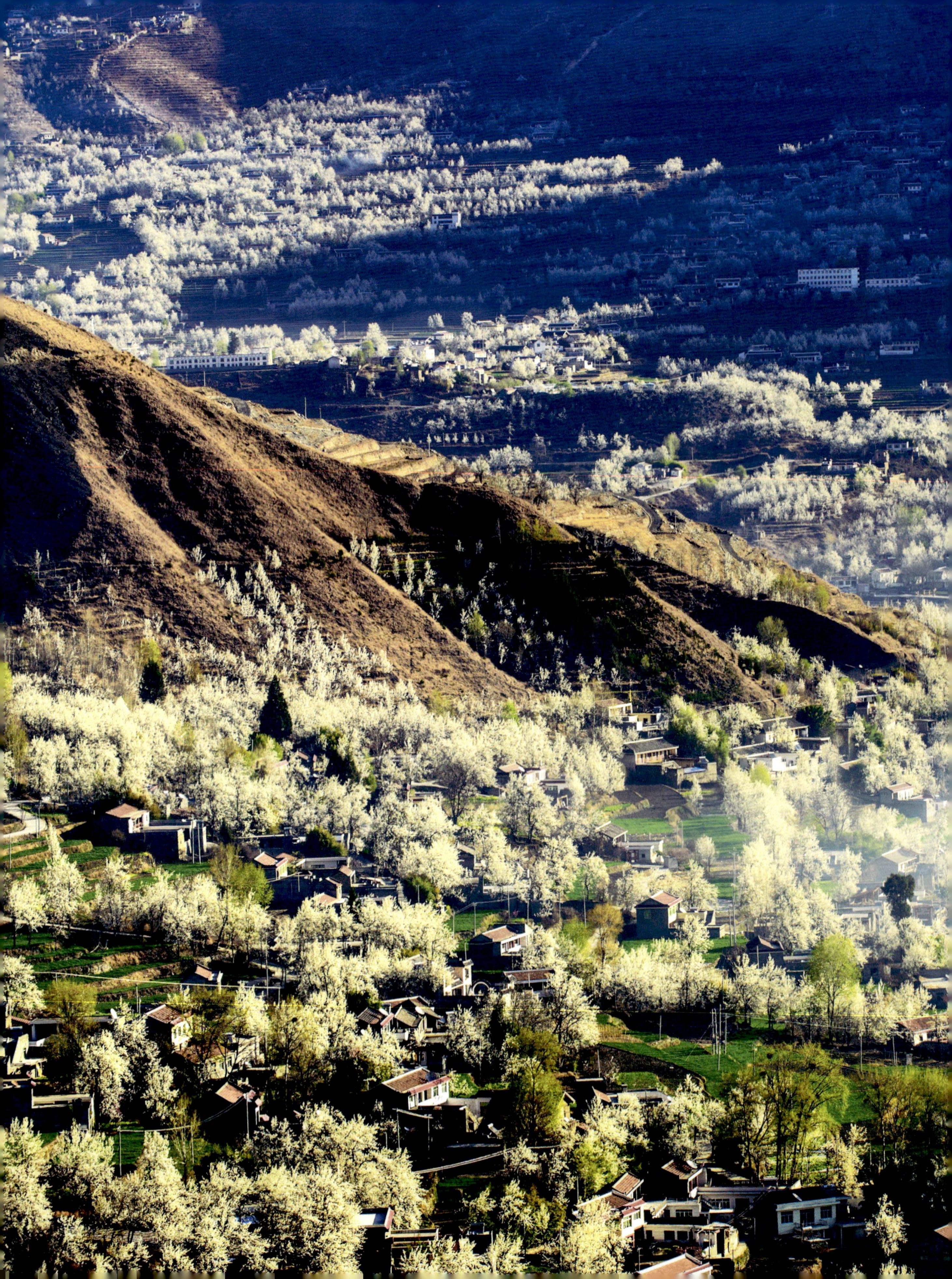

每到春季,沿着国道248从此向南往金川行驶,过了马尔康,沿途逐渐开始有雪白的梨花映入眼帘。到了金川县城,游客们似乎置身于雪白的仙境。

探秘 金川梨花的"三绝"

3月，是梨花开放的季节。每到这个时候，情人海所在的金川县如雪般的梨花漫山遍野。在梨花绽放时举办的金川梨花节，是金川生态旅游的一张亮丽名片，早已经被各地游客熟知。

在梨花季，沿着248国道从北向南往金川行驶，过了马尔康，沿途逐渐开始有雪白的梨花映入眼帘。到了金川县城，游客们似乎置身于雪白的仙境。

金川梨花有三绝：一绝是山顶的雪花与河谷的梨花竞相争艳。山顶是雪的世界，落日将天边的云彩烧得一片火红，遮天蔽日的梨花，去繁杂，抚喧嚣，宁静复纯净，绝美身影倒映江中。二绝是山花乱飞，梨花闹春。当雪域高原还在冬的怀抱里酣睡时，大金川两岸的梨花已同时竞放，其规模之大，气势之恢宏，堪称一奇，成为阿坝州高原地区最亮丽的一道风景。三绝是雾里看花闻花香。梨园中飘着薄雾，圣洁梨花披着轻柔的纱，缥缥缈缈的雾，朦朦胧胧的花，身处在纯洁世界，闻着梨花淡淡的清香，尽情放纵自己的思绪，让思绪随风远去。

■ 左上图：金川河谷梨花
■ 右上图：藏族村寨梨花开放 贾林 | 摄
■ 下图：金川古梨树

景观体验

- **交通** 景区距九黄机场461千米，距红原机场209千米。自驾从成都出发约390千米，耗时6小时。
- **住宿** 度母林卡酒店、绒巴雅舍酒店、妙心莲舍酒店、藏庭遇上酒店、吉祥商务酒店等。
- **美食** "和尚"包子、金川香猪腿等。
- **特产** 双边白瓜子、金川花椒、金川冬虫夏草、金川辣椒、金川雪梨等。
- **非物质文化遗产** 金川刻字、金川面塑、金川剪纸等。

阿坝 马尔康 四川省梭磨河森林公园毛木初景区

毛木初
梭磨河谷的点睛之作

四川省梭磨河森林公园毛木初景区位于阿坝州马尔康市内。这里以洁净空气、高山峡谷、格桑花海为主要特色，是领略青山碧水的林间风光、享受回归自然生活的康养旅游目的地。

梦中的世外桃源，绝佳的康养之地

绵长雨季过后，夏天又带着娇艳烈阳和闷热暑气回来了，城市里的人又开始吹着空调向往乡间的风。记忆里只有乡村才有可爱的夏天，风自由地从田间升腾，大地万物茁壮成长，树下的阴凉、冰沁的溪水、脆甜的西瓜、午后的打盹……这些才是夏天该有的模样。

来到离成都只有4小时车程的毛木初，人们就能轻松地找回记忆里久违的夏天。很少有人知道，在以秋天彩林红叶闻名的马尔康梭磨河大峡谷内，还藏着这样一个如世外桃源般藏汉风情融合的美丽村落。

远眺毛木初，两山之间夹杂着一条清澈的小溪，房屋错落有致，好一块山清水秀、民风淳朴之地。目前，田园游、乡村游已经成为旅游新时尚，而毛木初就是川西高原上不得不去的康养旅游目的地。

毛木初地处梭磨河森林公园中心区域，是由马尔康国有林业保护局精心打造的四星级森林人家。

权威测评·林草探秘指数

资源禀赋：	81
体验产品：	85
基础设施：	89
交通优势：	82
网络人气：	75
品牌潜力：	80

畅游梭磨大峡谷，必看毛木初。走进毛木初村口，就可以看到一座阿坝中蜂塑像。这是毛木初村的标志物，它代表着毛木初人民勤劳、团结、自律、奉献、求实的五种"蜜蜂精神"，是毛木初全体村民的精神支柱。这座因养殖中蜂而形成的村子目前正因森林人家的建设经营而被越来越多的人所熟知。

▌左图：梭磨河林草景观 甘霖｜摄
▌右图：毛木初森林人家 马尔康林业局供图

森林人家，美丽梭磨河谷的点睛之作

对于身居马尔康的朋友来说，鲜为外界所知的毛木初就是他们私藏的乡野度假地。整个村子只有几十户人家，是一座被藏汉风情村舍和灿烂山花装点的美丽乡村。

森林人家，是国家林业和草原局践行"绿水青山就是金山银山"理念而推广的健康休闲型森林旅游品牌。马尔康国有林保护局凭借自身丰富的森林资源和良好生态，着力森林游憩类资源开发利用，积极推进星级森林人家创建。他们充分发挥"梭磨河森林公园"核心功能区的引领带动作用，助力毛木初"森林人家"的建设，打造了这一康养旅游的点睛之作。

毛木初"森林人家"的基础设施齐备，林间栈道，湖泊瀑布，生态科普宣教，野生动、植物观赏基地等设施与别具一格的休闲木屋坐落于绿水青山之间。在这里，可以旅游度假，可以避暑休闲，可以接受科普教育，可以品尝绿色餐饮，还可以领略青山碧水的林间风光，感受大自然的生活之美，享受回归自然的康养生活。

■ 右上图：毛木初森林人家休闲木屋群落　甘霖｜摄
■ 左下图：毛木初森林人家林间栈道　甘霖｜摄
■ 中下图：森林人家客房内景　甘霖｜摄
■ 右下图：网红球形帐篷　甘霖｜摄

川西北

探秘 梭磨河谷的人文遗存

从米亚罗峡谷红叶温泉风景区出发，翻过海拔4 000多米的鹧鸪山，便来到了美丽的梭磨河谷。瑰丽修长的梭磨河大峡谷自鹧鸪山脚刷马路口至马尔康市白湾乡热足止，全长91千米，垂直高差890米。两岸石壁峻峭，植被丰茂，梭磨河水浩浩荡荡，从谷底奔流而过，犹如鹧鸪山山神手中舞动的彩带，把众多的美景串联在一起，景色宜人，美不胜收。

梭磨河大峡谷有三大著名景观：一是杜鹃如霞，二是秋林如屏，三是悬冰流珠。"春来采花，夏铺绿，秋染红叶，冬冰雪"是对梭磨河大峡谷四季风光最好的概括：春天有满山杜鹃争奇斗艳；夏日树木葱茏，花香满河谷；秋季红叶鲜亮美艳，色彩丰富；冬天有皑皑白雪覆盖大地，流冰冰瀑琼树银花、晶莹剔透……除了迷人的自然风光之外，梭磨河谷一线更以其独特的人文风情，成了我们了解当地风俗人情的重要窗口。

沿梭磨河顺流而下15千米，即进入松岗碉群所在的区域。松岗藏语意为"峡谷口上的官寨"。这里的碉楼建于清朝乾隆年间，当时数量惊人，用来抗衡清朝军队的进攻，清兵在得胜后拆毁了绝大多数的碉楼。现在只剩下两座石碉依山而立，气势伟岸。

梭磨河边的大藏乡距离马尔康50千米，除了美丽的田园风光和自然景观以外，最有游览价值的要数大藏寺。寺庙的背后是森林，前方是开阔的高山草场，远处无数山脊在翻滚的茫茫云海中若隐若现，像舒动筋骨的蛟龙。大藏寺内有百间建筑物，如同一座小城。在寺院的全盛时代寺僧超过800人。

梭磨河边著名的卓克基土司官寨是毛木初森林人家最好的人文景观，距离马尔康8千米，是电视剧《尘埃落定》的拍摄处，与独具建筑特色的西索藏寨隔溪相望。官寨由一座石砌五层藏式民居和一座石砌五层碉楼组成。主体建筑为典型的山地藏族民居建筑式样，平面为方形，坐东北、面西南，毛石和片石筑成的外墙方正厚重，内围廊形成封闭式天井。寨子中，果树成林，绿树成荫，与民居相映衬，鲜活又宁静。

- 上图：卓克基土司官寨
- 下图：松岗碉群

景观体验

- **交通** 景区距九黄机场 385 千米，距红原机场 441 千米。自驾从成都出发约 290 千米，耗时 3.5 小时。
- **美食** 干奶酪、烧馍馍、牦牛肉等。
- **特产** 阿坝蜂蜜、梭磨白菜、暗紫贝母、优质肉山羊、中藏药材等。
- **住宿** 毛木初森林人家。
- **非物质文化遗产** 藏族民歌、川西藏族山歌、达尔嘎、哈玛战神舞等。

阿坝茂县 九鼎山风景名胜区

九鼎山
古蜀人的神山

九鼎山风景名胜区位于阿坝州茂县境内，地处岷山山系龙门山脉中部，最高海拔达 4 989 米，是龙门山脉群峰中的制高点。九鼎山将草地、雪山、原始森林与佛光、幻影、云海等自然景观融为一体，不仅具有极强的旅游观光价值，而且还有极高的科学与审美价值。

权威测评·林草探秘指数

资源禀赋	78
体验产品	80
基础设施	82
交通优势	75
网络人气	71
品牌潜力	68

左图：九鼎山山巅云海
右图：六月的花海是九鼎山最美的景色

蜀中多仙山，九鼎称一绝

九鼎山因九座山峰相连而得名。其中，最高峰名叫狮子王峰，海拔 4 989 米。唐宋以来的历代文人都曾赋诗填词吟诵此山的美景，或许是由于蜀道之难，当年的这些文人骚客都未曾登顶九鼎山，只是遥望其"山有九峰，四时积雪，晨光射之，灿若红玉"，便诗兴大发，赞叹不已。

露营高山巅，观星汉灿烂

在九鼎山风景区海拔 3 600 米处，有一处星空迷们的天堂露营地——鸡爪棚营地。因九鼎山的高海拔和延绵不绝的莽莽林海造就了一个至纯至净的世界，九鼎山的天空常常上演大自然打造的"星空魔术秀"。

随着夜幕降临，湛蓝的天空会慢慢地从蓝色变成粉红，最终由黑夜取代它的亮色。沉静的黑夜里，在露营地仰望天空，纯净的夜空中满天繁星，让人仿佛置身"手可摘星辰"的幻境。而在晴朗的清晨醒来，九鼎山的红日冲出云海漫过天野，云蒸霞蔚、气势磅礴，让目光所及的一切都变成了金黄色。从日落到日升，此景让人一眼万年。

景观体验

- **交通** 景区距九黄机场214千米，距红原机场270千米。自驾从成都出发约190千米，耗时3小时。
- **住宿** 茂县九鼎山国际大酒店、云栖山庄、怡雅山庄等。
- **美食** 羌族土火锅、荞面、玉米搅团、洋芋糍粑等。
- **特产** 茂汶苹果、阿坝茂县李子。
- **非物质文化遗产** 瓦尔俄足节、羌族推杆、羌笛演奏及制作技艺等。

扫一扫
了解更多资讯

夏入花海，探九鼎仙境迷踪

数万亩花海是每年夏天九鼎山的主题。高原的夏季不缺野花，但是九鼎山上泥土丰厚，终年多雨而又不缺阳光，近似于高山湿地的条件，造就了不同于其他高原花海的绝色美景。每年5月到10月，报春花、杜鹃花、绿绒蒿、鸢尾花、紫菀花、翠雀花……不同海拔高度上的数不清的野花依次开放，就像一座绚丽多彩的雪国花园。

上图：九鼎山风景区内青龙坪的太子岭滑雪场

冬临雪场，寻九鼎冰雪奇缘

九鼎山风景区内青龙坪的太子岭滑雪场是坐落在海拔 2 750 米处的高山滑雪场，拥有目前中国南方落差最大、雪道最长的滑雪道。景区造雪面积 15 万平方米，开放 9 条专业雪道，其中高、中、初级雪道各三条。自 2013 年以来，雪场多次举办大型滑雪比赛，是我国西南地区相对专业的滑雪场。

在太子岭滑雪场不止有专业雪道，还有适合初级玩家的戏雪道。现有的 4 条戏雪道中，最长雪道为 1 670 米，落差 228 米。冬季来到九鼎山太子岭滑雪场，就算不爱运动，也可尽情享受冰雪世界带来的乐趣，景区的戏雪区设有欢乐戏雪船、打雪仗、堆雪人等系列雪上游戏。

冰雪运动的速度与激情、冰雪游戏的浪漫与欢乐，是九鼎山冬季人与自然最和谐的乐章。冬季到九鼎山探寻冰雪奇缘，可谓是近年来茂县冬季旅游的必选项目之一。

探秘 古蜀人迁徙之路

早在新石器时代中期，与"古西北类型"相似的人群就已经生存在茂县营盘山遗址周边地区，他们很可能与从西北黄河上游向南迁徙于西南山地岷江上游地区的人群存在密切的关系，通过频繁的人群交流互动，对横断山区藏彝走廊的古文化产生重要影响。学者普遍认为，就在营盘山这片神秘的岷江峡谷里，隐藏着文明交汇的古蜀源流。

2012 年，在九鼎山海拔 3 000 多米的筲箕塘曾出土过一把来自新时期时代的石斧。筲箕塘位于九鼎山翻山路线的中间，不少专家据此推断，在新石器时代九鼎山区域就已经有人类活动的存在了，古蜀人或从茂县营盘山翻山越岭来到成都平原。筲箕塘出土的石斧成为古蜀文明起源之一"山路说"的一个佐证。通过探寻古蜀人的迁徙之路，有望最终破解三星堆、金沙等古蜀国遗址的未解之谜。

甘孜
稻城 四川亚丁国家级自然保护区

稻城亚丁
最后的香格里拉

■ 左图：央迈勇神山。
■ 右图：亚丁村秋日森林 黄林｜摄

四川亚丁国家级自然保护区位于甘孜州稻城县，主要由仙乃日、央迈勇、夏诺多吉三座雪山和周围的河流、湖泊及高山草甸组成。稻城亚丁被称为"蓝色星球上最后一片净土"，壮丽神圣的雪山，辽阔的草甸，五彩斑斓的森林和碧蓝通透的海子，雪域高原最美的一切几乎都汇聚于此。

美好的代名词

"我偷偷地告诉你，有一个地方叫作稻城。要和你最心爱的人一起去那里，看蔚蓝的天空，看白色的雪山，看金色的草地，看一场秋天的童话。"

稻城亚丁，其实并不是一个地名。"稻城"是稻城县，"亚丁"是亚丁村。人们常说的"稻城亚丁"，指的是稻城一带的风景区。在资深的旅游者心中，"稻城亚丁"这四个字，代表的是一种美好的意境，引人无限向往。这里有原始的彩林、神圣的雪山、碧蓝的海子、庄严的寺院……

1928年，美国探险家约瑟夫·洛克发现稻城亚丁，并将照片发表在《国家地理》杂志上，这是稻城亚丁第一次为世人所知。人们不禁惊叹：原来，在这世界上，还有如此完美的景致！雪山被五彩的森林映衬着，山谷的湖泊倒映着蓝天白云。这样的美景在稻城亚丁随处可见，传说中的香格里拉就在这里，让你犹如走进一幅油画一般的仙境。稻城亚丁还有三个著名的海子——牛奶海、五色海、珍珠海，雪水汇成的湖泊，总是美得让人心醉。

权威测评·林草探秘指数

资源禀赋：96
体验产品：93
基础设施：94
交通优势：95
网络人气：91
品牌潜力：96

威严壮观的"三神山"

让人想要踏上的这片土地，每处风景都有其独一无二的特点。让人向往的稻城，山间藏匿着的景色似乎与世隔绝，高冷的三大雪山威严壮观，无论是远观，还是近看，总是充满了神秘，让人看不穿，摸不透，进入山间，才能体验到神山带来的震撼。

传说能实现愿望的神山：仙乃日

仙乃日是三神山之首，藏语意为"观音菩萨"。巍峨伟丽、端庄祥瑞的仙乃日，顶峰终年积雪不化，海拔 6 032 米，像极了傲然端坐莲花座的菩萨。当地人认为，只要诚心三次朝拜此山，便能实现心中所愿。

观赏仙乃日雪峰的最佳地点是雪山脚下的贡嘎冲古和卓玛拉措湖畔。站在贡嘎冲古，仙乃日半隐在森林之中，雪山之下是如毯般的湿地；卓玛拉措湖畔能较为完整地看到仙乃日的全身和雪峰在湖面上的倒影。

冰清玉洁的少女：央迈勇

与高贵仙乃日不同，央迈勇更像是一位少女。她端庄娴雅，静静地伫立、注视着脚下这片净土。央迈勇海拔 5 958 米，藏语意为"文殊菩萨"，山形就像是文殊菩萨手中的智慧之剑直指云霄，傲立于天地间。

1928 年，约瑟夫·洛克在云南与稻城央迈勇毗邻的群山重岭中，远远望见了央迈勇，被她的圣洁、高贵的气质折服。他在日记中写道："她是我见到的世界上最美的山峰。"站在央迈勇峰下，转身向后瞧去，由群山环绕着的宽阔峡谷间，森林、草地、溪流各守一方，这气势莽莽的自然景观不就是人间仙境吗？

仙乃日雪山是亚丁景区三大高峰之首。在登山的过程中，将会看到著名的高原海子——五色海和牛奶海。五色海处于神山的山谷中，是拍照的绝佳位置。

▎右图：在五色海近观仙乃日雪山

川西北

天空的金字塔：夏诺多吉

夏诺多吉，藏语意为"金刚手菩萨"，海拔5 958米。沿雪山两翼锋利的刃脊蜿蜒绵亘，刃脊背向光线的一侧呈暗影，蓝天中所勾勒出的线条尖锐有型。夏诺多吉在佛教中是除暴安良的神祇，他勇猛刚烈，神采奕奕，胯下围斑斓的虎皮，腰间绕着大蟒……

约瑟夫·洛克把夏诺多吉峰形容为展开巨翅、蓄势待飞的蝙蝠，将它比喻成希腊神话中的雷神。站在雪山脚下的冰川宽谷，直立的岩石层理一条条伸向峰顶，岩层间的褶皱清晰可辨。雪峰之下为冰川裂解崩落形成的倒石堆，是雪莲生长的地方。再往下是高山灌丛和森林，贡嘎银沟位于雪山最底部。

■ 左图：仙乃日山脚下的冲古寺
■ 右图：青山绿水间的亚丁村

雪山与森林之间，藏着一座绝美的古村落

亚丁自然保护区因靠近亚丁村而得名，小村隐匿在雪山与森林之间的台地上，台地四周起伏着的苍凉的群山，在蓝色天空的映衬下，山峦的轮廓若隐若现。山谷的尽头，巍峨的仙乃日雪峰毫无保留地沐浴在阳光之下，简练而险峻，像寥寥几笔勾勒出的简笔画。然而山峰的高度、宽度和质感却幽暗险峻，雄伟而安详，绝非笔墨所能形容。

亚丁村共有 28 户人家，每一户藏房的摆放都十分随意，但细看又觉得似乎都经过大师的精心设计，与自然那样协调。藏寨的四周，有平整的青稞地，青稞地也似乎是精心安排，一直铺到山坡的尽头。无论什么季节，这些田垄都是亚丁村不可或缺的景致：夏天的油绿、秋天的金黄，甚至是收割后露出的泥土都极为忠实地装饰着亚丁村的美丽。

2019 年 10 月 25 日，亚丁村入选第二批"四川最美古村落"名单。

探秘四川 88个不得不去的林草景观

▬ 蓝天白云雪山之间的牛奶海

探秘：牛奶海的形成原因

牛奶海是稻城亚丁最著名的三大海子之一，湖水中间呈现出深邃的碧绿，而每年早春的第一股冰雪融水冲刷出灰岩物质，在湖边形成像牛奶一样的洁白琼浆，牛奶海由此得名。在蓝天、白云、雪山之间，一片蓝汪汪的碧绿海子，恰如镶嵌了一块晶莹剔透的翡翠。

远远望去，牛奶海仿佛碧玉镶嵌在雪山之中，纯净安详。纯净的湖水给人以平和安宁的心境，而蓝湛湛的海子又显得神秘莫测。在这里，最适合展开双臂，闭上双眼，仰头享受雪山与圣水的洗礼。顷刻间，内心也得到了宁静。当阳光透过云层照射在湖面上时，它也如宝石般变幻着光彩，时而黯然，时而耀眼，时而又飘忽不定。海子边是片片草甸和碎叶丛，草甸上面是坚硬石壁，还有沙石滩，显得格外冷峻。

景观体验

- **交通** 景区距康定机场 497 千米，距稻城亚丁机场 156 千米，距格萨尔机场 1012 千米。从成都自驾约 756 千米，耗时 13 小时。
- **住宿** 亚丁仲美酒店、稻城华美达酒店、智选假日酒店、悦途旅者驿站、雪域阳光酒店、华景文澜酒店。
- **美食** 高原无鳞雪鱼、稻城松茸炖鸡、风干肉、糌粑、青稞酒等。
- **特产** 稻城藏香猪、马鹿茸、稻城冬虫夏草等。
- **非物质文化遗产** 阿西土陶、川西藏族山歌等。

甘孜巴塘 四川措普国家森林公园

措普沟
人间仙境

权威测评·林草探秘指数

资源禀赋：	90
体验产品：	91
基础设施：	89
交通优势：	85
网络人气：	76
品牌潜力：	92

左图：措普湖被茂密的高山冷杉林环绕，背靠巍峨的扎金甲博神山　李学朴 | 摄

四川措普国家森林公园位于甘孜州巴塘县境内，青藏高原南缘的川、滇、藏三省区接合部，集温泉、草原、湖泊、雪山、森林、冰川等多样性景观资源为一体。在这里，你可以体验神奇的喊泉，在湖边喊鱼，与岩羊、白马鸡等高原小精灵亲密互动，感受人与自然的高度和谐。

隐世天堂里的灿烂季节

如果说新都桥是摄影家的天堂，稻城是蓝色星球最后一片净土，那么更加远离喧嚣市井的措普沟可谓是人间仙境。在这里，无论是神山、圣湖、高山草原，还是湿地、森林、冰川，甚至是罕见的地热温泉，都能尽收眼底。

秋天的措普沟是醉人的，草原上水草金黄，群山层林尽染，就连沟谷内的灌木也红透了。藏族人民心中的神山——扎金甲博峰，在清晨或黄昏，积雪反射太阳时，金光沐顶、溢彩流霞，山林则云蒸雾绕，犹如水墨丹青。冬天飘雪的日子这里更似琼花玉树的仙境了。

措普沟是人与动物和谐相处的乐园，岩羊、马鹿、松鼠、旱獭、雀鸟常与人擦肩而过。在神峰下，是被森林环抱的碧翠如玉的措普湖、姊妹湖、许愿湖，清晨有轻烟白雾飘于湖上，胜似西天瑶池。湖中生长着许多高原裸鲤鱼和细鳞花鱼，听到僧人在湖边发出"呜呜……"的喂食声，便会成群结队蜂拥而来，景象奇特而壮观。

措普国家森林公园不仅仅拥有壮丽的自然风光，更有措普寺等寺庙景观，虔诚的信徒环湖一步一磕头，或在湖边的森林里隐居修行，静静地守候着这片纯净的世界。这一切让措普沟不仅仅是一个单纯的美丽的景点，更是康巴文化的传承地。

格萨尔王沐浴的地方

来到措普沟，可以聆听到格萨尔王的传奇故事。格萨尔王一生降妖伏魔，除暴安良，南北征战，统一了大小 150 多个部落，是藏族人心中的大英雄，措普沟正是他生活、战斗、羽化之地，这里满满的都是英雄的故事。走进措普沟口，峡谷地貌让人只见一线天空，山壁众多巨石，恰似戴头盔的将军在守卫着山谷，传说这是格萨尔王神勇的守将的化身。

在当地人的传说中，离沟口不远的温泉群是格萨尔王征战以后沐浴的地方，至今还保留着格萨尔王沐浴的崖洞，被称为"得胜泉"。措普沟热坑温泉群是四川省境内最大的地热温泉群，或是公路旁，或是山涧中，或是森林里，抑或是湍急的河流边，都能看到大大小小的温泉。如果是清晨或者傍晚来到这里，还能看到山谷里到处都升腾着一股股热气；运气好时，或许能遇到清晨放牧的牧民从云雾中走出，仿佛是一个从仙境走出来的仙人。

■ 左图：鸟瞰措普沟
■ 右图：措普沟温泉群

康巴第一圣湖——措普湖

穿过热坑温泉群所在的美丽河谷，来到达章德大草原，神山扎金甲博赫然出现在眼前，她那高耸入云的山峰，整齐地排列，像一把把利刃，又像一座座壁垒，更像极了托尔金笔下《魔戒》中的中土世界的魔山。章德草原在雪山的环拥下，像一幅碧绿的画卷，牛羊在草地上悠然自得地漫步，牧民的帐篷和木屋升起了袅袅炊烟，青藏高原独有的高山草甸上点缀着各类鲜花，映衬着湛蓝的天空与蜿蜒的河水，仿佛天堂一般。如果说扎金甲博是一个面庞冷峻的男子站在天地之中，那章德草原就如同一个柔情似水的女子依偎在怀里，孕育了这一方生命。

继续往前，穿过章德大草原，一路上听着草地上那清风的低喃，跨过小溪，路上零星地散落着一些民居。不远处，便是康巴第一圣湖——措普湖。如绿松石般碧绿的措普湖面向辽阔的章德大草原，另外三面是杉柏森森的原始森林与扎金甲博神山，被神山、草原与森林环抱的措普湖，的确有别于其他高原海子，无愧康巴第一圣湖的美称。

湖面常年静谧，
时有微波粼粼，
身后的雪山肃穆庄严，
一动一静像是相恋了千年的情侣。
湖的周围还隐匿着许多的珍禽异兽，
在无人出没的春、夏、秋、冬里，
湖泊是它们的水源地。

上图：人和自然的互动，在措普沟充满野趣。如果站在湖边发出"呜呜"声时，成千上万的高原裸鲤鱼和细鳞花鱼便会游向湖边，等待投食。当把手伸入水中，鱼儿也会前来"亲吻"

探秘
百余个海子背后的故事

巴塘境内有 100 多个海子，它们犹如仙女的化身，更像仙女的眼泪，而措普沟便有这片土地最秀美的海子。这里的湖面常年平静，时有波光粼粼，身后的雪山庄严而又静谧，动静相映，格外有趣。湖的周围还隐匿着许多的珍禽异兽，在无人出没的春、夏、秋、冬里，湖泊是它们的天堂。措普湖北面的原始森林中有一对绿宝石般晶莹的姊妹湖，镶嵌在林海绿波之间，那就是志玛拥措和康珠拉措。志玛拥措，水色蔚蓝，清澈见底，十分幽雅别致。相传，它是格萨尔王的一位公主志玛沐浴治病的神湖。康珠拉措位于志玛拥措西边，水色淡蓝，形态俏丽，传说是由岭国国王的小女儿康珠忠于爱情的眼泪汇成。

景观体验

- **交通** 景区距稻城亚丁机场229千米。自驾从成都出发647千米，耗时11小时。
- **住宿** 措普沟大酒店、恒发酒店、鹏城迎宾大酒店、卓美大酒店等。
- **美食** 巴塘团结包子、巴塘醋海椒、巴塘冒面等。
- **特产** 巴塘核桃、巴塘南区辣椒、巴塘核桃油、巴塘黑美人土豆等。
- **非物质文化遗产** 巴塘弦子、巴塘藏戏等。

四川海子山国家级自然保护区格聂神山景区

格聂神山
深藏着通往天堂的眼睛

四川海子山国家级自然保护区格聂神山景区位于甘孜州理塘县，由藏族人民心中的三座神山组成，是青藏高原最大的古冰体遗迹，也是国家4A级旅游景区。格聂神山区域因冰碛地貌发育较全，雪峰林立，周围有山峰、原始森林、草原、湖泊、温泉、寺庙、藏乡风情，构成了一幅景色迷人的自然风景画。其中，格聂之眼被视为通向天堂的眼睛，是景区最大的看点。

权威测评·林草探秘指数

资源禀赋	92
体验产品	88
基础设施	84
交通优势	83
网络人气	72
品牌潜力	90

■ 左图：格聂神山之下的天堂之眼景色
■ 右图：雪山下的马群

地位崇高的四川第三大高峰

格聂神山海拔6 204米，被称为四川第三大高峰，也是沙鲁里山脉的最高峰。它不像"蜀山之王"贡嘎山和"蜀山之后"四姑娘山幺妹峰那样容易到达和看到。相比前两座山峰，它的地理位置更加隐秘，不为人知。

格聂神山是我国藏传佛教24座神山中的第13座女神峰，也是胜乐金刚的八大金刚妙语圣地之一。在藏族人民的心中，胜乐金刚的圣地只有喜马拉雅山和格聂神山。可见，这座不被众人所知的神山拥有怎样一种奇妙而神圣的地位。

属马的神山,也曾热闹一时

这里的大多数神山如同一位遗世的高僧,都有着自己的属相。格聂神山与冈仁波齐、阿尼玛卿一样,都属马。

100多年前,格聂神山下曾热闹非凡。那时,从理塘穿过毛垭草原,从格聂直插芒康,马帮曾络绎不绝,骑手呼啸而过。这条路曾是一条绵延千里、穿过千年岁月的历史驿道,是康巴南部通往拉萨的必经之路。直到20世纪60年代,川藏公路南线318国道通车以后,才慢慢冷清下来。

没有被登临的处女峰

　　大自然造就了格聂神山众多的精彩。格聂神山周围一共发育形成了冷龙、热梯、喀麦隆、库日、哈日、仲纳、仲嘎、肖扎八条主沟，格聂神山主峰则成为这八条沟的中心结，八条沟呈放射状延展出来。我们打开地图，俯瞰整个格聂神山，会看到它就如同一朵舒展的雪莲花，八瓣花瓣相互依托舒展。

　　以格聂神山为中心，周围山峰、原始森林、草原、湖泊、温泉、寺庙各成景致。格聂神山从远处看很平缓，实际上非常陡峭，很容易触发雪崩，所以攀登难度不小。曾经有日本、韩国、英国、瑞士等国的登山队打算登顶，但都没能成功。迄今为止，格聂神山仍然算是处女峰，这也为这座神山增加了几分圣洁和神秘。

　　事实上，格聂神山在狭义上是一座山，而在广义上被称为格聂神山区，是在地图上呈莲花状的雪山群。

■ 上图：格聂神山

探秘四川 88个不得不去的林草景观

格聂之眼

探秘 通往天堂的格聂之眼

每当晴天，在两三百千米外就能看见格聂神山的主峰高耸入云的壮景。山腰大多是原始森林，一些小型瀑布倾泻而下，山下还有广阔的草原和森林，以及清澈碧透的湖泊。一些野生动物时常出没在林间，当穿过河谷，穿过沙石土路，一片广袤的草原绵延伸展。草原上，有个小小的水洼，倒映着蓝天白云，接纳着格聂群峰，它就是格聂之眼。格聂之眼是一个直径大概只有几十米的水塘，但水草相映，好像大眼球一样，清澈明亮。最为神奇的是，在格聂之眼这个水塘里，长了水草，正好围成了一圈，像瞳孔一样，也让这只眼睛显得更加传神，大家都称它为"通往天堂的眼睛"。

绿草如茵的大地上，一只水汪汪的大眼睛，瞳孔分明，光影投射到水面上，眼波流转，让人不禁想起了古人的词句："水是眼波横，山是眉峰聚。欲问行人去哪边？眉眼盈盈处。"格聂之眼，犹如大地的一只眼睛，在这格聂神山下，在这格聂原上，看穿秋月，看淡落花，看惯流云，看遍落霞，看清人性善恶，看尽荒凉繁华，看透红尘冷暖，看破曲直是非。这只眼，默默无声，不着只字，不留片语。

景观体验

- **交通** 景区距康定机场1 455千米，距稻城亚丁机场213千米，距格萨尔机场788千米。自驾从成都出发1 433千米，耗时20小时。
- **住宿** 理塘香巴拉酒店、赛马大酒店、理塘青稞大酒店、惠和酒店、仓央嘉措情歌酒店等。
- **美食** 野生菌、风干肉、牦牛肉火锅等。
- **特产** 甘孜青稞、理塘冬虫夏草、理塘牦牛、理塘银器、理塘茯苓等。
- **非物质文化遗产** 囊索达杰藏医、理塘刺绣、格木石刻等。

甘孜泸定 四川海螺沟冰川国家森林公园

海螺沟
冰与火的淬炼

四川海螺沟冰川国家森林公园位于甘孜州泸定县境内，青藏高原东部边缘，是中国唯一的"冰川森林公园"，也是亚洲海拔最低、落差最大的海洋性现代冰川。景区内晶莹的冰川从高峻的山谷铺泻而下，巨大的冰洞、险峻的冰桥，使人如入神话中的水晶宫，特别是举世无双的大冰瀑布，高达 1 000 多米，宽约 1 100 米，瑰丽非凡。

触手可及的冷感

世界上的冰川，要么分布在高纬度的极地地区，要么分布在 4 000～5 000 米的高海拔地带，总之，这里不是人类的亲近之地。在中国的西部和北部，发育了 40 000 多条冰川，海螺沟冰川是低纬度冰川中海拔最低的一个，又是我国离城市最近的冰川，创造了很多个"中国之最"。

海螺沟冰川属典型的海洋性低海拔冰川，冰川长 14.7 千米，面积 16 平方千米，最高海拔 6 750 米，最低海拔 2 850 米，落差达 3 900 米。冰川如同一条银色的长龙，从贡嘎山上飞奔而下，浩浩荡

资源禀赋：98
体验产品：90
基础设施：92
交通优势：85
网络人气：75
品牌潜力：89

权威测评·林草探秘指数

■ 左图：晶莹的现代冰川从高峻的山谷铺泻而下
■ 右图：在索道上俯瞰寂静的山谷，冰雪将山谷装点成琼楼玉宇，巨大的冰洞、险峻的冰桥，使人如入神话中的水晶宫

荡，气势磅礴。在U形峡谷里伸入绿色林海达6 000米，形成冰川与森林共生的奇绝景观。海螺沟冰川是贡嘎山地区五大冰川中规模最大、海拔最低的一条，游客可以轻而易举地登临冰川览胜。

海螺沟冰川舌全长6 000米，宽0.4~0.7千米，推算最厚处为100~130米，冰川大约形成于1 600年以前。在冰川的运动中形成晶莹如翡翠、水晶且观赏价值极高的冰川断裂带，其由冰川弧拱、卷曲、单斜、向斜构造成的冰川层纹，单条裂缝长达100余米，深5~10米，宽0.5~2米，蔚为壮观。在冰川的消融过程中形成了千姿百态的冰面湖、冰桌、冰洞与冰桥、冰面河，令游人赞不绝口。另外，源于主峰东南侧海拔5 600米以上的大雪山脉分水岭，冰川的最低点海拔3 000米，可供登山爱好者攀登。

源自冰川时代的热情

海螺沟最奇特的风景除了冰川外，要算蕴藏于原始丛林中的温泉了。如果说大冰瀑布显得那么遥不可及的话，那么在雪中泡温泉可是实实在在的。温泉建在二号营地，当地山民称这里为"热水沟"，温泉从地表的石缝中涌出，终年不断。经化验，此泉属碳酸氢钠型中性优质医疗热矿泉，对多种疾病有奇特疗效，这里的泉水出水口温度最高接近90℃，日流量达8 900吨，不是亲眼所见，难以想象在天寒地冻的高原竟有"天上瑶池"。

该处已经建有10个大小不等的露天温泉池和一个200平方米的露天温泉游泳池。温泉池周围是茂密的原始森林，风景优美。特别是冬季至此，一边泡温泉，一边欣赏雪景，可谓惬意。如果再遇上降雪，便可在热乎乎的露天温泉里慢慢欣赏雪花飘飞的奇景，透过氤氲升腾的水汽赏飘飘雪花，看四周白雪皑皑，银峰耸立，体验冷感与热血的交响。

左图：海螺沟拥有众多珍稀植物，如红豆杉、西康玉兰、油麦吊云杉等

右图：海螺沟冰舌

冰川下的红色浪漫

在贡嘎山东坡的海螺沟、燕子沟、雅家埂、南门关沟、磨子沟、田湾河、湾东河、栗子坪等地的河谷中，只见红艳艳的石头一块挨着一块，长长的红石群延绵10多千米，在雪山的衬托下美不胜收。远远望去，如玛瑙一般的鲜艳红石布满河床，与葱郁的原始森林、潺潺的冰川融水一起构成贡嘎雪山下的独特景致。红石一般分布在海拔2 000～4 000米。

人们给布满红色石头的河谷起了个名字叫红石滩。红石滩的美景吸引了众多旅行者、摄影爱好者前来打卡、拍照。经过观察发现，红石头的红色不是石头本身的颜色，而是覆盖在石头表面的一层薄薄的红色物质；红色物质只依附在原生岩石表面自然生长，且近些年在一些河谷中生长速度越来越快。有人曾将红石带离红石滩，离开当地的环境，红石经过一段时间就会慢慢褪色，最终变成黑色。

■ 上图：雅家梗红石滩

探秘 红石滩的成因

红石上的物质不是地衣，而是一种气生丝状绿藻——约利橘色藻。藻细胞内富含虾青素，因而颜色鲜艳血红，这种类胡萝卜素还能帮助橘色藻抵抗高海拔地区强烈的紫外线。同时，藻细胞还富含油脂，能帮助橘色藻抵抗低温干旱的冬季高寒环境。

燕子沟红石滩所在的贡嘎山地区受海洋性季风气候影响大，冰川运动活跃，冰川搬运推送出大量的岩块堆卸下来，加之冻融作用导致的岩石崩解破碎，使这里石块遍布，并且已经形成红石景观。虽然这里不是海螺沟红石景观最精华的部分，但在这寂静的冰雪荒原上，红石上的生命更显珍贵，红石景观也更觉震撼。

景观体验

- **交通** 景区距康定机场119千米，距稻城亚丁机场455千米，距格萨尔机场487千米。自驾从成都出发282千米，耗时4小时。
- **住宿** 贡嘎神汤温泉酒店、海螺沟贡嘎杜鹃主题文化酒店、海螺沟杉树坪温泉酒店等。
- **美食** 九大碗、油淋人参果、油炸面果、菌类、虫草鸭、贝母鸡、冰川腊肉、天麻肘子等。
- **特产** 磨西老腊肉、磨西农家花花糖、兰花、虫草、贝母、天麻、核桃、板栗、花椒等。
- **非物质文化遗产** 岚安锅庄、冷碛天须花花、岚安藏族贵琼刺绣、格拉唐卡等。

扫一扫
了解更多资讯

甘孜 四川荷花海国家森林公园
康定

荷花海
康定深处的绝美秘境

权威测评・林草探秘指数	
资源禀赋：	78
体验产品：	81
基础设施：	79
交通优势：	76
网络人气：	64
品牌潜力：	78

权威测评・林草探秘指数

■ 左图：荷花海国家森林公园，地处贡嘎山和五须海风景区之间，又名"合合海子"

四川荷花海国家森林公园位于甘孜州康定市的苦西绒山谷中，属高山淡水湖泊，四周有草原、森林、雪山相伴。主要景观有原始森林、高山海子、温泉、冰川、野生动物。每到夏天，湖面水平如镜，上面开满粉红色的野生荷花，湖水清澈透明，在阳光映照下，呈现出黄、绿、蓝等多种色彩。

饱含高原儿女乡愁的海子

作为茶马古道进藏交会地的康定，地处高原气候带，在非雨季的时间里，你会见到这样的情景：蓝天的蓝几乎要浸入你的眼睛，大片的纯白流云是洁净又自在的象征，山路盘旋，却又在高原原野的纵深里一眼千里。如果说人类的秀场有色彩、线条、肌理、材质的审美表现，那么高原景观便能够算是大自然野生派的取色灵感，成为一种区别于时尚审美的地理标签。

康定人对于自然的热爱，仿佛是从骨子里带来的。他们在树林中唱歌跳舞，在山间野餐聚会，不论走到哪里，自然气息的景观，永远能给草原儿女以安抚。你所知道的康定，有溜溜的山，溜溜的云，是一个听起来就很美丽的地方。在这样美丽的地方，有一处风光秀美的秘境，它就是荷花海国家森林公园，隐藏着这里的人们对自然的所有理解。

荷花海境内主要的野生植物有12科500余种，主要野生珍稀植物有31种。其中，国家一级保护植物有独叶草、五小叶槭2种。国家二级保护植物有麦吊云杉、四川狼尾草等30余种。群落结构复杂，林型多样，主要植被构成为乔木、亚乔木、灌木、草本植物、苔藓等。中低海拔地区，主要由云杉、冷杉、桦木、高山栎、落叶松、杜鹃等组合成阔叶林针叶林、针阔叶混交林，森林覆盖率为89%。高海拔地区大多为矮小灌木丛、苔藓植物。

绿色是这里的底色

在荷花海森林公园中,森林覆盖率极高,群落结构复杂,树木类型多样,主要森林植被构成为乔木、亚乔木、灌木、草本植物、苔藓等。低海拔地区多为高山栎、杨树、桦木等阔叶林,中海拔地区多为云杉、冷杉、落叶松、杜鹃等针叶、针阔叶混交林,高海拔地区多为矮小灌木丛和苔藓类植物。茂盛的森林植被构成了苍翠、幽深、神秘的绿色景观。公园内的冷杉、云杉、栎树上挂有大面积的松萝,其原始森林景观在国内十分罕见。

白雾缭绕的天然温泉恍若仙境

荷花海森林公园内有大小温泉 10 余处。温泉群所处的位置优越,位于荷花海和大草坪之间,距荷花海只有 2 千米。大量温泉从地下喷涌而出,出口的水温可达 80℃,足可用于沏茶和煮鸡蛋。

温泉的日流量在 150 吨以上,含硫、锂、锶、锌、硼、硒、锗等多种化学元素,属国内优质温泉之一。温泉水顺山势而下,形成一道水帘,在万木葱茏的沟中,白雾飘忽不定,群山若隐若现,恍如仙境。

千年冰川是神山的帽檐

荷花海的对面就是壮丽的犀牛神山,海拔 4 760 米。抬头远眺,山峰巍峨挺拔,突兀插云。峰顶的冰川积雪闪烁着皑皑银光,终年不化。它与荷花海瓦蓝碧绿的湖水相映成趣,构成了这个高山平湖的自然景观。

荷花海森林公园内分布着大约 320 种野生动物。野生猕猴时常出没,是游人易见景观。它们喜欢生活在海拔 2 000～3 600 米的林灌地带,特别是那些悬崖峭壁又夹着溪河沟谷、攀藤绿树的广阔地带。

■ 左图:荷花海原始森林
■ 右图:荷花海温泉坡

探秘 鲜为人知的自然景观综合体

　　荷花海森林公园从整体上讲是一个自然景观的综合体。这里的景观类型包括了原始森林和野生动物、温泉、高山湖泊、现代冰川等；这里的植物物种丰富、区系成分复杂、植被垂直带谱完整；这里的野生动物资源以高山动物为主，包括兽类、鸟类、两栖类和爬行类动物约322种；这里的水系以温泉和高山湖泊为主，包括10余处温泉和5个高山湖泊。

　　这5个湖泊中最著名的就是荷花海，海拔3 960米，湖面呈半月形，长2 100米，最宽处约250米，面积约525平方千米，湖深1～5米。湖水清澈，晶莹如玉，四周群山环抱，绿草如茵，野花似锦，系四川境内观赏价值较高的天然湖泊之一。

■ 上图：荷花海森林公园的核心地段，海拔 3 900 米。站在湖边，湖面水平如镜，湖水清澈透明，在阳光映照下，呈现出黄、绿、蓝等多种色彩，像镶嵌在高原上的一匹巨大的彩绸

景观体验 jing-guanlivan

交通	景区距康定机场 49 千米，距稻城亚丁机场 321 千米，距格萨尔机场 376 千米。自驾从成都出发 430 千米，耗时 7.3 小时。
住宿	康定玉景雪莲精品酒店、康巴大酒店、康定云尚酒店、甘孜康定驿旅阳光酒店等。
美食	康定牦牛肉、"麦秋"的熏牛肉、魔芋烧鸡、高原蕨菜、康定锅魁、康定凉粉等。
特产	康定红皮萝卜、雪域人参果、雪山大豆、康定雪茶等。
非物质文化遗产	四月八转山会、川西藏族山歌等。

四川省灵山森林公园

四川省鸭嘴自然保护区
寸东海子景区

四川泸沽湖
风景名胜区

四川省百草坡自然

四川邛海国家湿地公园

四川螺髻山
国家级风景名胜区
九十九里景区

四川二滩
国家森林公园

四川会理仙人湖
生态康养旅游区

四川攀枝花苏铁
国家级自然保护区

攀西经济区
林草景观

在高山峡谷间畅享阳光

攀西经济区林草景观位于横断山脉边缘，是云贵高原向四川盆地的过渡地带，包括攀枝花市和凉山州。这里是全川气候最温暖的地方，具有冬暖夏凉的特性。

随着"阳光康养"主题的推进，攀西经济区林草景观持续升温。地理的边缘性和过渡性使这一区域汇集了丰富的生物类群、复杂的地理区系成分、多样化的生态植被类型，保存着相当多的自中生代石炭纪肇始的孑遗植物及数量众多的珍稀特有动物资源。

这里有举世闻名的二滩水电站高坝平湖景观，有泸沽湖、邛海等高原湖泊景观，有上万亩高山杜鹃花海，有为推动中国珍稀植物保护发展提供样本的攀枝花苏铁国家级自然保护区……这里林草景观类型齐备，珍稀动植物资源保护情况好，康养度假产业发展如火如荼。在攀西经济区内，一条生态康养的林草景观带正在形成。

凉山盐源　四川泸沽湖风景名胜区

泸沽湖

山水之间，女儿柔情

权威测评·林草探秘指数

资源禀赋：	91
体验产品：	90
基础设施：	90
交通优势：	89
网络人气：	91
品牌潜力：	93

四川泸沽湖风景名胜区是四川省和云南省的界湖，其中四川占湖面面积三分之二，因此泸沽湖也是四川第一大湖。四川泸沽湖风景名胜区位于凉山州盐源县，四周有崇山峻岭，森林资源丰富，山清水秀，空气清新，景色迷人，是国家 4A 级旅游区。

身临其境，水天一色，水平如镜，缓缓滑行于碧波之上的猪槽船和徐徐回荡于水天之间的摩梭民歌，使其更增添几分古朴，几分宁静。

■ 左图：泸沽湖走婚桥
■ 右图：泸沽湖边的猪槽船 黄文志 | 摄

与格姆女神山相伴的洁净水域

远观泸沽湖景，蔚蓝一片，好似大海一般壮阔动人；近观湖水，清澈透明，让人忍不住想要用手去舀起少许，细察它的颜色。湖水之美，百闻不如一见。泸沽湖四周群山巍峨，均被森林所覆盖，茂密苍翠，和蔚蓝的湖水相映成趣。

这里最著名的山峰要属格姆女神山，海拔 3 754.7 米，是泸沽湖周边最高的山峰。在山顶的洞中，有着天然形成的钟乳石人像。因此，在摩梭人的眼中，这座山是他们所崇拜的格姆女神的化身。在每年的转山节期间，虔诚的摩梭人都要上格姆女神山祭祀女神。

草海荫翳藏无限生机

在泸沽湖的东南边,由于泥沙的常年淤积,湖水变浅,生长着茂密的芦苇,远远望去,这里就像是一片茫茫的"草的海洋"。草海是泸沽湖的一大特色,也是受到重点保护的高原生态湿地。大约 10 平方千米的草海中,除了芦苇和水烛等各类水草,还有鱼、虾等水生生物,它们一起形成了一个自然生态圈。在不同的季节,泸沽湖的草海会呈现不同的景致。秋冬季节,成千上万的候鸟从北方飞来泸沽湖过冬,那时的草海就是候鸟的天堂,生机盎然。

一年四季鲜花开放,泸沽湖"水性杨花"的景观,是水质优良的体现。

■ 左上图:俯瞰泸沽湖　陈小羊 | 摄
■ 右上图:湖面生长着波叶海菜花
■ 右下图:湖边的野桃花

波叶海菜花，湖面奇景

泸沽湖畔的山间，一年四季都有鲜花开放，它们在不同的季节装点着群山，绽放出不一样的美丽。一种在水面盛放的花却是这里独有的。这种白色的水生小花名叫波叶海菜花，植株生长在水里，每当太阳出来的时候，花朵会浮出水面，随着水波飘摇；而到了晚上，花朵会合起来，藏到水里。因为它长在水里，又随波漂流，所以才让人联想到了"水性杨花"这个词。

夏季的泸沽湖上，漂浮着成千上万朵洁白的波叶海菜花。雪白的花朵摇曳在蔚蓝的湖水中，宛如仙境，是泸沽湖特有的奇景。值得注意的是，波叶海菜花对水质的要求极高，被称为"水质的试金石"，只有在最干净透明的水中才能让此类植物的光合作用不受影响。由此可见，泸沽湖的水是何等的澄澈。

泸沽湖水质晶莹透明，肉眼可直视水下12米深处，这种水质在全国都属罕见，达到我国一类饮用水标准。由于地处高原，湖水温度很低，却终年不冻。湖盆边缘地形复杂陡峭，湖面洁净柔和。

神秘母系遗存

泸沽湖之所以动人，除了美丽的自然风光外，也因其有神秘的摩梭人文风情。泸沽湖是摩梭人的母亲湖，摩梭人是"中国最后的母系氏族"，摩梭人居住的泸沽湖也被称为"神秘的东方女儿国"。

在泸沽湖景区中，有泸沽湖摩梭民俗博物馆、情人树、末代土司王妃府等众多与摩梭文化相关的景点。摩梭文化令久居尘世喧嚣的现代人深深着迷。

探秘 泸沽湖，四川最大湖泊

说到泸沽湖，很多人都以为泸沽湖是云南的，但事实上，泸沽湖是云南和四川共同管理的，湖泊面积为 50.1 平方千米，四川占了其中的三分之二，水域面积超过 30 平方千米，因此泸沽湖也成为四川的第一大湖泊。

在泸沽湖四川一侧的东岸，聚集着整个泸沽湖的精华看点，泸沽湖的源头泸源涯就在这个范围内，是泸沽湖最著名的观景台；草海也在这里，最大的亮点就是大片大片的芦苇，给人视觉上极大的震撼；泸沽湖的标志景点——走婚桥也在湖的东岸，长达 300 米的木桥，如蜿蜒巨龙般躺卧在草海的芦苇中，这座桥有着"天下第一鹊桥"的美誉，虽然走婚在现代已经不存在了，但走婚桥依旧有它的意义。

景观体验

- **交通** 景区距西昌火车站 241 千米，西昌青山机场 249 千米。自驾从成都出发 668 千米，耗时 10 小时。
- **住宿** 盐源泸沽湖北纬 27 度客栈、泸沽湖土土客栈、泸沽湖女神湾圆融居客栈、泸沽湖清蛙草舍民宿、盐源雁归缘酒店等。
- **美食** 摩梭火焰烧烤、猪膘肉、泡梨、烤鱼干、酥油茶、腌酸鱼等。
- **特产** 泸沽湖银器、猪膘肉、苏里玛酒、小银鱼、苹果干等。
- **非物质文化遗产** 摩梭人转湖节、甲搓舞等。

泸沽湖草海

凉山木里 | 四川省鸭嘴自然保护区寸冬海子景区

寸冬海子

人间的蓝色月亮

四川省鸭嘴自然保护区寸冬海子景区位于凉山州木里藏族自治县城区西北部的康坞山顶，四面环山，山林茂密。寸冬海子北邻稻城、理塘，西连云南的中甸、丽江，与泸沽湖仅一山之隔，是美丽的高原积水湖泊。

高原圣湖

寸冬海子如遗落在高原的一面镜子，映照着天的颜色。远看，湖水呈深邃的湛蓝；近观，湖水清澈见底。微风起，湖面波光粼粼，宛若宝石般璀璨。四周的群山抱着湖水，湖水倒映着山的样子，山中有水，水中有山。湖中有着一座座形态各异的"浮岛"。定睛一看，才发现漂浮在水面上的是草甸。别处的湿地草甸都是固定生长，但寸冬海子的草甸随着风与水缓缓地移动着。若你够胆，大可撑篙一根，站于草甸上，以之为筏，在湖中徜徉。木里的本地人都说，寸冬海子是一个"年年去看，都不会厌倦"的地方。这是因为寸冬海子一年四季都是美的，且一季一变幻，美得千变万化。

探秘：约瑟夫·洛克在此留下的足迹

每当提起香格里拉，脑中浮现的便是风景如画的人间天堂。最初寻找香格里拉的探险家约瑟夫·洛克将找寻的步伐停留在木里。他被木里的风景和文化所震动，曾三次到访，并称木里为"神仙游览过的花园"。

时光荏苒，在历史的变迁中，约瑟夫·洛克探寻的那个"木里王国"已不复存在，昔日富丽堂皇的圣殿也已仅剩断壁颓垣。而今，在重建时人们选择保留古寺的废墟，是为了将过去的故事留给后人去倾听、讲述和理解。

权威测评·林草探秘指数

资源禀赋：89
体验产品：79
基础设施：74
交通优势：77
网络人气：60
品牌潜力：80

景观体验

交通 景区距西昌火车站267千米。自驾从成都出发约694千米，耗时11小时。

住宿 木里香巴拉大酒店、木里木泽雅酒店、卓嘎商务酒店等。

美食 藏餐、木里酥油茶、酸菜面块等。

特产 木里皱皮柑、木里沙棘、木里天麻等。

非物质文化遗产 藏族牛羊毛手工编织技艺、擦窝制作技艺、木里"桑股"头饰等。

扫一扫 了解更多资讯

■ 左图：高原湖泊水质优良，清澈见底
■ 右图：寸冬海子里有很多岛

四川省灵山森林公园

灵山

山水灵气相伴而生

权威测评·林草探秘指数

资源禀赋：73
体验产品：76
基础设施：78
交通优势：70
网络人气：69
品牌潜力：75

灵山背靠小相岭，傍依安宁河，周围重峦叠嶂，云雾缭绕其间。

■ 左图：冬韵小相岭　郭建良｜摄
■ 右图：灵山雪景　冕宁县林业和草原局供图

四川省灵山森林公园位于凉山州冕宁县，背靠小相岭，傍依安宁河，主峰海拔4 140米。立于峰顶，可远眺绵亘百里的大凉山及安宁河两岸的千顷沃野。它是国家4A级旅游景区。冕宁灵山以山水的灵秀为自然格局，又因山间佛寺而含有"灵光"意味，呈现出极为原生态的康养旅游属性，令人回归到自然环境之中，钟情于这个灵动的栖息地。

山水生灵

冕宁的气候宜人，雨水充沛，日照充足，冬暖夏凉。灵山森林公园重峦叠嶂，云雾缭绕其间。每当深入其间，树木苍翠，林荫蔽日。公园内森林覆盖率达70%，负氧离子含量极高。这一切便为"钟灵毓秀"的境界做了铺垫。

灵山的地貌以山地、丘陵为主，与大山江河相伴，其垂直海拔为2 000～4 000米，生物多样性明显，拥有高山草场、高山冰川湖泊群、原始森林、清泉飞瀑、杜鹃花海等不同景观。

生物的多样性，渲染出四季景观：春来，山花烂漫、锦绣满园；夏至，万树披绿、郁郁青青；秋季，枫树变红、层林尽染；冬日，玉树琼花、景象万千。

景观体验

交通 景区距冕宁火车站 42 千米，西昌青山机场 81 千米。自驾从成都出发 362 千米，耗时 4.3 小时。

住宿 冕宁灵山灵栖酒店、冕宁灵山阳光酒店、冕宁灵山温泉自驾游营地、西康温泉酒店等。

美食 薇菜炒腊肉、鸡枞汤、大盘鱼、小炒牛肉、炒牛肝菌、大萝卜等。

特产 凉山苦荞麦、建昌鸭、正路花椒、复兴樱桃等。

非物质文化遗产 藏族民歌、藏族赶马调等。

佛光常现

灵山寺大约在清朝乾隆五十九年（公元 1794 年）建成。在寺庙建成 9 年后，创始人杨祖师圆寂。圆寂 7 日后，其弟子将其肉身移至佛堂，长期供奉，引得每年到此许愿、还愿的香客接踵而至，所以灵山寺也有"川内第一名寺"美誉。

从山脚到寺门的古道，沿途林荫蔽日，泉水潺潺，峰回路转，一步一景，目不暇接。袅袅香火之中，即使你只是偶然路过此地，脚步未曾踏入寺院，听着意境空灵的禅音，亦能平复心中烦闷。

诗意栖居

灵山，还为寻求养生的人们，提供了一种原生态的栖居之处。

在这里寻求一种对天然环境的崇尚与回归。身在其间，在吸取山林灵气的那一刻，说到底，还是你心中的那一丝惦念，赋予了它更多的灵感。

左图：灵山寺山门　冕宁县林业和草原局供图

右图：灵山后山景区——红海　冕宁县林业和草原局供图

探秘

灵山之巅的各色海子

　　冕宁灵山最迷人的不是因为它的高度，而是因为它星罗棋布的海子，成片的杜鹃林，绵延起伏的山。

　　在它的脚下，东面有茶马古道著名的登相营、九盘云古驿站，西面有庄严的灵山古刹。围绕着主峰的高山海子大大小小有20多个，其中以连三海、九海、黑海、红海、歪海最为出名，还有世上罕见的间隙泉。

　　灵山南、北两坡的杜鹃花海，花开两季，南坡在5～6月开放，北坡在8～9月开放，每到花季，花海绚丽壮观。主峰俄尔则俄因山势险峻，马帮也没办法上去，而且林木原始，大都不是现成道路，徒步登山者需要请向导和背夫。

　　上山一般分为两条线路：一是从冕宁灵山寺景区上去，有连三海、黑海、红海、歪海、九海，从望天坡到九盘营村出；二是反穿，从九盘营村或泸沽镇包车到望天坡，从灵山寺景区出。

　　"俄尔则俄"这个彝语名字由来久远，以至于连当地的彝族人也说不清这个名字的确切含义。而如今，"俄尔则俄"被当作是灵山所在的四川省凉山州数十座山峰的统称。

　　作为一处没有开发的处女地，灵山之巅的景色完全可以和香格里拉相媲美，并且更加原始古朴，耐人寻味。时至今日，这里也只有零星的徒步者、摄影爱好者前来探险，希望这一片川西净土，能够不被过多地打扰，一直安静地美下去。

四川螺髻山国家级风景名胜区九十九里景区

螺髻九十九里

云雾缭绕中的温泉瀑布奇景

四川螺髻山国家级风景名胜区九十九里景区位于凉山州普格县，是螺髻山的核心景区，国家4A级旅游景区。2013年，螺髻九十九里温泉被世界纪录协会认定为"世界最大温泉瀑布、世界仅有的温泉群岛、世界仅有的悬崖温泉"，主要看点有温泉瀑布群、彩虹瀑布、万亩杜鹃林、高原湿地、螺髻第一峰等。

万年冰川造奇景

螺髻九十九里之奇美，不止温泉瀑布这一处。螺髻山有着保存完整的第四纪冰川遗迹。漫步于螺髻山中，随处可见孤立尖锐的角峰，如刀口的刃脊，三面环山、后壁陡峻的冰斗，宛若群羊伏地的羊背石，以及如星子一般点缀于山间大大小小的冰川湖泊。

在这众多湖泊中不得不说的是黑龙潭。在四周环绕的群山中间，有一幽深静谧的湖泊，湖水黝黑如墨。湖中点缀着数个孤岛，岛上草木深深，一番远离尘嚣的浩然之景。都说岁月无痕、万物无声，但螺髻山上的形态各异的冰川遗迹无不向我们诉说着地球上曾经的岁月，向我们证明着岁月有痕、万物有声。

权威测评·林草探秘指数

资源禀赋：	86
体验产品：	88
基础设施：	80
交通优势：	78
网络人气：	67
品牌潜力：	87

一派白虹起，盛名螺髻山。万千景象吸引了不少游人长途跋涉，登临游览，以探寻其无穷奥妙。

■ 左图：螺髻九十九里温泉瀑布群
■ 右图：螺髻山云海　郭建良｜摄

上图：螺髻九十九里温泉
下图：螺髻山血雉 郭建良 | 摄

华而有实的温泉瀑布

　　这里，一里一个景，九里一个奇观，共九十九景，故名螺髻九十九里。螺髻九十九里以瀑布景观最负盛名。当步入景区，便可见莹白的泉水从半山悬崖处跌落，似美人的水袖缱绻于青山松柏间，形成一簇簇形态不一的瀑布。更绝的是，在错落的山石截断瀑布处，形成了一个壮美的石钟乳群，石钟乳又形成大小不一的天然水潭。抬眼一看，在山的更高处，有一宽阔的悬崖，泉水顺崖边倾注而下，巨瀑如海倾，水星四溅，在阳光下似水晶般剔透。

　　再细看，可见丝丝缕缕的雾气萦绕在山间。不禁想这半山腰处，鲜有云雾，缥缈雾气自何处而来呢？原来，螺髻山崖倾斜而下的不是普通的泉水，而是温泉水。天下瀑布何其多，唯有此处瀑布是温泉。因温泉水而成的雾气萦绕在山间，所以螺髻山的水幕不仅可观可赏，还可泡可饮。试想通过狭小的通道，到达散落在山间装满温泉的水潭里，俯身坐下，感受温泉怡人的温度，赏着近在咫尺似珠帘垂落的水幕，该是多么惬意啊！怪不得螺髻山上的猴子都趁着无人之时跑来泡温泉。

探秘 天然氡温泉的秘密

　　螺髻九十九里的温泉水更奇在其中氡元素含量充足。氡泉水不仅可饮，对一些疾病还有辅助治疗作用。

景观体验

- **交通** 景区距西昌火车站57千米，西昌青山机场67千米。自驾从成都出发487千米，耗时6.3小时。
- **住宿** 普格仙螺山庄、情落彝乡山庄、普格富丽堂宾馆等。
- **美食** 云白肉、水煮回锅肉、幺妹童子鸡、农家坛子肉等。
- **特产** 花魔芋、无公害豌豆、普格油枣、普格牛心柿等。
- **非物质文化遗产** 朵乐荷、彝族月琴音乐等。

扫一扫 了解更多资讯

凉山西昌 | 四川邛海国家湿地公园

邛海
月亮城的高原明珠

四川邛海国家湿地公园位于四川省凉山州西昌市，是国内最大的城郊湿地公园，具有涵养水源、调节城市小气候、净化水质、提供动植物栖息地和生态景观的多重功效，为国家 4A 级游旅景区、国家级生态保护区。它由梦里水乡、梦寻花海、梦回田园、西波鹤影四大区域组成，呈现似海景观，山光云影，一碧万顷。

姿态万千的四季景色

邛海湿地，与其他高原湖泊无异，但以恬静著称，景色四季各异。她犹如一位素妆淡抹的姑娘，柔美而恬静，朴实而芳华，四季轮换而姿态万千。

春日里，这里阳光明媚，碧波荡漾，苍山绿野掩映其中，岸边垂柳依依，燕语呢喃。游人泛舟在碧波之中，仿佛踏入山水画境之中。

春去夏来，这里的湖水泛着光，繁花烂漫。尤其到了落日时分，霞光万道，照耀在山寺渔村中，犹如一幅唯美的山水画卷。

秋日来临，这里晴空万里，天高气爽。尤其在夜间，游人借着皎洁的月光，泛舟在湖泊上，尽情地享受渔舟唱晚的田园生活，忘却了秋风中的阵阵凉意，忘却了归家时刻。

到了冬季，这里天净水明，暖意洋洋，红枫翠柏倒映湖面，海鸥、白鹅等候鸟嬉戏波间，清新静谧，凝重旷远。从未到过邛海湿地的人可能问："邛海湿地之美，美在哪里？"很多去过的人会告诉你，"美在天然，美在辽阔，美在恬静，美在清澈"。它可是月亮城最耀眼的那颗高原明珠。

权威测评·林草探秘指数

资源禀赋： 96
体验产品： 94
基础设施： 97
交通优势： 97
网络人气： 89
品牌潜力： 95

■ 左图：邛海国家湿地公园一角 黄文志｜摄
■ 右图：荇菜在《诗经》中被称为"爱情之花"，开满西昌邛海湿地

野生鸟类的天堂

邛海湿地，被称为"野生鸟类的天堂"。成群结队的骨顶鸡、红嘴鸥、白鹭等水鸟常年在这片水域游弋、觅食。每到冬天，这里因暖和的气候与优质的生态环境，吸引着数十万只从西伯利亚飞来过冬的候鸟。

冬天里，本地市民和游客到邛海湿地休闲或游玩时，随时可能被这里正在嬉戏的鸟儿所吸引，久久不愿离去。所以说，这些可爱的精灵赋予了邛海湿地水鸟浅飞的动态美感，给邛海湿地增添了不少生机，为广大市民和游客增添了一处景致和一份乐趣。

据四川省环境厅最新监测数据表明，邛海国家湿地公园及周边邛海流域的鸟类共有 195 种，包括对环境极为挑剔的紫水鸡、白琵鹭、彩鹬、鸳鸯、青头潜鸭等珍稀水鸟。其中，种群数量最大的是骨顶鸡，其次是红嘴鸥、普通鸬鹚、绿翅鸭、赤膀鸭、绿头鸭等。

探秘 湿地构筑的生态屏障

　　邛海湿地供应着西昌整个城市的饮用水。所以说，这里是西昌人的饮用水源地，是西昌各族群众赖以生存的"生命之源"。

　　不仅如此，邛海湿地还是城市环境天然的过滤器。它净化着整个城市的空气，吸收空气中大量的二氧化碳，释放出大量的氧气，有效调节着整个城市的大气成分。它储存着大量水分，并通过植物蒸腾和水分蒸发，输送到大气当中，增加了空气湿度，调节着局部小气候，为西昌构筑起重要的生态屏障。

■ 左图：鸟趣，这是人与自然亲近的灵动画面
■ 右图：湿地连接了城市与自然，展现出难得的和谐之景

景观体验

交通 景区距西昌火车站7.4千米，西昌青山机场16千米。自驾从成都出发437千米，耗时5小时。

住宿 西昌海角七号主题客栈、西昌梦乡湿地宾馆、西昌海亭春晓宾馆、西昌湿地春天酒店等。

美食 邛海醉虾、西昌烧烤、烤鱼、土豆、西昌米粉、建昌板鸭、坨坨肉等。

特产 冕山苦荞茶、大兴蒜薹、西昌钢鹅、西昌高山黑猪、凉山马铃薯、西昌洋葱、彝族漆器、西昌葡萄等。

非物质文化遗产 邛都洞经古乐、彝族火把节、彝族年等。

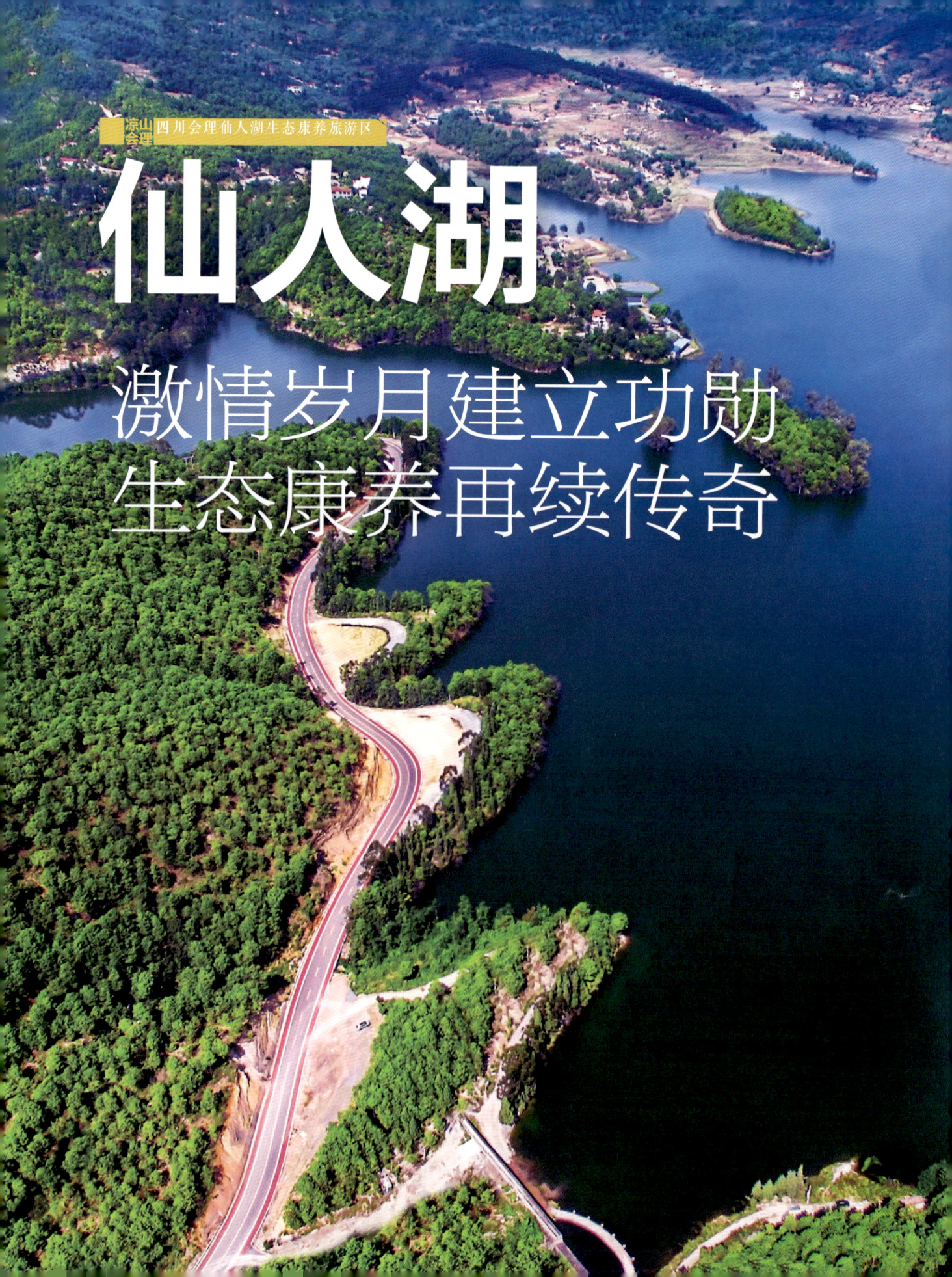

凉山会理 | 四川会理仙人湖生态康养旅游区

仙人湖

激情岁月建立功勋
生态康养再续传奇

权威测评·林草探秘指数

资源禀赋：86
体验产品：88
基础设施：80
交通优势：78
网络人气：67
品牌潜力：87

四川会理仙人湖生态康养旅游区位于凉山州会理县境内，水域面积约 0.84 平方千米，是中国共产党历史上著名的会理会议召开地。湖边的白鹳、白鹭、野鸭等水禽，时而在湖面上空展翅翱翔，时而在湖岸树梢傲然挺立。

红色仙人湖

从成都往南 600 余千米，穿越大小凉山之后直抵金沙江边，就是红军长征北上进入四川的第一处渡口——皎平渡。江边这座大山叫作中武山。1935 年，2 万多中央红军就在中武山下这段水流相对平缓的江面上，用 7 只木船，在 37 名当地船工的帮助下，7 天 7 夜渡过金沙江北上，冲出了数十万敌军的包围。

1935 年 5 月 12 日，在会理县城北街道办事处铁厂村，召开了中央政治局扩大会议，这是红军长征中继遵义会议后又一次重要会议，史称"会理会议"。如今，重临会理会议原址，松风阵阵，如听涛声。

红军在会理历时 15 天，足迹遍及全县 31 个乡镇，播下了革命的火种。这些为会理人民留下了光照千秋的革命史迹和长征精神的宝贵财富，也使会理成为全国 100 个红色旅游线路经典景区之一。会理会议原址附近修建了红军长征纪念碑和红军广场。纪念碑记载了会理会议史实，塑有毛泽东、周恩来、朱德等人的铜质塑像，再现了会理会议的场景。群像之后是红军长征线路图，旁边还有一座人工湖——仙人湖。

1966 年，会理举全县之力开工建设红旗水库。1971 年，水库建成蓄水，是会理县城供水和城郊农业生产的主要水源点。红旗水库后因当地传说改名仙人湖。湖边水草丰美，湿地沼泽漫延。这里也曾是我国水上运动、中长跑田径项目的高原训练基地。国家皮划艇队、辽宁田径队等都曾在此进行训练。

仙人湖是省级风景名胜区"龙肘山—仙人湖景区"的重要组成部分。湖边有白鹳、白鹭、野鸭等水禽栖息，这些水鸟时而在湖面上空展翅翱翔，时而在湖岸树梢傲然挺立。飞燕掠水，翠鸟捕鱼，自然生态环境令人赏心悦目。因此，仙人湖景区成为康养旅居、亲子教育、研行旅游、乡村生态旅游等活动的理想之地。

■ 鸟瞰仙人湖　仙人湖景区管委会供图

左上图：龙舟山花海
右上图：仙人湖苹果梨
右下图：苹果梨种植基地

观花龙肘山

　　仙人湖不远处就是会理大名鼎鼎的龙肘山景区。龙肘山山脉源于螺髻山，是会理县境内第三高峰，山势险峻雄奇，南北纵列，宛如巨龙起伏。从明、清两代到近代的史志典籍中对此山都有很多记载。

　　无限风光在险峰。站在海拔3 585米的龙肘山顶，极目远眺，一览众山小，远处山峦起伏，山下平畴沃野、村庄农舍，会理城郭尽收眼底。龙肘山顶也是观日出、云海、佛光的好地方。在雨后初晴的秋日午后，或许还能看到传说中的佛光：面临悬崖，远处的云海上会有一轮光圈闪映，中央人影隐约，仿佛有一座宝像庄严的佛像端坐，可以媲美峨眉山舍身岩的佛光奇景。

　　龙肘山最吸引人的森林景观是被称为万亩杜鹃林的"玉岭花海"。每年四五月间，龙肘山上的各种杜鹃花逐一开放，游人纷至沓来。此时，龙肘山进入了旅游的黄金季节。沿途长满新叶的青枫、灌木郁郁葱葱。在海拔2 000米以下，杜鹃花已随处可见。随着公路的延伸和海拔高度的增加，高山杜鹃花海次第展现在眼前。

探秘

果中贵族，仙人湖苹果梨

在距离仙人湖不远的会理县城北街道办事处铁厂村，出产一种奇特的梨，果形扁圆，果面带有点状红晕，酷似苹果，当地果农俗称"苹果梨"。

这种梨最大的特点是甜酸适度，口味鲜美香甜，果大肉多，肉色乳白细腻，质地脆而汁多，果核小，可食部分占85.9%。苹果梨耐贮存，而且储存以后色泽更加艳丽，金黄色果皮衬托鲜红色晕，果皮面有一层蜡质分泌物。

细论起来，铁厂村的梨有一个远方亲戚，那就是远在吉林省延边朝鲜族自治州的"中华丑梨"。同为寒地果树中举足轻重的沙梨系统寒地梨的优良品种，它们都喜冷凉湿润气候，耐高寒，生长在海拔300米左右，喜欢在昼夜温差大的丘陵坡地生长，所以果肉细腻，果味酸甜纯正。

景观体验

- **交通** 景区距西昌火车站172千米，西昌青山机场176千米。自驾从成都出发594千米，耗时7.5小时。
- **住宿** 仙人湖森林度假酒、会理半岛酒店、沙湾宾馆、会理存鑫宾馆等。
- **美食** 会理圆子土火锅、会理饵块、鸡火丝饵块、口袋鸡、全羊火锅、金沙大排等。
- **特产** 会理苹果梨。
- **非物质文化遗产** 大号唢呐、蹢脚舞、绿釉陶瓷品制作技艺等。

攀枝花 金阳 | 四川省百草坡自然保护区

百草坡
看思念之花开遍

■ 透过山上缥缈的云雾，看着高原草甸上连绵起伏的索玛花，真真体会到"一声啼处满山红"的磅礴气势。苦施格｜摄

权威测评·林草探秘指数

资源禀赋：83
体验产品：75
基础设施：73
交通优势：70
网络人气：60
品牌潜力：70

百草坡自然保护区位于凉山州金阳县境内（百草坡的彝语为"伊哈维觉"，意思是水草丰美的大草坡）。这里海拔高度最低为1 350米，最高为4 076米，地理位置处于云贵高原向青藏高原的过渡地带。保护区256平方千米的土地上，分布着茫茫草原、高山湿地以及原始森林。这里是金阳县的北大门，也是金阳县最重要的水源涵养地。

彝语中的"索玛花"即高山杜鹃花，百草坡自然保护区内高山杜鹃总面积近67平方千米，杜鹃花的品种多达50种，是凉山州野生杜鹃花品种最为集中、规模最为宏大的地区。每年从初春到盛夏，不同品种的杜鹃花从低海拔到高海拔次第开放，让百草坡自然保护区成为观赏野生杜鹃花的天堂。

花神玛依鲁和索玛花的情缘

提到索玛花，那便要提到另一个人——彝族人的花神玛依鲁。相传，远古时期，天空破裂，洪水倾泻，淹没了土地。后神王支嘎阿鲁用其神鞭驱来高山治水有功，天帝策举祖派仙女玛依鲁下凡与其成亲，帮助神王重建家园。完成使命的玛依鲁不愿离开脚下的这片土地和这里的子民，便将自己化作那满山的索玛花，永远留下陪伴她深爱的人们。古人有言："杜鹃花出蜀中者佳。"在金阳县百草坡上，透过山上缥缈的云雾，看着高原草甸上连绵起伏的索玛花，才能体会到那"一声啼处满山红"的磅礴。

狮子山的雄奇壮阔

在百草坡茫茫的索玛花海与湿地风光之间，有一座海拔4 076米的山峰，名为狮子山。狮子山旁有一巨大岩石，远观这块岩石可见其眉骨粗壮眼睛内陷，鼻子塌陷嘴唇紧闭，与猿人的特征极为相似，真是大自然的鬼斧神工之作。

每到夏季，当平原城市天气闷热难耐时，这高山之地却是凉爽宜人。选择晴朗的天气登顶狮子山，不仅可一睹沿途在山野怒放的索玛花，还可遇见绵延起伏如水墨画的山峰、变幻多姿恍若仙境的茫茫云海。由于狮子山的海拔较高，所以此处除了凉爽宜人的夏季值得旅行者探访，这里的冬雪也有震撼人心的壮美。春夏赏花冬赏雪，登顶过狮子山的旅行者无一不被狮子山的雄奇壮阔所折服。

景观体验

交通 景区距西昌火车站 203 千米，西昌青山机场 213 千米。自驾从成都出发 592 千米，耗时 9.5 小时。

住宿 金阳昭阳大酒店、金阳宾馆、金阳盛世皇庭酒店等。

美食 瓦迪遮易、石板烙饼、辣子汤鸡等。

特产 金阳白魔芋、金阳丝毛鸡、金阳青花椒、金阳乌骨鸡、金阳兰花、金阳苦丁茶等。

非物质文化遗产 毕阿史拉则传说、彝族泥染、彝族剪羊毛节等。

龙窝燕子洞的神秘

龙窝燕子洞位于百草坡镇（原高峰乡和谷德乡交界处）内，海拔 2 600 米，洞长为 10 余千米，是百草坡自然保护区内一处神秘的探洞景点，素来有幽、深、险、奇的称号。其主洞口高约 35 米，宽约 23 米，可容纳多人而不拥挤。

洞内有大量积水，其水深浅不一（深处及脖，浅处仅 30 厘米），在流出洞口时就形成了 3 道形状不一的瀑布。大一些的瀑布宽约 10 米、高约 20 米；小一些的瀑布宽约 4 米、高约 1 米。这些瀑布与森林景观，在保护区内形成了与万亩高山杜鹃截然不同的美景。

龙窝燕子洞内岔道极多，连接洞内的出口也很多，大多数的出口都密林森森，常有野生动物出没。据当地人说，至今无人能探得燕子洞的全部出口，这让龙窝燕子洞更添了几分神秘色彩，更惹人想一探究竟。

■ 左上图：在狮子山眺望，远山如画 伍洛拉支 | 摄
■ 右上图：百草坡自然保护区内的天然花园牧场 龙普哈 | 摄

探秘 举世罕见的岩溶漏斗群

金阳县是彝族苏尼文化的发祥地之一，是凉山地区彝族婚俗、传统节庆保持较为完整的地方之一。这里的每座山都展示着如诗如画的旖旎风光，每道梁都洋溢着温馨醉人的情韵，每条河都流淌着神奇古老的故事。

在百草坡镇的马祖坡（原谷德乡马祖坡）海拔 2 800～3 200 米处，有亚洲最大的溶岩漏斗型天坑群。有数百个直径从十多米到数十米天坑，其遍布在东西长约 0.9 千米，南北长约 1.8 千米，面积大约 1.6 平方千米的范围内。这样密集和数量之多的漏斗天坑景观群，可以说在地球上是罕见的。

这些天坑群表面上看像是圆形坑，实际上诸多天坑有着深不见底的坑洞，因表面植被丰富而被遮掩。天坑群是因石灰岩地层发育形成的，起初地表有大量的低洼地，洼地汇集地表水，然后垂直侵蚀、下切，最后形成了大小不等的一些圆坑。地表的这些坑穴底部都有一些落水洞，像漏斗一样的，经过长年的侵蚀，漏斗坑底部的坑穴有的深为上千米，这些深穴都和地下暗河相通。

天坑群周边居住着几户彝族人家，以放牧为主，自给自足，与世隔绝，天坑群周围生态环境极佳。天坑群旁边，就是百草坡自然保护区的索玛花海。

四川攀枝花苏铁国家级自然保护区

苏铁保护区
中国珍稀植物保护的样本

权威测评·林草探秘指数

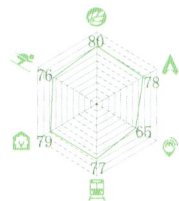

资源禀赋：80
体验产品：76
基础设施：79
交通优势：77
网络人气：65
品牌潜力：78

攀枝花苏铁表明，铁树开花不是传说。该种为中国特有的古老残遗种，在研究植物区系、植物地理、古气候和古地理等方面有重要意义。

左图：直指云天的攀枝花苏铁
　　　田川 | 摄
右图：攀枝花苏铁花序　费剑 | 摄

　　四川攀枝花苏铁国家级自然保护区位于攀枝花市境内，总面积为 13.58 平方千米。保护区内有天然生长的攀枝花苏铁 23 万余株，是一个天然的物种基因库，也是欧亚大陆苏铁类植物自然分布纬度最北、海拔最高、面积最大、株数最多、分布最集中的天然苏铁林。

影响中国植物保护的呼吁书

　　1971 年，四川省农科所在攀枝花市原飞播林场进行植被调查时，发现了这一片占地 300 余公顷，共 10 多万株的苏铁林。它是世界上迄今为止发现的纬度最高、面积最大、植株最多、分布最集中的原始苏铁林。经鉴定，确认这是罕见的苏铁新种，定名为"攀枝花苏铁"。

　　苏铁科植物是世界上最古老的种子植物，曾与恐龙同时称霸地球，被地质学家誉为"植物活化石"。它起源于古生代的二叠纪，在中生代的三叠纪开始繁盛，侏罗纪进入最盛期，几乎遍布整个地球。至白垩纪时期，由于被子植物开始繁盛，才逐渐走向衰落。到第四纪冰川来临，北方寒流南侵，苏铁科植物大量灭绝，但由于青藏高原、秦岭等的阻隔，在四川、云南等地有部分苏铁科植物幸免于难。

攀枝花苏铁的保护也不是一帆风顺，从发现、命名到成立自然保护区，再到停止保护区内工业生产活动，攀枝花苏铁的守护者们做出的努力堪称典范。文件资料显示，1994年，近50位植物学家向时任国务院环境保护委员会主任的宋健同志发出联名呼吁书，要求从六个方面保护攀枝花苏铁资源。同年，国家环保局发文，要求进一步落实攀枝花苏铁的保护措施。1996年，国务院批复同意建立攀枝花苏铁国家级自然保护区。从专家呼吁、中央部委重视到国务院批复，可以说攀枝花苏铁的保护走出了中国珍稀植物保护的样板路径。

大隐隐于市的苏铁园

攀枝花苏铁国家级自然保护区是以攀枝花苏铁这一珍稀濒危植物及其生态环境为主要保护对象的野生植物类型自然保护区，也是目前中国唯一苏铁类植物国家级保护区。在攀枝花市区的公园里有一个苏铁园，在园内的不同区域，你可以看见上千株品类不同的苏铁，也有从其他地方，甚至国外引进的品种，生长极为茂盛，其中最多的就是攀枝花苏铁。这些苏铁有些高达几米，三株一起的尤其具有观赏性。这里不单单能欣赏到品类繁多的苏铁，还能见到其他国家重点保护植物，如水杉、银杏、树蕨等，是一座活的植物知识园地。

苏铁，又名凤尾蕉、避火蕉、金代、铁树等。其实，苏铁不只是一个种，而是一个大类群，人们常称之为苏铁科植物或苏铁类植物。在植物学上，它属于种子植物门、裸子植物亚门、苏铁纲、苏铁目植物。雌雄异株的它，花形各异，青绿的羽状裂叶达100对以上。雄球花圆柱形，颜色为黄色，长有黄褐色绒毛，直立于茎顶；雌球花扁球形，上部羽状分裂，其下方两侧生有2～4个裸露的胚球。它的种子呈卵圆形，微扁，熟时为红色。

■ 左图：攀枝花苏铁国家级自然保护区大门　林涛｜摄
■ 右图：攀枝花苏铁圆柱形雄花花序　田川｜摄

探秘 年年开花的攀枝花苏铁

"千年铁树开了花",是说一件事不易做成功,就像铁树开花一样。一般的铁树开花确实不容易,往往种下 10 年后才开花,以后每 10 至 20 年开一次。可是攀枝花苏铁,雄花每年 3 月都会开花,雌花每两年开花。花开的时候争奇斗艳,满园生辉。所以,攀枝花苏铁告诉你,铁树开花不是传说,攀枝花苏铁为你带来年年开花的神话。

景观体验

交通 景区距西昌火车站 42 千米,西昌青山机场 48 千米。自驾从成都出发 649 千米,耗时 7.5 小时。

住宿 城西宾馆、佳明商务宾馆、河门口招待所、玉泉旅社等。

美食 羊耳鸡塔、炸珍珠虾、神厨一品排、红锅黄辣丁等。

特产 苏铁山药、攀枝花枇杷果、攀西大田石榴、攀枝花鸡等。

非物质文化遗产 苴却砚雕刻技艺等。

攀枝花 盐边 四川二滩国家森林公园

二滩
高坝出平湖

权威测评·林草探秘指数

资源禀赋：80
体验产品：80
基础设施：86
交通优势：75
网络人气：69
品牌潜力：81

　　四川二滩国家森林公园位于四川省攀枝花市境内，总面积约546平方千米，森林覆盖率达87.15%，是典型的亚热带森林生态系统，其中干热河谷稀树灌草丛生态系统保存完好，为国家4A级旅游景区。

　　人类是地球自然孕育出的生命，可如今人们讨论人与自然的关系时，人类似乎都扮演着"掠夺者"的角色，仿佛是入侵这美丽星球的"外星人"，为了自己的生存，肆意地破坏大自然原有的美丽。二滩国家森林公园这片人与自然的相融之地，却向大家证明着：人类的出现和创造可以让地球变得更美。

高坝平湖景观

　　建成于2000年的二滩水电站，处于雅砻江下游，最大坝高为240米，是中国第一座超过200米的高坝。二滩水电站是三峡工程的试验田，标志着中国水电建设水平迈上了一个新台阶。

　　二滩水电站建成后，形成了一个总面积101平方千米的人工湖。碧色的湖面上倒映着山的影子，错落地分布着数个大小不一的浮岛，幽静而辽阔。因水电站的修建，清波荡漾的高坝平湖代替了昔日湍急的江水，与周边的森林形成了别样的美景。

遗址秘境

　　马鹿寨并不是彝族村寨，而是以高山草甸风光为主的二滩国家森林公园的核心景点。马鹿寨位于攀枝花米易县得石镇二滩库区右岸海拔2 600余米的高山之巅，是攀枝花的香格里拉。那里风景秀丽，雨后草长成海；郁郁葱葱的小草，在微风的吹拂下，掀起碧波千顷；

■ 左图：二滩水电站处于雅砻江下游，始建于1991年，于2000年完工，是中国20世纪建成投产最大的水电站。水电站最大坝高240米，是中国第一座超过200米的高坝。　晓舟 | 摄影

野花盛开，五颜六色的花朵随风摇曳，妩媚动人。

徒步马鹿寨—红壁滩自然风景区，可零距离触摸废墟，感悟人世沧桑。俯瞰二滩大坝出平湖的人间奇观，在天际间畅游高山草甸，探秘攀西裂谷第一古洞"蛮王洞"……多年以前，要登顶马鹿寨，可不是一件容易的事。今天的马鹿寨，土路变水泥路，可直接将车开到半山腰。在停车场稍作休整后，便可沿山路出发了。杜鹃花在山林间绽放，草甸上缀满黄花，各种不知名的野菌菇点缀其中。乱石林中孤独的树爬满了苔藓，仍向四方挥舞着遒劲的枝。

差不多需要 30~40 分钟就到达山顶了，当草甸花海出现在眼前的那一刻，所有的疲惫瞬间烟消云散。远处的高山草甸像极了一张精心编织的草黄绒毯，细腻而柔和地从山顶铺陈下来，铺满一座又一座山头。八九月是马鹿寨露营的最佳时期，此时，气候适宜，山风微凉。入夜以后，一抬头就能看到满天繁星，月亮从山的那边跳出来，给整个草原洒上一层清辉。夜幕下的马鹿寨，一片静谧，游人们在草坪上或坐，或跑，在一动一静的映衬中，天地间最美的风情就是如此了。

探秘 二滩水电站的神秘大本营

在二滩水电站大坝的西岸，有一块巨岩，绵延数里，主峰状若佛首，似佛祖侧卧于山水间，故得名"菩萨岩"。大自然的鬼斧神工为这里增添了一抹缥缈仙气，让人心生敬畏。

菩萨岩下是修建二滩水电站时的神秘大本营：欧方营地。二滩水电站修建期间，这里生活着意、德、法、英等 44 个国家的 1 200 多名外国专家，被称为"小联合国"。随着二滩工程的完建，外国专家也陆续撤离，欧方营地错落有致地点缀在茂林修竹、草甸花海之中的 120 幢各类别墅，经改造后，成了一家具有异域风情的度假酒店。不得不说，这样跨越国家和文化的合作彰显了这个时代独特的魅力，同时也向后来的人们展现着中外合作共赢的历程。

■ 左图：二滩水电站泄洪景观
■ 右图：二滩湖是二滩国家森林公园内的重要景点，亦是二滩水电站建设形成的人工湖，因而成为川滇境内香格里拉生态圈中重要的涵养水源地

景观体验

交通 景区距攀枝花火车站43千米，距攀枝花保安营机场38千米。自驾从成都出发约610千米，耗时7.3小时。

住宿 攀枝花欧方营地酒店、攀枝花春风十里阳光明媚特色民宿、张府酒店、盐边贝尔阳光户外营地等。

美食 雅江鱼、库区虾、爬沙虫、生态银鱼、盐边羊肉米线、党参田七炖鸡等。

特产 攀西茯苓、攀枝花枇杷、二滩云雾茶、盐边杧果、米易雪梨等。

非物质文化遗产 舞蹈斑鸠吃水、传统纺织技艺、传统刺绣技艺、约德节等。

· 139 ·

四川省旅游景区分布图（部分）

- 205 四川王朗国家级自然保护区
- 宝珠寺水库
- 105
- 嘉陵江
- 213 四川北川国家森林公园 九皇山景区
- 108 四川七曲山国家森林公园
- 302
- 四川云湖国家森林公园
- 105
- 317 四川省蓉华山风景名胜区 神瀑沟景区
- 升钟水库
- 205 四川省金华山风景名胜区
- 成南高速
- 四川省高峰山风景自然公园
- 303
- 303 四川鞍子河自然保护区
- 210 温江北林绿道
- 成都市天府花溪谷旅游景区
- G42 成都龙泉山城市森林公园 丹景台景区
- 四川观音湖国家湿地公园
- 四川省蒙顶山风景名胜区
- 107 花涧和鸣·蓝莓谷
- 成都市花舞人间旅游景区
- 四川黑龙滩国家湿地公园
- 资阳雁江花溪河景区
- 成渝高速
- 四川二郎山国家森林公园 喇叭河景区
- 雅安碧峰峡自然风景区
- 龙滩水库
- 213
- 安岳魅力柠海景区
- G93 四川龙苍沟国家森林公园
- 四川玉屏山国家森林康养基地
- 青神竹林湿地公园
- 四川乐山大佛国家级风景名胜区
- 211 108 四川瓦屋山国家森林公园
- 雅安汉源轿顶山风景区
- 四川峨眉山国家级风景名胜区
- 岷江
- 雅安田湾河风景名胜区
- 四川柳梧湖国家湿地公园
- 208 四川黑竹沟国家森林公园
- G93 四川沐川国家森林公园（沐川竹海景区）
- 四川马边大风顶国家级自然保护区

成都平原经济区

平原及周边山地林草景观

探秘过渡地带的极致美

成都平原经济区林草景观处于四川盆地腹地，地势平坦，四周群山环局特殊，河流出山口后分成许多支流奔向平原，分支交错，河渠纵横。该括成都、德阳、绵阳、乐山、眉山、资阳、遂宁、雅安八市。

这里涵盖成都平原与西部高原过渡地带的岷山、邛崃山一线，是大熊猫珍稀动植物资源丰富，也是大熊猫国家公园的核心。同时，这里分布着青城峨眉山、乐山大佛等世界自然文化遗产。

这一区域，恰是平原向盆周山地之间的过渡、调和与交融的地段。这源之称的雅安蒙顶山，有川西雪山观景台之称的轿顶山，有以水鹿、猕猴物景观著称的二郎山喇叭河，还有大熊猫国家公园核心区的王朗自然保护近郊的天府花溪谷、花舞人间等城市休闲景观……深入成都平原探察林草这些景观的极致美，我们打开了不一样的四川林草图卷。

成都龙泉 成都龙泉山城市森林公园丹景台景区

丹景台
透过"城市之眼"
看见成都美好未来

成都龙泉山城市森林公园丹景台景区位于成都东部新区丹景乡、龙泉山城市森林公园南段示范区的启动区内，主要有丹景台、丹景阁、丹景里、丹景亭、彩虹玻璃桥栈道等景点，是龙泉山城市森林公园首批打造的先导性、示范性、引领性项目之一。游览园区，不仅可以见证成都"东进"让天堑变美景的时代画卷，还可以享受观光休闲和户外运动带来的心灵滋养。

城市之眼的厚重感

丹景台是成都的新地标，有一个大家耳熟能详的名字——"城市之眼"。这个名称的由来，并不仅仅因为它宛若太阳之眼，更多的是因为它肩膀上的重量。它既是成都"城市绿心"的先导性、示范性、引领性项目，更是带动整个区域发展的关键点。

丹景台是整个园区的地标性建筑，通体呈金红色，步道随山行螺旋向上，中心形成圆形曲线，最高处中心部分镶嵌着太阳神鸟图案，就像一只炯炯有神的眼睛。周围的丹景阁、丹景里、丹景亭与之遥相呼应，画面错落有致，气势恢宏。

丹景台还是一个360°观景平台。站在台上，视野更加开阔，景致更加苍茫辽远、葱郁千里。如果你朝前看，天府国际机场、天府奥体城、三岔湖等城市新地标尽收眼底。如果你往后看，成都的城市中央公园——龙泉山城市森林公园映入眼帘，聚峰谷、我的田园、宝仓湾、狮子宝、东来桃源等一系列未来"网红打卡点"一眼扫尽。此外，透过它，你还可以感受到"一山连两翼"的无限活力，可以见证成都双城的有机生长。

权威测评·林草探秘指数

资源禀赋： 90
体验产品： 92
基础设施： 91
交通优势： 93
网络人气： 84
品牌潜力： 95

■ 左图：站在丹景台，一览东部新区，远山含黛，云雾缭绕
　　　成都龙泉山城市森林公园管委会供图
■ 右图：成都龙泉山城市森林公园一角
　　　成都龙泉山城市森林公园管委会供图

古有陶渊明归隐田园，"采菊东篱下，悠然见南山"。今有热播的生活类节目《向往的生活》，让人沉醉田野山间那一间小屋。在高度的工业化发展后，人们逐渐知道自然的可贵。"绿水青山就是金山银山"，如今人们所向往的居住地，不再是被钢筋水泥浇灌的摩登都市，而是有山有水有自然的公园城市。

成都人的秘密花园

在丹景台园区里，林木葱郁，草坪如茵，鲜花烂漫，犹如一个隐藏在城市近郊的秘密花园。比如说，丹景亭与丹景阁之间的小径两旁，各类花草分布其中，并在花季时争相绽放。车行道、步道与彩虹玻璃栈道周围，雏菊葱茏茂密，墨西哥紫绒鼠尾草成片盛放，粉黛乱子草、百子莲零星点缀。

作为成都人的秘密花园，丹景台园区为生活所累的城市人提供了多样的放松方式。这里有中国唯一的熊猫热气球。乘坐在热气球上，视野更加开阔，龙泉山森林公园就在脚下。这里有成都首家森林甜品店，提供泰国清迈的森林甜点、森林咖啡及丹景小茶等，让你感受大自然的气息。这里设置了森林集市、熊猫邮局等颇具时尚感、文化感的消费场景，可以满足各种群体的体验需求。这里还有尖塔滑梯、山地滑道、山野帐篷营地、集装箱部落等项目，能带给大家不一样的山地运动体验。如果玩累了，想小憩一下，这里的咖啡厅是不错的选择。坐在落地窗前，和煦的阳光洒下，望着远处开阔的景色，那是多么惬意。

▎龙泉山远景　成都龙泉山城市森林公园管委会供图

探秘

奇妙的"种子银行"

走进丹景台园区，你不仅可以欣赏到山清水秀的景观、充满艺术气息的建筑、形态各异的游乐项目，还可以寻找到自然科普教育的元素——"种子银行"。这个"银行"，以自然之神奇和珍贵启发游人，以独特的魅力掀起亲子游的热潮。

在丹景台主体建筑的二楼，有一个自然科普馆。其中，"种子银行"是这里的点睛之作，也是游人不得不去的打卡点。在这里，数千种植物种子被收集在圆形的水晶球内，镶嵌在呈圆形的镜面幕墙之上，设计感十足。置身于"种子银行"，你不禁感叹地球物种资源的丰富和奇妙。此外，自然科普馆会定期开展以"跟着种子去旅行"为主题的生态科普教育课程，以科普赋能教育，以教育助力生态，用生态赢得未来。所以说，这里是开展科普教育活动的理想之选。

景观体验

交通 景区距成都东站47千米，地铁18号线三岔站13千米，天府国际机场20千米，双流机场76千米。自驾从成都市区出发耗时1.1小时。

住宿 三岔湖长岛天堂洲际酒店、简阳三岔湖花岛酒店、简阳天湖酒店等。

美食 简阳羊肉汤、石桥挂面、简阳蒋卤鹅、牌坊面、九里埂花生、简阳晚白桃等。

特产 简阳大耳羊、简阳樱桃、三星米花糖、坛罐黑宝石李等。

非物质文化遗产 黑水寺民间故事、沱江船工号子、余门拳、羊肉汤传统制作技艺、张氏古琴、石桥挂面、余门拳等。

扫一扫
了解更多资讯

温江北林绿道

北林绿道
公园城市的新表达

北林绿道廖家岩湿地

权威测评·林草探秘指数

资源禀赋：65
体验产品：73
基础设施：75
交通优势：80
网络人气：76
品牌潜力：73

　　北林绿道位于成都市温江区，是具备举办国际马拉松和国际自行车赛的标准绿道。绿道串联起观光公园、主题公园、城镇公园，构建北林绿色景观体系。北林绿道依托"水网密布、花木成林、沃野成片"的自然景观，有鲁家滩生态湿地公园、凤凰康养文旅小镇、植物编艺公园等景点，都通过绿道进行整合，再现"田成方、林成簇、水成网"的大地自然格局，是公园城市新的亮点，彰显北林区域自然景观之美。

雪山之下，最接近公园城市的地方

　　近期在网络上以"成都看雪山"为关键词进行搜索，超400万条数据有力地证明了成都是当之无愧的"雪山下的公园城市"。从海拔1 600米的青城山，到海拔7 556米的蜀山之王贡嘎山，生活在成都平原上的人有着超过5 000年的观雪山史。杜甫的那句"窗含西岭千秋雪"的千古绝句更是生动描绘了成都的空间特质。1 000多年后，雪山依旧定格在成都的城市风光中。

　　温江处于成都城西，正好是成都观雪山的"近水楼台"，民间自古就有"金温江，银郫县"之说。在温江遥望雪山的次数从2016年的35次增加到2021年的63次，这与温江逐年上升的好天气数量呈正相关。自2018年"公园城市"这一关键词首次成为成都城市发展的目标以来，温江在公园城市的试卷上填满一个又一个生动的答案。

　　随着公园城市建设的不断推进，温江的公园已经逐渐成为了市民生活中不可缺少的一部分。位于南城的温江公园、光华公园、江安公园以及北林区域以骑行绿道串联起的鲁家滩湿地公园、幸福田园……无不在诉说着这座城市的生态之美！温江这个古蜀发源地，有区位、植被、水源、文化、产业优势，是最接近公园城市的地方。

城市中观鸟，温江新时尚

公园城市建设让温江的环境改变很大，感受到这一变化的除了普通市民，还有一群摄影爱好者——"拍鸟人"。因为拍摄鸟类多用连拍，"咔咔咔"的快门声就像机关枪射击声一样，因此拍鸟人也被戏称为"打鸟人"。

骑着车在北林绿道区域进行鸟类拍摄，赤嘴潜鸭、白颊噪眉、白头鹎、棕脸鹟莺、棕背田鸡等过去从未在温江见过的珍稀鸟类，都慢慢出现在镜头里。这些以前必须驱车到几百公里外的山野之地，才能拍到的珍稀鸟类，如今在城市里、在北林绿道旁的金马河畔，就可以拍到了。

北林绿道上，不乏依河而建的木质小平台，约20平方米的平台足以满足在这里搭帐篷的需求。鲁家滩是北林绿道的重要节点之一，通过坚固的河堤与金马河相隔。而镜湖是观鸟的好去处，环湖的绿道可以让市民融入河滩湿地的生态中，在一人高的芦苇中穿行，听鸟儿在身边歌唱，非常心旷神怡。

根据记录，目前成都市鸟类已达到511种，较5年前新增了45个种类。其中稀有、易危、濒危鸟类30余种。无论是公园、湿地或是河岸边，它们的身影越来越常见，成为温江推动河道治理取得成效的一个缩影，也成为成都这座"雪山下的公园城市"里一道灵动的音符。

以镜湖为中心点，上游还有"竹·瓦舍里""桂·衡水栖""鹭·闲春塘"等精品主题景观区。河岸的堤坝边种植了大片的格桑花，在每年三月末四月初临河骑行，就能置身花海。再往上走则是康家浩湿地公园，公园内植被茂密、栈桥交错纵横，溪流缓缓流淌。若是逛绿道累了，到此歇脚也是不错的选择。

可以看见雪山的阳台，能够拍摄到珍稀鸟儿展翅的水岸……正成为温江持续厚植生态本底的最好例证。未来，成都将描绘"绿满蓉城、水润天府"图景，建立万园相连、布局均衡、功能完善、全龄友好的全域公园体系。

景观体验

- **交通** 景区距成都北站35千米，成都东站52千米，地铁口4号线南熏大道站10千米。
- **住宿** 成都费尔顿大酒店、维也纳酒店、鱼凫国都温泉大酒店、置信假期酒店、成都温江皇冠假日酒店等。
- **美食** 温江酥糖、韩包子、程抄手、麻辣肉片、白油豆腐等。
- **特产** 温江大蒜、温江酱油、全兴大曲、温江花卉等。
- **非物质文化遗产** 蛾蛾灯、川派盆景盘扎技艺、鱼凫传说等。

北林绿道镜湖风景　贾林｜摄

探秘 沉寂滩涂到城市绿道的变迁

数个足球场、儿童游乐设施的运动公园、约 40 万平方米开阔水面的鲁家滩湿地公园……这是北林绿道如今的绝美场景。这些场景的背后记录着一片滩涂和湿地的变迁史，讲述着一段不为人知的往事。

曾经的北林绿道，是一片岷江流域最生态的滩涂水面构成的荒野，是一片最原始的自然风光。很难想象，当时这里交通闭塞，一度成为垃圾、建渣倾倒的区域。北林绿道的横空出世，改变了这一境况。

北林绿道具有化腐朽为神奇的能力。绿道的建设使"沉睡"多年的滩涂、湿地"活了"过来。这里既保留了原有的生态景观，又通过绿道、驿站等各种基础设施建设，增加了享受体验功能。此外，这里还上演了各种原生态的玩法，加上整个绿道负氧离子高、环境优美，成了温江人的最佳运动场所、亲子游的理想之选、科普知识的好地方，自然吸引无数的骑行爱好者前来。

成都市花舞人间旅游景区

花舞人间
花花世界的真实体验

权威测评·林草探秘指数	
资源禀赋：	70
体验产品：	82
基础设施：	80
交通优势：	76
网络人气：	68
品牌潜力：	73

左图：走进花舞人间，犹如进入花花世界

"花舞人间"本是对春天百花盛开最形象的赞叹，然而在成都，人们不仅用花舞人间来形容花开的盛况，它还是一个被誉为"西南赏花首选地"的4A景区之名。这个占地2平方千米的赏花胜地，栽种了成千上万株不同品种的花卉，一年之中要举办八大主题花节。这里三百六十五天花开不断，是真正意义上的花花世界。

家花野养，风情别样

花舞人间景区位于成都南郊新津，距离成都市区30余千米。景区在2011年就被誉为"全球低碳景区最佳范例"，是亚洲最大的人工培育杜鹃花集中展示地。花舞人间的杜鹃花有130多个品种，800余万株。这里人工培育的杜鹃花除了用家花野养的方式，让它们顺着景区的山势自由生长以外，还用全球独创的方式创造出了以植株为载体的"花瓶"。

"瓶装"杜鹃花选用几株同种或不同种的杜鹃花，用数十年的时间让它自然生长成一个花瓶形状。每年的3月左右，当成都平原的气温逐渐回暖，花舞人间的杜鹃园区一"瓶"一"瓶"的杜鹃花，就会慢慢盛开。大肚状的瓶身由自然的杜鹃枝条构成，再往上就是翠绿的枝叶和大朵大朵的杜鹃花，鲜红、粉红、紫红的花朵开满了一个个"大花瓶"，这些花瓶形状的杜鹃花成为三月天里花舞人间最独特的风景。

除了有全球独创的杜鹃花瓶，这里还有各种花卉如垂丝海棠、贴梗海棠、木本绣球、樱花、郁金香、玉兰花、玫瑰花、菊花等；它们大多成片分布在景区，成为八大主题花节的主角。园丁们精心培育的片片花海，让这里成为真正意义上的花花世界、花的天堂。八大主题花节，最值得关注的是每年12月到5月的郁金香节、3月到5月的杜鹃花节、10月到12月的野菊花节。

低碳景区，全球典范

　　花舞人间的植被覆盖率达97%，这使得景区每天都能吸收约190吨二氧化碳，释放出140吨左右的氧气。进入景区抬眼就可看见几座树木茂密的小山峰，沿着赏花步道徐徐靠近山峦，一路上各色开花的木本、草本花卉依山、顺水而生长。如果把眼光从娇艳的花朵上转移到大片的葱茏之处就能发现，山上成片的野生马尾松与柏木和各种杂木都是自然生长状态。这里顺山、顺水、顺势保留原生植被、培育本地花卉的理念，是低碳环保的重要基础。

　　花舞人间作为全球低碳景区最佳范例，其低碳景观有50余个，其中获得国家专利的有30余个。景区的花卉博览园就是一个巨大的低碳花卉温室，在这约3万平方米的地方，一年四季花开不败，蜂鸣蝶恋。若春夏进入花卉博览园，你可在凉风徐徐中感受百花争艳的芬芳；若在冬季来到这里，一个温暖如春的花花世界能让你瞬间感受到春的气息。花卉博览园虽不用空调，但常年保持冬暖夏凉的室内气候，这是花舞人间一年三百六十五天花开不断的秘诀；常年开放着的几台低能耗风机和连续的水循环系统，是这里保持低碳的秘诀。

▎航拍春日里的海棠山舍
贾林｜摄

花花世界，全新体验

花舞人间从 2008 年开园迎客以来，十几年不变的是如期绽放的各色花卉，变化的是这里除了赏花玩水，还有体验喂养萌宠、登上玻璃桥观光等全新玩法。

在花舞人间的无名山脚下，有一处古风建筑的院子，名为海棠山舍，每到春季这里就被大片的海棠花、杜鹃花和樱花包围着。飞檐翘角的仿古院子映衬着海棠、映衬着青山，让这一处地方成为绝佳的古风照片拍摄地，成为新晋的网红打卡地之一。

从西大门进入景区，经过大片的垂丝海棠和杜鹃花区域，顺着景区的步道再往上走可以遇见一处名叫修觉城的建筑群。这里的建筑外墙上种满了各色菊花，景区每年 10 月下旬到 11 月的野菊花节期间，这里就会出现"满城尽带黄金甲"的盛况。这被一片金色包围的地方，就是广大剧本杀爱好者的打卡地。

景观体验

- **交通** 景区距成都北站 52 千米，成都东站 55 千米，双流机场 39 千米。
- **住宿** 静心楼酒店、文博玉庭苑、成都梨园雅舍公寓、南湾假日酒店、丽枫酒店等。
- **美食** 黄辣丁、新津河鲜、鱼头火锅等。
- **特产** 新津韭黄、新津雪梨、新津脐橙等。
- **非物质文化遗产** 新津绳编、新津端午龙舟会、新津灯谜、金华龙灯、茉莉花茶传统技艺窨制、火牛阵等。

扫一扫
了解更多资讯

探秘 新晋网红地——红石涵养湿地公园

畅游新津，除了花舞人间不得不去外，还有一个韵味十足的"网红打卡地"值得一看。这个地方，就是坐落在新津区五津城区的红石涵养湿地公园。

红石涵养湿地公园围绕"人、城、境、业"四大维度，打造以绿色为底色、以山水为景观、以绿道为脉络、以人文为特质、以街区为基础的人城境业和谐统一的新型城市形态，营造"城市建在公园里，城市无处不公园"的全新城市场景。

此外，新津还有"阡陌纵横、碧水回环、白鹭翩飞、修竹成片、农舍俨然、湿地连绵"的斑竹林，这里环境幽静清爽，宛若世外桃源的梨花溪等景点也值得一去。

花涧和鸣

世外莓园

成都江蒲 花涧和鸣·蓝莓谷

蓝莓谷全景 张永林 | 摄

权威测评·林草探秘指数

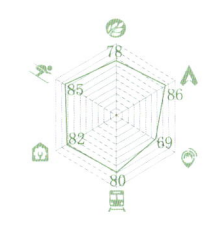

资源禀赋：78
体验产品：85
基础设施：82
交通优势：80
网络人气：69
品牌潜力：86

花涧和鸣·蓝莓谷位于成都市蒲江县。这里的共享式蓝莓采摘、生态果蔬、木屋休憩、宠物手工、研学、亲子主题等体验活动，能让游客在天地共鸣中体味纯天然的诗意生活。

采莓趣味多

花涧和鸣·蓝莓谷是有超过10个品种的蓝莓，并且严格按照有机植物的标准种植。因此，这里的蓝莓外形饱满，色泽鲜艳，口感清脆，质量极高。

每年的5月中旬到8月初是蓝莓的采摘季，也是蓝莓谷"有机蓝莓节"盛大举行的时节。游客可前往景区亲手采摘新鲜的蓝莓，欣赏田园风光，品尝最鲜美的果实。蓝莓节期间，这里还有乐队演出，为园区注入音乐的活力。

酣畅趣玩乐

蓝莓谷不止有蓝莓，更有练歌厅、茶房、儿童游戏区、真人射击游戏野战区、周末集市、宠物养殖基地等特色项目，供游客体验。游客可在园区中野餐，也可参与如熬制蓝莓酱、自制蓝莓汁、自制咖啡、陶艺、传统特色蓝染等手工体验。这里还设有宠物养殖基地，是猫、狗爱好者的天堂，甚至还有可爱的龙猫可以撸。

舒适趣住乐

"天地之和，万物共鸣"，这是花涧和鸣·蓝莓谷的创始人潘勇先生的美好愿景。他希望，大家在蓝莓谷中能够体会返璞归真的田园生活，感受人与自然和谐共处的乐趣。

蓝莓谷有独特的木屋民宿，供游客下榻。木屋整体呈温馨的暖黄色，由进口自加拿大的木材建造而成。踏入木屋，便可闻到淡淡的木质清香。木屋内部装潢风格多样，有美式田园风，也有中式古风，营造出温暖与高级的氛围。除了木屋外，游客可以在园区中扎帐篷露营，享受户外电影，欣赏绝美的星空。

花涧和鸣·蓝莓谷种的蓝莓超过10个品种。每年的5月中旬到8月初是蓝莓的采摘季，也是蓝莓谷"有机蓝莓节"盛大举行的时节。你可以在欣赏田园风光的同时，品尝最鲜美的果实。蓝莓节期间，甚至还有乐队的演出，为园区注入音乐的活力。

谷外趣乐多

下榻蓝莓谷，你还可以移步石象湖，寻觅湖光山色下的秘密花园。去朝阳湖，感受乡村旅游的典范之作；去成佳茶乡，看山、望水、品茶、解乡愁；去明月国际陶艺村，放松身心，沉浸在创意无限的陶艺世界里。

探秘 自然禀赋，引来蓝莓在此安家

花涧和鸣·蓝莓谷一个以种植蓝莓为基调，融合了乡村田园风光和精致优雅格调的世外桃源和"网红"休闲胜地。当初，蓝莓谷所在的地方，还是一片荒凉的山谷湿地。不过，蓝莓谷的创始人潘勇经现场勘查后，觉得这里拥有相当不错的自然禀赋，适宜种植蓝莓，而且是那种高品质的蓝莓。

说起蓝莓谷的自然禀赋，就不得不说这里的地形、水源、光照等地理因子。这里属于河谷地形：一条小河蜿蜒而下，而两岸被东西走向的小山包裹着。这样的地形形成了肥沃的土壤，非常适合种植蓝莓树。

蓝莓谷属于亚热带季风气候区，并且靠近"华西雨屏"区域，每年的降水量十分丰富。同时，这里又靠近石象湖水库，距离仅有两三千米。所以说，这里的水源多样且充沛，足够满足蓝莓树的生长用水。

蓝莓谷的光照十分充足。东西走向的小山，让这里紧跟太阳的东出西落的节奏，让这里从早到晚都能被阳光照射；亚热带季风气候，让这里年日照时间十分长，尤其是每年的夏季。正是因为这里光照充足，所以这里出产的蓝莓糖分含量高。

除了这些自然禀赋外，蓝莓谷还拥有人文优势。这里位于农业生产大县——蒲江县。该县拥有悠久的农业生产传统，建有发达和健全的农业发展体系，出产丰富多样的农产品种类；这里存有富余的土地，能为种植蓝莓提供流转土地；蓝莓谷人对土壤进行改良，为优质蓝莓生长提供了肥沃的有机土壤。

■ 上图（左）：蓝莓谷，又大又甜的蓝莓丰收了　花涧和鸣·蓝莓谷供图
■ 上图（右）：蓝莓谷里，游人正在小憩　甘霖｜摄
■ 下图：蓝莓成熟时，游客也来体验采摘乐趣　甘霖｜摄

景观体验

🚗 **交通** 景区距成都西站火车站100千米,成都北站100千米,成都东站97千米。自驾从成都出发90千米,耗时1.2小时。

🏠 **住宿** 花涧和鸣·蓝莓谷。

🍲 **美食** 六合鱼、藿香湖鲜、樱桃肉、香橙兔、稻香鸭、过桥排骨、特色地锅鸡、渣渣牛肉、火爆舌花等。

🛍 **特产** 蓝莓、蒲江丑柑、蒲江耙耙柑、蒲江猕猴桃、蒲江雀舌。

🎐 **非物质文化遗产** 浦砚制作技艺、幺妹灯、浦江米花糖制作技艺等。

成都市天府花溪谷旅游景区

天府花溪谷

玩出我的年轻态

权威测评·林草探秘指数

资源禀赋：72
体验产品：81
基础设施：82
交通优势：74
网络人气：63
品牌潜力：76

■ 左图：踏入玻璃栈道，恐惧与刺激并存
■ 右图：爱的花坡，吸引都市游客前来打卡

成都市天府花溪谷旅游景区位于成都市大邑县，是 2018 年挂牌的国家 4A 级旅游景区。这里的主题花海、花溪游乐场、文创市集等景点无不彰显着年轻、活力。在这里，一年四季不缺主题，六大游玩项目让人闲不下来，还有两大美食餐厅满足游客的味蕾。天府花溪谷，一个既能呼吸到最新鲜的空气，又能徜徉花海的浪漫地。

玩花园，四季繁花

说到天府花溪谷，这里不仅森林茂密，负氧离子含量高，花也自然少不了。这里的花卉面积多达 53 万平方米，每个季节都有相同特色的花卉景观。其中，春季以海棠花、郁金香、杜鹃、美人梅为主，夏季以绣球花、月季、马鞭草为主，秋季以红枫、百合花为主，冬季则以蜡梅、红梅为主。不同季节，当季的花卉争相绽放，形成壮观美丽的花海，非常适合拍照打卡。

成都作为新一代的潮流『网红』胜地，一直以来都十分受广大年轻人的追捧。而在距成都市区仅70千米的大邑县，有着一座为年轻人量身打造的森林花园——天府花溪谷。在这里，年轻人可以尽情释放自己的压力，玩出属于自己的风采。

玩音乐，森林音乐

　　每年6月中下旬到8月底，天府花溪谷都会举办"森林音乐露营节"。游客可以露营于花溪谷景区的星空下，享受潮流乐队、电音打碟打造的音乐盛宴。音乐节期间，这里更有草地电影、美食市集和文艺的集装箱夜市等，吃喝玩乐，一站搞定。

景观体验

- **交通** 景区距成都北站92千米，成都东站104千米。自驾从成都出发97千米，耗时2小时。
- **住宿** 成都Jadeyu公寓、大极文化主题酒店、大邑县久知农庄等。
- **美食** 烫面油糕、青梅酒、原笼粉蒸、肥肠血旺、油烫鸭等。
- **特产** 王泗白酒、成都麻羊、大邑金蜜李、唐场豆腐乳、鹤鸣贡茶、西岭佛手瓜等。
- **非物质文化遗产** 阴氏中医正骨法、蜀之源白酒酿造技艺等。

扫一扫 了解更多资讯

■ 左图：油纸伞，像盛开的花朵，密布在景区道路上空

■ 右图：游客正在体验山地高空运动项目

探秘 离城市最近的极限运动基地

天府花溪谷，除了赏心悦目的自然风光，更有种类丰富的山地及高空运动项目。这里建有 20 余种山地户外运动体验项目，能让你身心畅快和时刻保持健康与活力，是喜爱刺激与挑战的人们的"胆量试验场"，也是离城市最近的山地运动的体验场。

在天府花溪谷，山地户外运动体验项目可谓既丰富又多样，尤其是 5D 玻璃吊桥、悬崖秋千、飞跃花海最具特色。5D 玻璃吊桥长 200 余米，高 50 余米。站在全透明的玻璃桥上，游人仿佛悬浮于空中，可以鸟瞰整个花溪谷，惊险又刺激。悬崖秋千正如其名，给冒险者们提供了一个在悬崖上荡秋千的机会。坐在最长约 15 米的秋千上，飞跃在山崖间，玩的就是心跳。飞跃花海则是惊险的溜索项目，游人可以在全长 400 米或 800 米的索道上滑行，穿越开满鲜花的山谷，惊险刺激之余，又能饱览花海美景。

成都崇州 | 四川鞍子河自然保护区

鞍子河
离城市最近的野生动物乐园

四川鞍子河自然保护区位于成都市崇州市鸡冠山乡境内，地处成都平原以西向青藏高原东缘的过渡地带，是以保护大熊猫等珍稀野生动物及其栖息地为主的森林和野生动物类型省级自然保护区。这里生长着成片的原始森林、数量众多的野生大熊猫、世人罕见的雪豹等野生动植物，是一个离大都市最近的野生动物园，是值得去探秘和科考的地方。

鞍子河与成都的不解之缘

在成都以西的崇山峻岭之中，有一个名叫四川鞍子河自然保护区的地方。它与横断山脉中段物种起源中心相邻，所以这里生物类型丰富多样，甚至保存了珙桐、大熊猫等许多古老物种，是国际生物多样性最丰富的地区之一。

四川鞍子河自然保护区，距成都仅有 80 千米，与成都有着不解之缘。这里生态环境保护得十分完好，拥有距离成都最近的天然生态系统；这里生活着全国 14 个大熊猫保护区的多数大熊猫，被誉为"离大都市最近的大熊猫保护区"；这里居住着成都大熊猫人工繁育基地野外放生的大熊猫，成了该基地的野外放生园。此外，这里是文井江的水源地，而文井江则是成都第二水源地，所以它有"成都第二水源地"的美誉。

权威测评·林草探秘指数

资源禀赋	83
体验产品	69
基础设施	73
交通优势	70
网络人气	74
品牌潜力	68

左图：鞍子河，云雾缭绕，群山环绕
右图：鞍子河主峰鸡冠山，海拔 3 868 米，在这里还可以看见四姑娘山的身姿

大熊猫的"爱情走廊"

四川鞍子河自然保护区是以大熊猫保护为主的保护区之一,并且与卧龙国家级自然保护区、四川蜂桶寨国家级自然保护区等自然保护区连成一片,形成邛崃山系大熊猫栖息地核心地带。它在这片大熊猫栖息地中处于纽带和通道地位,并且在邛崃山系大熊猫基因交流、种群繁衍过程中发挥着至关重要的作用,被誉为大熊猫的"爱情走廊"。

每年4到5月,正是大熊猫寻求配偶和繁育后代的季节。这个时候,成年大熊猫总会不辞辛劳地跋山涉水,只为找到"意中人"。由于四川鞍子河自然保护区地处卧龙保护区和蜂桶寨保护区之间,所以两地的野生大熊猫群都经过这里,才能相互"走婚",从而提升种群繁衍的质量。大熊猫的"爱情走廊"的美誉就这样传播开来。

左图:鞍子河,小桥流水、苔藓满地、松林密布,绿意葱葱 李屏丨摄

右图:鞍子河由碎石和森林构成的山脊线是一道亮丽的风景线

鸡冠山国家森林公园、鞍子河自然保护区，它们两个的关系既简单又复杂：简单在于鸡冠山国家森林公园在山腰且在外围，鞍子河自然保护区更靠山顶，仿佛被鸡冠山国家森林公园半抱住。复杂在于鞍子河自然保护区最高的山峰就是鸡冠山（海拔3 800米以上），峰顶并不在鸡冠山国家森林公园里边。

四季分明的风景线

四川鞍子河自然保护区占地101平方千米，是满布竹林、丛林和苔藓的狭长山区。作为海拔500至6 250米的邛崃山系的一部分，这里的"主干道"自然也是由碎石和竹林构成的山脊线，是一道亮丽的风景线。

四川鞍子河自然保护区属常绿阔叶林带、常绿阔叶落叶混交林带、寒温性针叶林带、盆地西部中山植被地区，气候温和宜人，雨量充沛，生物资源丰富，生态环境优良，是成都附近难得一见的景区。这里春季山花烂漫，夏季气温凉爽，秋季红叶满山，冬季银装素裹，四季格外分明。

左图：云雾中鞍子河秀美的自然风光
右上图：藏身于鞍子河山脊处的红外线相机多次拍到雪豹的身影
右下图：鞍子河夜空
鞍子河自然保护区供图

探秘 高山生态系统的顶级捕食者

鞍子河的高山区域，存在着一种稀有的顶级捕食者——雪豹。它与这里的大熊猫、扭角羚、黑熊、猕猴等动物互为邻居，是鞍子河野生动物乐园的重要成员，并且对鞍子河的高山生态系统的调节具有重要的作用。如果这里没有雪豹的存在，区域内的岩羊、旱獭等食草动物数量会急剧增长，它们会过量啃食植被、草甸，造成生态破坏。

鞍子河的雪豹是何时被发现的？这个时间要追溯到2013年。当时，鞍子河的红外相机拍摄到了一只雪豹。这只雪豹全身灰白，布满黑斑，霸气十足地从镜头前悠然走过。这段视频充分地证明了鞍子河内有雪豹的存在。鞍子河的红外设备在近些年持续拍摄到雪豹的身影，而这里距成都这个千万级人口的城市只有90千米。所以，当我们在城市中遥望雪山时，雪山上的雪豹说不定正注视着我们。

除了拍摄到雪豹外，鞍子河的红外设备还拍摄到许多难得一见的野生动物，比如憨态可掬的大熊猫、成群结队的扭角羚、悠然自得的黑熊、吵吵闹闹的猕猴等。没有人类的打扰，它们是那么自然和无拘无束！

景观体验

- **交通** 景区距成都北站131千米，成都东站143千米，双流机场120千米。自驾从成都出发约140千米，耗时3小时。
- **住宿** 映雪酒店、成都鸡冠山逸龙山庄等。
- **美食** 羊马渣渣面、汤麻饼、崇州牛尾笋、龙图四九酒、怀远豆腐帘子、怀远冻糕等。
- **特产** 崇庆枇杷茶、道明竹编、怀远藤编、崇州川芎、崇州龙门贡茶等。
- **非物质文化遗产** 道明竹编、怀远藤编、观胜川派盆景、崇阳大曲等。

四川省峨华山风景名胜区神瀑沟景区

神瀑沟

许你一个 21℃夏天

权威测评·林草探秘指数

资源禀赋：72
体验产品：79
基础设施：75
交通优势：74
网络人气：76
品牌潜力：63

四川省蓥华山风景名胜区神瀑沟景区位于德阳市什邡市境内，是省级风景名胜区——蓥华山风景名胜区的重要组成部分，有"蓥华叠翠"之美誉。这里的瀑布群、杜鹃花、鸽子花、红叶、藏酋猴等景观，是主要看点。

神瀑归来，不想再看瀑

在神瀑沟，沟口的海拔大约 1 280 米，沟尾的海拔约 1 580 米，相对落差达到 300 米。溪流从山上流下，形成了特别多且大小不一的瀑布，主要的瀑布共有 5 处。这 5 处瀑布宛如五条飞龙，或气势磅礴，或逶迤温婉，飞珠溅玉，相映成趣，构成一道道美轮美奂的自然景观。因此，这里曾经一度被称作"五龙沟"。

神瀑沟的瀑布虽没有贵州黄果树瀑布那般气势磅礴，但也有其风情万种的一面。正是因为其规模普遍偏小，所以各处积水潭大多水浅，适宜避暑戏水。每到夏季，来此避暑的游客都喜欢在瀑布里戏水，尤其是小孩子们。

■ 左图：密林深处，神瀑沟瀑布群传来激荡的水声
■ 右图：神瀑沟积水潭水景

神瀑四季，水韵激荡山林

神瀑沟的四季，有着别样的风光，有着别样的视觉体验。神瀑沟是一个四季都能畅游的好去处。

春回大地，神瀑沟漫山遍野的野花竞相绽放，一簇簇艳丽动人，一朵朵小巧优雅！杜鹃花在其最高处开得红艳艳，鸽子花成群结队地在沟里飞舞着。

春去夏来，处处骄阳似火，唯有神瀑沟夏凉如春。置身其中，阳光明媚，微风习习，心情舒畅。由此可见，这里是一处神奇的"天然空调房""天然氧吧"，最低1 280米的海拔，成就了此处10℃以上的凉爽。

秋风送走炎热，凉爽的气息扑面而来，这时的神瀑沟显得格外妖娆、动人。慕名而来的游人，成群结队地在这里赏红叶。

冬天的神瀑沟，不仅下雪降温，并且瀑布还结冰。此时的神瀑沟俨然成为一个藏在城市间的冰雪世界。这样的美景吸引着游客观雪景、打雪仗、堆雪人、滑雪等。

大众的风景，众筹的产业

神瀑沟的问世，离不开一群人，他们就是石门村村民。正是因为石门村村民高度的团结，心往一处使，众筹资金入股，为打造神瀑沟景区提供了资金保障，才会有今天神瀑沟完善的接待设施和接待能力。

石门村的村民力求保持这里的原始风貌，沿途没有使用任何的石板路或水泥梯步，而是就地取材，用当地树木搭木桥、木护栏。山坡的泥路也用树木打桩，用劈开的木头铺在地上当梯步。在小山沟不好走的缓坡路就用树木做成像竹筏形的木筏铺在地上，当梯步走。谷里的大乱石、大枯树星罗棋布，有的横卧溪头，有的侧立溪边，有的挡住去路。神瀑沟一路都是风景，任何一角都是拍照的佳处。

■ 上图：瀑布群飞流直下，碰撞山石
■ 下图：神瀑沟藏酋猴

探秘 以此为家的藏酋猴族群

神瀑沟让你不得不去的缘由，除了四季不同的自然风光之处，还有一群可爱活泼的精灵——野生藏酋猴。它们喜欢这里依山傍水的地形，茂密繁盛的森林植被，含量丰富的负氧离子及种类繁多的野果等优质的自然环境。藏酋猴选择在这里栖息，让这里变成它们的生活乐园。

当夏季来临后，山上的果子减少，许多野生藏酋猴就会来景区觅食。站在远处细看，它们有的坐在栏杆上歇息，有的在山间小溪边喝水，有的在丛林追逐嬉闹，很是自在。这里的猴子都不怕生人，特别可爱。如果你想看野生猴子，不一定要去峨眉山，去神瀑沟也可以。

景观体验

- **交通** 景区距德阳火车站 65 千米，双流机场 120 千米。自驾从成都出发约 130 千米，耗时 2 小时。
- **住宿** 香楠湾酒店、一剪闲云精品民宿、云尚居墅院、云孚假日酒店、什邡市正阳天下等。
- **美食** 红白豆腐干、马井挂面、红白豆腐、什邡荞面、什邡板鸭等。
- **特产** 什邡红白茶、什邡晒烟、亭江细甲鱼等。
- **非物质文化遗产** 什邡晾晒烟、红白茶、九顶山羌汉山歌、药王会、马井元宵会等。

扫一扫 了解更多资讯

德阳绵竹 四川云湖国家森林公园

云湖

开启鸽子花人工繁育时代

四川云湖国家森林公园位于德阳市绵竹市境内，是德阳市唯一一个国家级森林公园。森林公园内景点众多：鸽子花展翅欲飞，凤仙花漫山遍野，"青冈王"和千年古银杏蔚为壮观；云湖荡舟垂钓，五星岗森林迷宫扑朔迷离，凌云峰登极览胜，纵目百里，古牛脊连绵数里，壮观神奇。

盆地边缘的生态旅游胜地

四川云湖国家森林公园因中心区有一高山湖泊镶嵌于万亩林涛中而得名。自 2004 年林区内发现大面积的国家一级保护植物珙桐后，引来全国各地生物界专家学者前来考察，受到社会各界的广泛关注。

森林公园总面积约 10.13 平方千米，最高峰海拔 2 402 米，以原始森林、人工林为主要特色景观。这里属于亚热带湿润季风气候区，适宜动、植物生长。古老的地质，复杂的地形，莽莽的森林，灵秀的山水，万千的天象，众多的珍禽异兽，厚重的历史文化积淀……铸就了云湖美轮美奂的景色，具有很高的观赏价值。这里的四季有不同的景色——春花烂漫、夏树葱茏、秋叶灿烂、冬林映雪，是川西地区生态旅游的胜地。

鸽子花的乐园

每年的 4 月下旬到 5 月上旬，在海拔 1 500 米的云湖边，在海拔 1 750～1 950 米的紫云峰，5 000 余株珙桐竞相绽放，就像成千上万只白鸽飞舞在云湖原始森林里。

珙桐的花是没有花瓣的，我们看到的白色花瓣其实是珙桐花的苞片，珙桐真正的花并不起眼，连花瓣都没有。若干朵雄花和一朵雌花或两性花组成一个头状花序，也就是两片"翅膀"之间那个紫黑色的小球。完成受粉以后，雌花会发育成一个状似小梨的核果。果实于 10 月间成熟，核大且硬，薄有果肉。据说，旧时山里人有时会拿它聊解饥渴。

权威测评 · 林草探秘指数

资源禀赋：	80
体验产品：	70
基础设施：	71
交通优势：	73
网络人气：	78
品牌潜力：	68

■ 左图：鸽子花，犹如圣洁的姑娘，于每年四五月间，开满云湖
■ 右图：云湖鸽子花近景

探秘 云湖珙桐：人工种植的先例

在云湖，你可能被鸽子花的魅力征服，它背后的故事更会让你佩服。这个故事还得从2002年说起。当时，云湖人为了保护和利用好珙桐这一珍稀的资源，增加珙桐树的数量，扩大珙桐林的面积，首次开启了珙桐人工繁育试验。

试验当中，云湖人遇到重重困难，但他们都全部克服，迎来试验的成功。比如说，由于珙桐的果壳坚硬、厚重，出芽率低，且需要两年时间才能发芽，云湖人便试验多种催芽方式，最终选择了雪藏等方式，实现变温催芽，提高发芽率。

截至目前，云湖人已经人工繁育珙桐幼苗上千株。据悉，当初云湖人栽植在景区的第一批珙桐苗，现已成林。每年的四五月份，在接待中心通往云湖的小径旁，这些人工繁育培植的珙桐都会开花，形成一道500米长的鸽子花观景长廊。清风吹来，朵朵珙桐花宛如数百只白鸽翻飞。这标志着珙桐人工繁育时代的到来。

■ 左上图：云湖人工培育的珙桐，已经开花
■ 右上图：高大乔木，装点着云湖
　云湖国家森林公园供图
■ 下图：蜿蜒的盘山公路，是云湖的生命通道
　云湖国家森林公园供图

景观体验

- **交通** 景区距德阳火车站63千米，双流机场138千米。自驾从成都出发约150千米，耗时2.5小时。
- **住宿** 心宿月亮湾酒店、安顺酒店、城市便捷酒店、剑南春大酒店、天福宾馆、丽景月波宾馆等。
- **美食** 绵竹松花蛋、鸡蛋熨斗糕等。
- **特产** 剑南春、绵竹猕猴桃、绵竹大曲、赵坡绿剑茶、鹿头牌香辣酱等。
- **非物质文化遗产** 绵竹年画、剑南春酒传统酿造技艺、四川被单戏、九顶山羌汉山歌等。

绵阳 四川七曲山国家森林公园
梓潼

七曲山
翠云廊南端的文昌福地

四川七曲山国家森林公园位于绵阳市梓潼县境内，地处"三百里程十万树"的蜀道翠云廊南端。漫步古柏林，便进入了天然氧吧，更可与有200岁树龄的潘家柏、2 100岁的皇柏对话。此外，公园内新植的成片柏林与古柏林区相连，形成了一条10多千米的"绿色长廊"。

"北有孔子，南有文昌"

在四川绵阳有一块福地，名叫梓潼。梓潼的七曲山大庙供奉着道教的文昌帝君，所以这里成了万千学子供奉祈福的圣地。七曲山大庙旁的梓潼县国有林场林业工作者们数十年如一日地守护着七曲山国家森林公园，不知倾注了多少汗水和精力，才成就了七曲山古柏如今的规模。

神话七曲山

七曲山，古称"尼陈山"。相传，它是由大禹治水陈放九曲潼江淤泥堆积而成。山上长有又粗又大的梓树。大禹砍伐梓树用于制作独木船疏通河道。梓树受到惊吓化为童子，老百姓便以为梓树化为童子是神。于是，他们建庙祭祀梓潼树神，接着又把"泥陈山"改名为"梓潼山"。

到了唐朝，唐玄宗避"安史之乱"逃往蜀地，留下了"细雨霏微七曲旋，郎当有声哀玉环"的诗句，"七曲山"就此"天下知了"。

权威测评·林草探秘指数

资源禀赋：82
体验产品：81
基础设施：80
交通优势：83
网络人气：82
品牌潜力：72

云海七曲山，好一派道骨仙境；文昌祖庭，古柏参天。

■ 左图：仙山瑶阁 中共梓潼县委宣传部供图
■ 右图：七曲山大庙与古柏相伴成趣 甘霖｜摄

蜿蜒蜀道翠云廊

古有诗曰："蜿蜒蜀道翠云廊，古柏参天十万苍。"远望七曲山大庙旁的翠云廊，一条翠绿贯穿梓潼县七曲山，犹如一条长龙在云间穿梭。每年夏天，走进七曲山国家森林公园，徜徉在万余株古柏之中，伴随着林间的清风，油然而生一种沧桑之感。

其实，翠云廊是古蜀道的一段，梓潼则是翠云廊的起点。古蜀道分为西段、北段、南段，以剑阁为中心，西至梓潼，北到昭化，南下阆中。在这三条蜿蜒 150 千米的道路两旁，全是修长挺拔的古柏林，号称"三百里程十万树"。古柏成阵，不经意间便见证着人生易老天难老的自然传说。

寒冬中，晋柏历经数百年风霜仍枯而不朽，形若虬龙，铁骨嶙峋，周身无皮、无枝、无叶。苍枝指天，仿佛一飞穿云。可谓『苍皮溜雨藓同碧，老干拂云铁共坚』。『晋柏穿云』是梓潼八景之一。晋柏死于何时，史志碑刻都没有记载。据明朝人著文推测，可能死于明末清初，距今大约300年。

千年古柏，护佑着整座大庙。在阳光照射下，古柏林更加幽深。千年古柏，成为大庙的行道树。

- 左图：七曲山大庙一角　甘霖 | 摄
- 右上图：七曲山古柏　筛阴 | 摄
- 右下图：应梦仙台景点　甘霖 | 摄

在七曲山古柏林中，最出名的就是距离七曲山大庙 10 多千米、有着 2 300 多年树龄的古柏，被誉为翠云廊上的『古柏王』，是迄今发现蜀道上最大的一株古柏。这株古柏高约 24 米，树干粗约 6.7 米，三四个人才能环抱住整棵树。它的树冠尤为发达，面积达 45 平方米。它犹如一把巨型大伞，千百年间寒来暑往，无论红日高照，还是刮风下雨，一直默默地矗立道旁，为过往行人遮风避雨。

左图：公路旁，古柏苍翠 甘霖 | 摄
右图：密林之间，小亭矗立 甘霖 | 摄

三百里程十万树

在七曲山中，守护在这里的是古柏林。历史上在翠云廊大规模植树先后有七次，其中第二次的倡导者就是三国时期的张飞。今天，当地民间还流传着张飞当年"上午栽树，下午乘凉"的故事。

1961年，梓潼县国有林场成立，林业人便开始一代一代地在七曲山造林护林。他们传承和延续着种树和养护，十年树木，百年树人，完成了从秦到汉在七曲山上种柏树的先民们心中的夙愿。

探秘 山、林、城之间的环境美学

七曲山完美诠释了山、林、城三大维度之间的环境美学，是环境美学里的佼佼者。其中，这里的古柏林既是时间与空间的见证者，也赋予了七曲山风物的肃穆之美。步入古柏林，张飞当年种下的汉柏依然存在，有2 300年树龄的古柏王依然苍劲，新近种植的柏树亭亭玉立，新柏与古柏交错，葱茏一片，滚滚绿浪，荫荫文脉隽永。如果这是一场梦境，请不要着急把我叫醒，哪怕一瞬息，停留在七曲山，环江带水，蜀道明珠，"一城一山一峡谷，一神一仙一福地"，是人愿、地理、风物的热爱。

景观体验

交通 景区距绵阳火车站63千米，绵阳南郊机场69千米。自驾从成都出发约210千米，耗时3小时。

住宿 七曲山大酒店、绵阳文昌锦苑大酒店、梓潼鑫茂主题酒店等。

美食 梓潼镶碗、许州凉粉、梓潼酥饼、梓潼片粉等。

特产 梓潼桔梗、天宝蜜柚、梓潼脐橙、梓潼花生等。

非物质文化遗产 文昌洞经古乐、文昌出巡、大新花灯、马鸣阳戏、梓潼片粉制作技艺、梓潼酥饼制作技艺等。

绵阳北川 四川北川国家森林公园九皇山景区

九皇山
云朵上的尔玛神祇

权威测评·林草探秘指数	
资源禀赋：	78
体验产品：	80
基础设施：	81
交通优势：	76
网络人气：	76
品牌潜力：	71

左图：九皇山冬雪　刘华伟｜摄
右图：九皇山上的尔玛古道　刘华伟｜摄

　　四川北川国家森林公园九皇山景区位于绵阳市北川县境内，海拔620～2 840米，高山原始森林植被覆盖率达95%，群落结构完整，山林四周皆为峭壁，山上分布有古樟、古银杏、红豆杉和被称为"活化石"的水青树珙桐等，是国家4A级旅游景区。

神秘的羌族风情

　　北川羌族自治县是中国唯一的羌族自治县，古属汶山郡，北周时建县，距今已有1 400多年历史，是我国古代治水英雄——大禹的故里。西羌九皇山的由来在《羌族史》有记载，早在公元前4世纪末，其地已有"六夷、七羌、九氐各部落"，羌人先祖阿巴白构给他的九个儿子分封属地，第九子尔国基带领其属下在此建立了美好的家园，民间称此地为"九皇山"，九皇山自古以来就是羌民族的生息聚居之地。

　　如今的景区以古朴的西羌文化为主线，浓郁的羌族风情、奇险的自然风光成为成都到九寨沟旅游环线上的一抹亮色，也是岷山—邛崃山自然保护轴上一处绝美的景观。

西羌第一碉：人类建筑与高山森林的混搭

羌族人心灵手巧，擅长建碉楼、石砌房、索桥、栈道和水利筑堰等工程。羌语称碉楼为"邛笼"，是羌寨主要的防御工事，座座分布在险关要隘。碉楼全身用泥石砌成，下大上小，如削去尖的金字塔。位于九皇山猿王洞上的西羌第一碉相传始建于汉代。

站在碉楼顶，东南面是沃野千里的涪江平原，滚滚涪江犹如玉带流入天际。晚上，江油、绵阳城区的灯火像荧光闪烁，尽收眼底。西北面是横亘连绵的万壑群山，晴好天气还可以看见数百里外的雪山。

交通上的羌族文化

羌族地区山高水险，为便利交通，1 400多年前的羌民就创造了索桥。建桥之初在河谷两岸建石砌的洞门，门内立石础，础上拴胳膊般粗的竹绳，少则数根，多则数十根。竹绳上铺木板，两旁设高出桥面1米多的竹索扶手。现存于西羌九皇山的羌寨溜索、情人桥就是羌族索桥的杰出代表。

羌族栈道有木栈与石栈两种。木栈建于密林，铺木为路，杂以土石；石栈施于绝壁悬崖，缘岩凿孔，插木为桥。西羌九皇山的绝壁栈道是石栈道，共999级，直达西羌九皇山后山景区，有"石栈入云端，或可遇仙女"之说。

九皇山如此的羌族建筑还有很多，几乎都是因山就势而建，在高山深谷的森林草甸间频频闪现的不只是先民们的智慧，更是人与自然和谐共生的生态观，是人类建筑与高山森林的亲切耳语。

十里箭竹海

人们都知九寨沟有竹海，却不知九皇上也有箭竹海。不管任何时候，站在玻璃栈道上俯瞰九皇山的箭竹海，无疑是最亮丽的一道风景。这里的箭竹海是一片瀑布群，瀑布飞流直下，与千仞绝壁、羌山彩虹林、栈道雪景等一起构成了九皇山十大自然景观。黄龙有五彩池，九皇山的猿王洞里也能寻觅到五彩池芳踪：进入溶洞，洞内五光十色的钟乳石柱千奇百怪，还有世界罕见的钙化五彩池，被称为"地下黄龙"。水潭透明度极高，映着岸边的石柱，甚至一时难以分辨究竟是水中别有洞天，还是单纯的倒影。无论是对普通游客，还是摄影爱好者，都是不可错过的奇景。

■ 左图：踏上九皇山玻璃栈道，恐惧又刺激
■ 左图：九皇山辛夷花群

探秘 辛夷花聚集的原因

九皇山令你前往的理由不仅有感人的九皇山猿王与仙女的爱情故事，更有满山的辛夷花。此花寓意着"报恩及纯真的爱"，更有代表着浪漫情调的紫粉色系的花朵。

九皇山怎么会有如此多的辛夷花？探究其缘由，那是因为辛夷可入药，羌族先民和后来的移民便大量种植，辛夷花渐渐地就在川北地区蔓延开来，九皇山也成为最具人气的辛夷花观赏地。

每年春花烂漫时，九皇山辛夷花如约而至，漫山遍野，开得温婉动人，开得楚楚留香。但是，她却藏在山里，深不露面，好似一个未曾见过世面，遇到陌生人就满脸羞赧的小姑娘。

辛夷花不仅有闭月羞花的容颜，还有着别样的情怀，年年在深山等待着她所思念的人，开放、掉落、拾起又放下。或许这样，便成就了席慕蓉笔下的"一棵开花的树"，在你准备经过的地方，慎重地开满花，可是花虽开，心却碎。

景观体验

- **交通** 景区距绵阳火车站76千米，绵阳南郊机场80千米。自驾从绵阳出发，沿省道205即可抵达。
- **住宿** 北川西羌大酒店、绵阳九皇山松山别墅等。
- **美食** 北川老腊肉、酸菜炒魔芋、荞凉粉、羌味土灶鸡等。
- **特产** 北川苔子茶、北川马槽酒等。
- **非物质文化遗产** 羌年、大禹祭祀习俗、羌绣、传统刺绣工艺等。

扫一扫 了解更多资讯

四川王朗国家级自然保护区

王朗

山外风起云涌
此处平静如初

四川王朗国家级自然保护区位于绵阳市平武县境内，面积达800平方千米，属大熊猫国家公园，森林覆盖率达49.4%。保护区植物资源丰富，拥有大面积的原始森林，主要树种有冷杉、云杉、红桦、糙皮桦、方枝柏、杜鹃等，有珍稀濒危保护植物小南星等。

权威测评·林草探秘指数

资源禀赋：90
体验产品：70
基础设施：85
交通优势：79
网络人气：82
品牌潜力：62

大熊猫第一县

在平武县，有一个王朗国家级自然保护区，与黄龙、九寨沟山水相依，呈三足鼎立之势。

2020年7月，四川平武王朗保护区巡护员罗春平监测巡护返回途中，在保护区葫芦沟沟口与一只成年雄性大熊猫不期而遇。这只大熊猫从30米外悠然走向巡护车辆，抛下两枚热乎乎的新鲜粪便后，从浅滩处以狗刨式踏浪渡河而去，回到森林深处。

即使你没有在王朗撞见过一只圆滚滚的大熊猫，这里的风物自然也会令你感到沉醉。王朗自然保护区地处喜马拉雅山横断山区，保持了完整的自然生态系统。这里四季都是美景：春冬季可以赏雪；夏季凉爽，可避暑；秋季红叶满山，十分壮观。游客在景区内大多是乘观光车游览，一路上树木苍翠、青山绿水、蓝天白云。

王朗国家级自然保护区目前可供游人游览的景区主要分为白熊沟和竹根岔沟两个部分。青山绿水，空气非常清新。漫步在原始森林和湿地草甸间，可以发现许多珍稀动、植物，顶级的冷杉、云杉高耸入云。这里还有金丝猴、云豹等国家一级保护动物。据介绍，景区内的PM2.5几乎为0，是一个洗肺的好地方，年平均气温只有12.7℃，是夏季避暑的绝佳选择。

- 左图：四川王朗国家级自然保护区内可供游览的白熊沟
- 右图：大熊猫是王朗特有的代言人

野生动物聚居于此

　　王朗国家级自然保护区成立于 1963 年，是中国最早建立的以保护大熊猫等珍稀野生动物及其栖息地为主的野生动物类型自然保护区之一。

　　保护区内因其独特的原始森林、珍贵的大熊猫而闻名中外。因为得天独厚的生态系统，这里还聚集了国家一级保护动物川金丝猴、牛羚、云豹、斑尾榛鸡、绿尾虹雉等 7 种，国家二级重点保护野生动物有猕猴、小熊猫、黑熊、大灵猫、小灵猫、猞猁、马麝、林麝、马鹿、藏原羚、鬣羚、白头鹞、血雉、蓝马鸡、红腹角雉、红腹锦鸡、大鲵、细痣疣螈等数十种野生动物。

左图：秋日的王朗，彩林密布

右图：白马藏族的面具舞会

景观体验

交通 景区距绵阳火车站 426 千米，绵阳南郊机场 430 千米。自驾从成都出发约 550 千米，耗时 8.5 小时。

住宿 平武县王朗夺吉山庄、平武白马部落精品民宿等。

美食 平武腊肉、荞凉粉、平武米粉、活水豆腐、洋芋糍粑、石坎豆腐干等。

特产 平武黄牛、平武中蜂、平武大红公鸡、平武果梅、平武天麻、平武绿茶、平武核桃等。

非物质文化遗产 套枣制作工艺、羌绣等。

探秘 白马藏族的面具舞会

在王朗，有一个古老的文化艺术形式——跳曹盖。跳曹盖即戴着面具跳，在跳曹盖中，舞者会戴上各种代表不同身份的面具，穿上特制的不同扮相的服装起舞。在舞蹈中以夸张的舞姿来展现对自然神的崇拜、祭祀神鬼、驱灾祈福。以这样的祭祀方式祈求神明赶鬼怪出寨外，保一年人畜平安、五谷丰登。如今，跳曹盖已经被国务院列入第三批国家级非物质文化遗产名录。

神奇的白马藏族，世世代代居住在这里，以神鸟凤凰为图腾，山神是他们的守护神。白马藏族的服饰最特别的是他们的帽子，如果是单身，是插三根白色公鸡的羽毛；如果是已婚，就是插两根；位高权重的族人是插一根羽毛的。据说，现在白色公鸡稀少，羽毛更是一毛难求。

遂宁船山 | 四川观音湖国家湿地公园

观音湖

圣莲岛上的灵泉倒影

四川观音湖国家湿地公园位于遂宁市船山区，是遂宁过军渡水利枢纽工程库区所形成的湖面，被评为国家 4A 级旅游景区、国家湿地公园。核心景区圣莲岛是观音湖的三个湖心岛之一，是遂宁观音故里风景区的重要组成部分。圣莲岛上的世界荷花博览园别具一格，荷花种植面积达到了 15 万平方米，共有来自 23 个国家和地区的 800 多个荷花品种。游客身临其境，在悠久的观音文化、浓郁的巴蜀文化和清新自然的水域生态环境氛围中享受到都市里无法感受的惬意和休闲。

圣莲岛荷花博览园的内湖、外湖，汇集了来自全球 23 个国家和地区、7 种色系、800 余个品种的荷花，占全世界荷花品种的 70%。漫步湖边池畔，看红蕖与绿水交映，让人顿减几分暑气。

大自然赐予遂宁的礼物

观音湖湿地公园拥有优质的自然禀赋。这里雨量充沛，气候宜人，群山蜿蜒，湖清水碧，景色秀美，是旅游、避暑休闲的佳境。作为遂宁旅游标志地之一，烟波浩渺的观音湖有数个湖心岛，其间有圣莲岛、小河洲、袁家坝、吴家洲、赖家洲五个岛屿，充分展现了城中有水、水中有城的独特景观，见证着城市善作善成的治水之道。

观音湖湿地公园区域地貌属盆地中部丘陵地貌区，整个地势呈南北向的"川"字形，东部、西部较高，中部、南部较低。

观音湖湿地公园的陆地区域被水域自动划分为河东、席吴洲两个半岛及圣莲岛三部分，其地形为河谷阶地，地势平坦，起伏较小。其中，河东区东高西低，席吴二洲西高东低，圣莲岛南北两端高、中间低，分布有沼泽湿地。

权威测评·林草探秘指数

资源禀赋：80
体验产品：86
基础设施：85
交通优势：82
网络人气：68
品牌潜力：84

■ 左图：夏日里，观音湖的莲花开满水面 费林｜摄
■ 右图：荷博园，世界各种荷花聚集地 莲花湖湿地公园管理处供图

荷博园，美得浑然天成

　　整个荷博园沿观音湖布局，依托外湖种荷、内湖布荷，在荷花成为景致的同时，又在最大程度上与原来的自然环境共生，浑然天成。荷在城中，城在莲里。遂宁就像一个大花园，处处可赏荷，步步皆是景。自然与繁华，传统与现代，在这里可以如此和谐。

　　荷博园的美，美在内涵气质，美在观音文化与莲花文化的和谐相融。荷花象征着清廉，象征着高洁，象征着慈悲，象征着和谐。千百年的文化传承，荷花以其高贵圣洁，成了中华民族修养至高境界的象征。世界荷花博览园打造的莲花文化，正是观音故里的外延。

　　荷花与遂宁的城市气质高度契合。遂宁人利用独特的水生态环境，融入观音故里，彰显了遂宁绿色、生态、慈爱、温润的精神气质。而圣莲岛世界荷花博览园的横空出世，让荷花文化更具体，让观音文化与荷花观赏交融得以体现，让观音文化有了一种荷花的表达方式。

■ 观音湖，汇聚各色莲花　甘霖｜摄

观音故里，荷花的具象化表达

　　遂宁的"观音文化城"主要以距观音湖不远的广德寺、灵泉寺为重要的文化轴线，以东山、西山组成的"两山"，闻名遐迩的广德、灵泉组成的"两寺"，龙凤、仁里组成的"两镇"联合打造的城市两翼重要的观音文化园区。山水之间，田园之乐，这是都市人心中对于自然的向往。也许是一朵鲜花，也许是一抹绿叶，都可能在无意间放大与绿色的情缘和牵绊。生活经验告诉我们，景怡人的最终目的是悦心。遂宁就是要打造这样一个悦心的城市，观音故里、荷花景观，更是很好地诠释了遂宁养心文化和观音文化的内涵，强化了历史文化与现代文明的交汇。

　　在遂宁这座水城合一、景城交融的静谧城市里，观音湖、联盟河相映成趣，灵泉景区、广德景区隔城相望，圣莲岛的荷花赏心悦目，城景交融，别样精彩。在遂宁，白天游客可以在老巷喝茶，在绿道散心；夜晚可以乘画舫，听清音，夜游观音湖，享受难得的闲适与惬意，体验好山好水的生活康养空间。

探秘 20万余株荷花的奇景

走进观音湖的世界荷花博览园，为何游人如织？当你身处荷博园，看着十里荷塘碧叶涟涟，朵朵莲花亭亭而立，湖风拂面，送来缕缕荷香；当你忘记了尘世的烦恼，醉心于眼前的美景时，你也许就找到了答案。圣莲岛世界荷花博览园在全国范围可谓别具一格，荷花品种多、品种新、品种奇，世界罕见。

据观音湖管委会工作人员介绍，荷博园的荷花种植面积达 152 989 平方米，有常见荷花、特育品种及精品荷花 20 万余株。它们当中，有来自泰国的睡莲、火焰、墨公主、黄鹰，还有科罗拉多、重瓣红莲、重瓣黄莲、单瓣白莲等常见荷花，也有国庆红、太空飞天、宝珠观音、如意观音等特育品种，以及上海一号、中国红等精品荷花。

景观体验

- **交通** 景区距遂宁火车站 6 千米，天府国际机场 150 千米。自驾从成都出发 169 千米，耗时 2 小时。
- **住宿** 希尔顿欢朋酒店、尚客优酒店、遂宁东海岸·竹房子酒店、美樾丽呈酒店、宁舍酒店等。
- **美食** 船山豆腐皮、南小区土豆片、豆瓣鲫鱼等。
- **特产** 遂宁矮晚柚、徐老三豆腐干、老池萝卜、河沙田藕、中国泰米。
- **非物质文化遗产** 船山桃子龙、遂宁坐歌堂、遂宁叫卖调等。

上图：观音湖的广德寺，传承着观音文化 甘霖 | 摄

四川省金华山风景名胜区

金华山

千山景色此间有
万古书台别地无

权威测评·林草探秘指数

资源禀赋：70
体验产品：71
基础设施：73
交通优势：75
网络人气：95
品牌潜力：72

■ 左图：相传陈子昂曾在金华山上读书
贾林 | 摄

四川省金华山风景名胜区位于遂宁市射洪市境内。山上的古读书台，相传为初唐诗人陈子昂青年时期读书的地方，这是一处具有深厚文化底蕴的名胜古迹。这里现存陈子昂读书台为清代古建筑，被国务院批准列入第六批全国重点文物保护单位。金华山紧靠涪江渡口，山的最高处与江面垂直距离仅60多米，这里交通方便，不受洪水侵扰，古柏、道观、森林和石刻点缀着古圣先贤的静修之地。

前山与后山两重天

金华山，汉代名"烟墩岭"，被誉为"川中名山"。山上，古柏森森，亭台楼阁鳞次栉比，巧夺天工。

金华山的前后各不同，前山为金华道观，是道教全真道的圣地。前山共有365级石阶，这些石阶始建于明朝崇祯年间，于1990年修复。走完石阶，依次可以参观道观的灵祖殿、药王殿、东岳殿、祖师殿、三清殿。这些宫观殿宇大部分系明清建筑，殿内供奉的塑像仪态万千，栩栩如生，颇具匠心。金华山后山则是开初唐一代诗风的著名诗人陈子昂少年时代读书台。

金华山与陈子昂结下不解之缘

唐朝初期，陈子昂出生在今天的射洪市。他自幼聪颖，拥有侠义情怀。青少年时代的陈子昂，豪放不羁，喜欢见义勇为。后来，因为他击剑伤人，开始弃武从文。他立志发愤读书，并在金华山读书台潜心苦读，最终变成了深通王霸大略，关心国家兴亡的诗人。

如今，读书台前，立有石碑，称作"旌德碑"，是唐代宗大历六年（公元771年）东川节度使鲜于叔明为陈子昂所立。碑文记载了陈子昂的家世、生平及文学上的贡献。碑文中对陈子昂作了这样的评价："道可以济天下，而命不通于天下；才可以致尧舜，而运不合于尧舜。"

探秘四川 88个不得不去的林草景观

探秘 玉虚阁的百年邻居

"龙头倒卧见高峰，洞古铺天绿树笼。封郭满天撑老柏，卷波烟水迎乔松。"这首诗里的文字恰巧描写了金华山"倒头石龙""蔚蓝洞天""撑天古柏""卷波乔松"等特色景观。此诗藏匿在金华山玉虚阁附近，镌刻在这里的回文诗碑上。这座回文诗碑附近就生长着两棵逾500年的古柏。几百年来，它们见证了金华山的历史变迁与发展。

这两棵古柏与玉虚阁互为邻里，树冠约10米，高约11米。相传，这两棵柏树是玉皇大帝身边一个灵童的拴马树，一大一小，寓意有天有地，吸引着成千上万的白鹭和灰鹭来此栖息。每年的阴历三月，许多白鹭和灰鹭从北方飞来，以这两棵树为核心，散布在金华山的柏树枝上，一直聚集到阴历七月。最多的时候，整个金华山有千余只白鹭栖息。

■ 左上图：从一江之隔的金华坝远眺金华山 贾林 | 摄
■ 左下图：金华山道观里的森森古柏 贾林 | 摄
■ 右下图：在通往金华山大门的石梯旁，20世纪80年代立起的天然林保护碑依然醒目 贾林 | 摄

景观体验

交通 景区距遂宁火车站84千米，天府国际机场168千米。自驾从成都出发154千米，耗时2小时。

住宿 花园商务宾馆、金湖商务宾馆、华都宾馆等。

美食 射洪香酥鸭、糍粑块、射洪五香果汁牛肉、麦加牛肉等。

特产 沱牌曲酒、子昂李烧腊、射洪野香猪、射洪金华清见等。

非物质文化遗产 沱牌曲酒传统配制技艺、通家山上女儿碑、莲宵舞蹈等。

遂宁蓬溪 四川省高峰山风景自然公园

高峰山
福地洞天，迷宫重重

四川省高峰山风景自然公园位于遂宁市蓬溪县境内，山峰秀丽，形似栖凤，故又称"高凤山"。这里曾以道教为主，兼具儒、佛文化，如今是龙门正宗的道教活动场所。这里有千年古柏群、老子石塑像等特色景观，保存完好的木结构八卦式道观建筑群，属国内罕有，被誉为"天下第一奇观"，列入第七批全国重点文物保护单位。

古柏幽深，迷宫重重

高峰山既是一座山，也是这座道观的名字，它不仅是让人叹为观止的建筑奇观，也是朴素神秘的修道圣地。遥望高峰山，恰如绿色宝塔巍然屹立。这里的环山有8条山系，恰似8条巨龙回首高峰。高峰山顶，又形似长龙，且以唐代古刹为龙头，犹如九龙翘首捧太极。山腰有宋代遗存寨垣，依"八卦"而建，按乾、坤、坎、离而设四门，依"四象"修四条上下山的道路。山顶、山腰、山脚因八卦而呼应神道，因山路而关联气韵。自山脚到山顶，四周被古柏掩盖，并有一奇特现象：各个方位的森林古柏，都朝着山顶方向参会天日，将高峰山道观掩映其中。

高峰山八卦式道观建筑群，均为木结构，并按周易八卦设计修建，5 200多平方米的建筑群有大小门400多道。这些门又分为正门、侧门、实门、虚门、活门、死门、机关暗道门等多种，加之当初修建时，依山而建，后扩建房屋又层层包围主庙，房屋相连。主庙建筑因此被称为"八卦迷宫"建筑，这在全国宫观、寺庙中亦十分罕见，是当之无愧的"川北迷宫"。

此外，这里还有高达36米的老子石雕像。塑像位于高峰山西北山麓，为国内外最大老子塑像。建成之时，它被当地百姓戏称"老子天下第一"，成为高峰山道教文化标志性景点。

权威测评·林草探秘指数

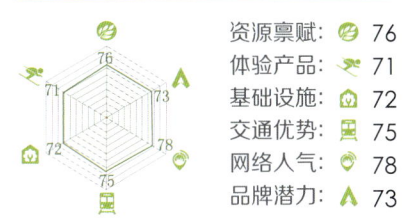

资源禀赋	76
体验产品	71
基础设施	72
交通优势	75
网络人气	78
品牌潜力	73

左图：修行的出家人正行走在高峰山的小径上　甘霖 | 摄
右图：老子塑像端坐在高峰山上，背靠八卦式道观建筑群　贾林 | 摄

高峰山建筑群均是清代至民国初年建造，占地3万多平方米，建筑面积达5 200余平方米，按先天八卦中的乾、坤、坎、离四大主卦结构布局，深蕴道妙玄机，自成迷宫仙境。它与坐落于高峰山西北山麓的高达36米的老子石雕塑像并称为『高峰奇观，天下双绝』。

八卦式道观建筑群 贾林 | 摄

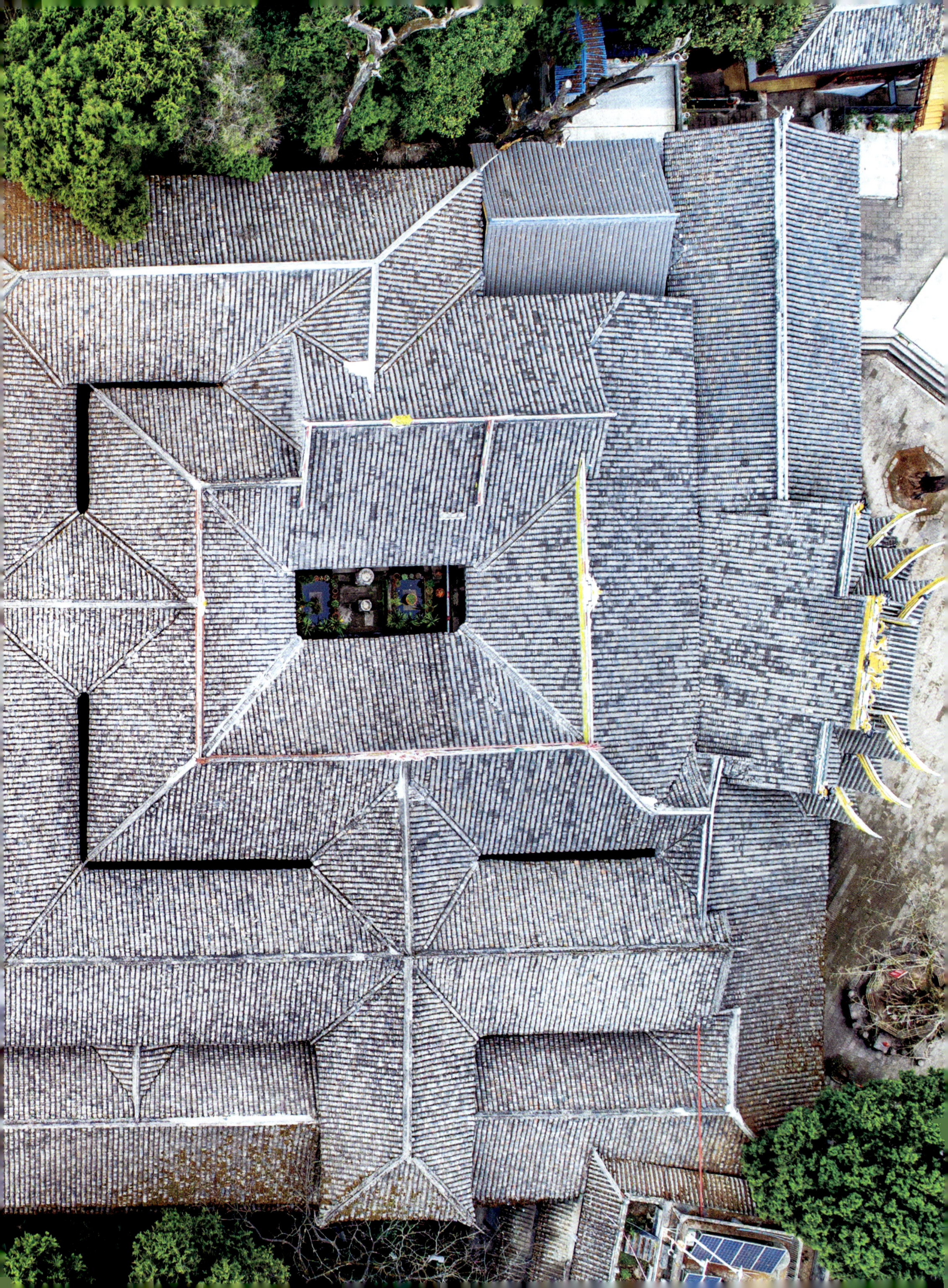

探秘四川 88个不得不去的林草景观

牛角沟：四川第一个县级苏维埃政权诞生地

蓬溪县不仅有着古柏幽深、迷宫重重的高峰山，而且保存着世人难以磨灭的红色记忆。

这段红色记忆发生在1929年。当时，中共早期高级将领旷继勋等率领4 000多名官兵在离高峰山不远的蓬溪县大石镇牛角沟村宣布起义，竖起"中国工农红军四川第一军"的大旗。他们举旗牛角沟，决战龙洞湾，途经红海湖，攻占蓬溪城，建立了四川省第一个县级苏维埃政府。

早年间，牛角沟革命遗址几乎被人遗忘，这些宝贵的革命历史文化长久地归于沉寂。为了充分挖掘和盘活牛角沟的红色资源，蓬溪县党委政府以纪念旷继勋蓬溪起义92周年为契机，开始进行蓬溪起义牛角沟遗址的综合性保护开发，以此拉开了红色旅游发展的序幕。牛角沟村正以红色文化为依托，发生着美丽蝶变。

■ 左上图：旷继勋牛角沟起义纪念碑　贾林│摄
■ 右上图：遂宁中国红海生态旅游度假区　贾林│摄
■ 下图：旷继勋牛角沟起义旧址　贾林│摄

探秘 中国红海，凭什么这么红

蓬溪县抓住集体林权制度改革契机，依托旅游公司，探索林地流转路径，试点林权抵押贷款，采取"现代农业+旅游、文化"开发模式，打造了中国红海生态旅游度假区，被《中国绿色时报》总结为"红海模式"。中国红海生态旅游度假区由龙洞古镇与宝梵寺两大片区组成。龙洞古镇片区包括纪念四川第一个县级苏维埃政权建立的红运广场。古镇内多以乡土民居建筑为主，展现了巴蜀乡土文化。其中，红军井原名龙泉，为一口带泉眼浅塘。1929年，旷继勋率领起义将士为老百姓深挖扩建了这口井。人们为了纪念旷继勋和他的战士们就取名"红军井"。这一举动朴素地表达了饮水思源的缅怀之情。

中国红海的人文景观是绚丽璀璨的，一排排古色古香的建筑，造型典雅古朴的拱桥，置身其中，仿佛穿越时空，看到了过去一个摩肩接踵、人声鼎沸的繁盛古镇场景。红海古镇留存了巴蜀古民居保护区，每座古民居都采用木质结构，盖着小青瓦，属于典型的川西民居建筑风格。整体搬迁修复保护后，这些老房子焕发出新的生命。

景观体验

- **交通** 景区距遂宁火车站40千米，天府国际机场175千米。自驾从成都出发180千米，耗时2小时。
- **住宿** 万和酒店、赤城大酒店、泉馨精品酒店、百盛酒店、蜀都酒店等。
- **美食** 蓬溪熨斗糕、蓬溪姜糕、赤城湖鱼席、张包子、唐糍粑等。
- **特产** 蓬溪矮晚柚、蓬溪青花椒、蓬溪仙桃、溪芝鹅等。
- **非物质文化遗产** 洞经音乐、高坪土陶、麦秆画等。

成都平原 经济区

左图：中国红海景区大门　贾林 | 摄
右图：红海景区内的高家姓古镇　贾林 | 摄

资阳雁江花溪河景区

花溪河

走进城市近郊"自然秘境"

资阳雁江花溪河景区位于资阳市雁江区保和镇境内。2019年，该镇被评为"省级森林小镇"。花溪河发源于龙泉山系，自北而南流，从中江县流经金堂、简阳，在资阳市雁江区保和镇宴家坝汇入沱江。这里既有江河之宽阔，又有溪流之幽深，自然景观丰富，展现了四川盆地完整的丘陵田园景观。目前，资阳市打造的花溪河景区以溪流、花海、绿荫、藏兵洞为主要看点，还有四季变换的景观，以及独具特色的驿站民宿都为景区增色不少。

权威测评·林草探秘指数

资源禀赋：78
体验产品：80
基础设施：83
交通优势：81
网络人气：93
品牌潜力：80

天府空港的近水楼台

花溪河水域宽阔，林木茂密。河流两岸，山势险峻，沿途分布着上百年历史的藏兵洞。河流湍急处，还形成了瀑布，五连叠瀑就是其中之一。五连叠瀑水花飞溅，升腾起一片水雾，有一种说不出的浪漫和梦幻。由于景区面积较大，溪谷狭长，所以相对喧嚣的城市，这里显得静谧安逸。

保和镇两河口至老君镇双河桥，就是花溪河下游区域。下游的河面宽阔，河水平静，是花溪河的景色精华之所在，青山绿水用在这里一点也不夸张。两岸的山林是长江上游的防护林。秋天的山林，红、黄、绿叶交相辉映，五彩斑斓，可与九寨秋色媲美。三河口以下区域，河床陡然狭窄，宽不过十几米，河水深不可测，三四十米长、十多米宽的巨石随处可见，横卧在河道两侧，犬牙交错，小舟也无法行驶。

花溪河景区按照地形地貌及四季差别，根据春花、夏荫、秋色、冬枝的理念，从春谷花林区、湿地花滩区、红林溯游区、森林绿海区四个区域进行补植，形成不同的主题区，给游客多种体验。此外，正在打造的民宿村落、跌水景观、桃花林景观等，将着力营造出"天树恋花溪玉手拈花印""船在溪中游，人在花中走"的诗意境地。

这里区位优势明显，景区距离资阳城区仅9千米，车程不到20分钟；距资阳高铁北站10千米；距离天府国际机场约40千米，是天府空港近在咫尺的城市近郊"自然秘境"。

■ 左图：花溪河水景配上音乐，着实令人难忘 甘霖｜摄

■ 右图：绿色的草坪上，叠立着"花溪河风景区"六个大字 甘霖｜摄

探秘 88个不得不去的林草景观

花溪河穿梭在礁石之间　资阳市雁江区自然资源局 | 供图

新晋网红的显赫身世

花溪河吸引游客的不仅是它的自然风光，还有数不尽的人文故事。千里沱江从成都金堂县，撞开巍峨的龙泉山，一路奔流，滚滚而下，经简阳市后，穿资阳中心城区而过。

在离花溪河不远的黄鳝溪，曾发现了资阳人考古遗址。著名古脊椎动物专家、北京人头盖骨的发现者裴文中教授曾进行长达6年的研究。他认为，这是四川最早的古人类遗址，属晚期智人，大约距今7 500年。在巴蜀地区，蜀人最早的资阳人与巴人最早的巫山人成为中国早期人类的代表。

在广袤的盆地环境中，川人的祖先为何选择在资阳繁衍生息？这充分说明了"岷山导江，东别为沱"的结论与科学无关，与文脉相连。更加令人惊奇的是，资阳人的头盖骨与中国其他化石人类不同，类似于欧洲的尼安德特人。最早的川人祖先何来欧洲血统，是否印证了诺亚方舟的存在？

探秘 花溪古驿的前世今生

花溪河是资阳市最早见诸历史记载的小河。它在汉晋得名镮溪，唐、宋时写作环溪，元、明时别称杨花溪，晚清讹为阳化河，可谓历史悠久。花溪河也是文人墨客的喜爱之地。西汉辞赋家王褒曾登凤岭歌颂华章，洗墨池水染花溪。吴道子南下资阳，也曾欲留花溪绝色而泼墨。

在花溪河，最有代表性的人文景观要数仿古建筑——花溪古驿，吸引着无数游客来此览胜。据史料记载，资阳自古便是川中重要的交通枢纽，北接成都，西通眉山，东达遂宁，南抵自贡，可谓四通八达。花溪镇作为古驿道上重要的场镇，成为人流、物流、资金流、信息流汇聚之地，商业十分繁荣。如今，重建的驿站保留了原有历史风貌与建筑形式，还将成为独具特色的花溪民宿，为游客朋友们提供休憩、住宿的佳所。

景观体验

- **交通** 景区距资阳火车站22千米，双流机场136千米，天府国际机场61千米。自驾从成都出发125千米，耗时1.6小时。
- **住宿** 资阳鼎晟泓府豪生大酒店、维也纳酒店、宜客居酒店、资阳腾宇商务酒店等。
- **美食** 丹山坛子鸡、廖家白菜卷、苌弘鲶鱼。
- **特产** 雁江蜜柑、临江寺豆瓣、春红血橙、资阳中和醋、宝莲大曲等。
- **非物质文化遗产** 两节山老酒传统酿造技艺、东峰剪纸等。

资阳安岳 安岳魅力柠海景区

安岳柠海
对话千年石窟

安岳魅力柠海景区位于资阳市安岳县境内。景区涵盖水观柠檬园、柳溪柠檬园、陶海柠檬园等特色果园。水观音湖、水观音庙、夫子庙、天然太极图等特色林业产业景观和文化景观是主要看点。赏千年石刻，闻百年柠香，散落在柠檬园里的各色石刻也是寻幽探秘的绝佳之地。安岳拥有全国重点文物保护单位10处，"东方维纳斯"——紫竹观音，世界最长全身左侧卧佛——八庙卧佛蜚声海内外。

柠檬，安岳的金字招牌

安岳是全国唯一柠檬商品生产基地县，是世界柠檬五大主产区之一，柠檬的规模和产量均占全国80%以上。安岳人经过80多年的栽培驯化、选优提纯，选育出了高产而优质的株系。目前，安岳柠檬已出口亚太、中东和欧洲等30多个国家和地区，成了川果金字招牌。

柠檬不仅是安岳的金字招牌和"黄金果"，还是安岳的一处独特风景线。阳春时节，洁白的柠檬花在翡翠般的绿叶中迎风摇曳；金秋时节，黄澄澄的柠檬在枝头若隐若现，目之所及，是一片灿烂的金色海洋……这一绝美景象出现在魅力柠海景区、柠檬小镇等安岳柠檬种植区。

尤其是魅力柠海的景色，更具代表性。春天里，魅力柠海被漫山遍野的柠檬花覆盖，被阵阵柠檬的清香"淹没"。这里的柠檬树四季常绿、四季开花、四季结果，万顷柠檬连缀成海，在蔚蓝苍穹下俨然是一幅风光旖旎的绝美画卷。

权威测评·林草探秘指数

资源禀赋：77
体验产品：73
基础设施：82
交通优势：70
网络人气：69
品牌潜力：80

■ 左图：秋收季节，柠檬挂枝头
资阳市安岳县自然资源局供图
■ 右图：晒佛坝睡佛　贾林｜摄

川渝石刻迁徙之路

安岳地处成渝古道中间，是中国古代佛教造像遗址最集中的地方，也是川渝石刻迁徙的重要通道。安岳石刻充分体现了古代艺人精湛的技艺、高超的智慧，带给大足石刻深远的影响。

毗卢洞坐落在资阳安岳县石羊镇塔子山上。洞内的"水月观音"是最具有代表性的千年石刻之一，群众也称她为"紫竹观音"。她曾被赞誉为"东方维纳斯"，享誉海内外。这座观音像姿态优美，坐姿悠闲，脖颈饰以璎珞，腰系蓝色丝带，左脚踏莲花，右脚屈放于坐垫，左手撑凳，右手放于右膝之上，斜视左下方，好像俯视人间世态。

安岳县城西边的大云山千佛寨森林公园内的核心造像区千佛寨是由西向东呈狭长形的天然岩寨，长达705米，分南北两岩。沿岩寨四周的悬崖峭壁上，雕刻有规模宏大、数量众多的摩崖造像，造型精美、生动，深刻地展现了天上、人间、地狱的苦乐异趣，体现了历朝历代精美至极的石刻艺术风格。这里开创了唐代的摩崖造像，是国家级重点文物保护单位，被誉为"安岳石刻陈列馆"，规模宏大，内容丰富，雕刻艺术高超，具有极高的文物及文学保护价值、欣赏价值和科研价值。

除了毗卢洞、千佛寨的石刻外，安岳的卧佛院、玄妙观、千佛寨、圆觉洞、华严洞、毗卢洞、茗山寺、孔雀洞、木门寺、庵堂寺、佛耳岩、高升大佛寺、西禅寺、塔坡等地的石刻也是不可多得的石刻艺术品。

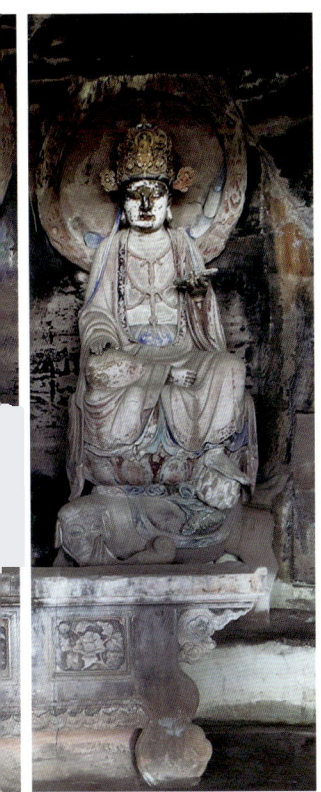

景观体验

交通 景区距资阳火车站96千米。自驾从成都出发155千米，耗时2小时。

住宿 柠檬树主题酒店、欧城SOHO酒店等。

美食 柠檬酥排骨、安岳咸肉、安岳米卷、周礼伤心凉粉等。

特产 柠檬系列产品、紫竹姜、伍堡红花藕、安岳红薯、安岳坛子肉、安岳竹编等。

非物质文化遗产 安岳石刻、安岳竹编、安岳石工号子、安岳曲剧等。

扫一扫
了解更多资讯

■ 上图：华严洞石刻　吴坤忠｜摄
■ 下图：紫竹观音洞窟　资阳市安岳县自然资源局供图

眉山洪雅 四川瓦屋山国家森林公园

瓦屋山

云上瓦屋，最美桌山

权威测评·林草探秘指数

资源禀赋：90
体验产品：92
基础设施：91
交通优势：89
网络人气：88
品牌潜力：72

■ 左图：瓦屋山桌山雄姿 杨建 | 摄

四川瓦屋山国家森林公园位于眉山市洪雅县境内，由瓦屋山原始森林猎奇探险景区、玉屏人工林海度假区、八面山寻古览胜区等系列景区组成。核心景区瓦屋山系中国历史文化名山，是道教发祥地之一，被誉为"中国鸽子花的故乡""世界杜鹃花的王国"。游览瓦屋山，可以在雅女湖品青山绿水之美；也可以在迷魂凼体验"陆地百慕大三角"；还可以在半山腰观瀑布、赏鸽子花等秀丽景色；更可以在山顶看原始森林、赏高山杜鹃花、观高山湖泊等壮丽风景，抑或看云海、日出日落、佛光等天象景观……

云霭之上，再现上帝的餐桌

"须臾白雾起，如绵如浪。溶作一天云，匿尽千重嶂"，这是清朝诗人何绍基形象描绘瓦屋云海景观的诗句。瓦屋山，古称蜀山，早在唐、宋时期就与峨眉山并称为"蜀中二绝"，因状若瓦屋而得名瓦屋山。

瓦屋山是目前已发现的世界第二大平顶桌状山，山顶平台面积达10平方千米，是南非开普敦桌山面积的3倍还多。从地质构造上看，瓦屋山是一个被西北和东北两组断裂切割围限的地块，断裂的活动使瓦屋山被挤压抬升，在山体的周缘形成了高达700~800米的大断崖。由于瓦屋山的岩层基本保持了水平状态，这也使山顶呈现出一个起伏和缓的平台状。

瓦屋山国家森林公园除了其美丽的轮廓外，也有着丰富的内涵。瓦屋山的面积达到693平方千米，森林覆盖率高达96.1%，仅原始森林就有10平方千米。这里有植物3 600种、野生动物475多种，其中有大熊猫、羚牛、黑鹳等国家一级重点保护动物。

瓦屋山因其特殊的地理位置、空气湿度、风向等自然条件，极易出现云海、日出、佛光、圣灯、三个太阳等神奇的天象景观。山顶的象尔岩则是观景的最佳位置。此外，瓦屋山处在中国华西雨屏地带腹心，形成了多个湖泊，如鸳鸯池、月亮潭等。这里拥有108个泉眼，形成了72条瀑布。每到丰水季节，以兰溪、鸳溪、鸯溪三大瀑布为主的瀑布群从万丈悬崖飞泻而下，形成了"山有多高、水有多长"的奇景。

世界杜鹃花王国，中国鸽子花的故乡

冰雪消融的时刻，柳枝抽出嫩芽，阳光逐渐升温，瓦屋山的冰雪融化，形成溪流，汇入山涧，滋润林木，助其枝叶慢慢变绿。此时，山花开遍瓦屋山，尤其是杜鹃花和鸽子花。

威尔逊被公认为是瓦屋山植物的第一位外国造访者和著述者。1908年，他在洪雅县境内进行了为期11天的科考活动，其间登上了瓦屋山顶，回国之后发表了相关著述和植物新种。威尔逊在《瓦屋山纪行》中写道："这里杜鹃花很多，我记载了约10种，其中有一棵高8米，围径近2米的尖叶杜鹃。这种杜鹃已被证明是新种，成为瓦屋山的骄傲。"查阅那时的采集记录可以确认，命名为尖叶杜鹃的模式标本，就是威尔逊于1908年9月12日在瓦屋山海拔2 300~2 800米的原始林区中采制的，峨马杜鹃等类似的记录也可见于《威尔逊植物志》中。

地处华西雨屏中心区域的瓦屋山国家森林公园，其杜鹃花总体分布在海拔1 000米以上的原始林区。春夏时节攀登瓦屋山，沿途而赏，有枯木逢春的树生杜鹃，鸳溪两岸的双色杜鹃，象尔岩前背衬云海摇曳的团叶杜鹃，兰溪边、鸳鸯池畔的杜鹃花潭。登临山顶，放眼望去，瓦屋山的杜鹃花开满山冈。漫山杜鹃花色缤纷，竞秀吐艳，有雪白的、浅紫的、淡黄的、粉红的；苍劲清秀，千姿百态，花树大小、粗细不一，高者丈余，小不盈尺，粗者满握，细者如指，枝干扭曲，虬根裸露。明代著名的《瓦屋山赋》的作者荥经县令张维斗曾即兴吟诗："乱坠天花选佛场，桫椤借得大峨香。"杜鹃花盛景已成瓦屋山秀美景色的一大象征。

每年的4月下旬到5月下旬，瓦屋山山腰的天然珙桐林，瞬间开满了珙桐花，犹如画家顷刻之间的神奇之作。白色的珙桐花宛如万千白鸽栖息于树上，山风吹拂，万花齐动，犹如对对白鸽展翅，简直动人心魄。所以，瓦屋山也被称为"中国鸽子花的故乡"！

左图：兰溪之旁，飞瀑倒流　扬建｜摄
右图：瓦屋山原始森林中的杜鹃花和云杉皆是风景

成都平原

左图：从雅女湖远眺瓦屋山，山顶数条瀑布飞泻而下，湖山一色 邓岳 | 摄

右图：冬日的瓦屋山格外美丽动人

瓦屋山冰雪，南国一绝

瓦屋山在每年10月中下旬迎来初雪期，直到次年4月中旬山顶融雪才开始消融，长达190天的雪期给瓦屋山带来了罕见独特的冬雪景观。在白雪皑皑、洁白晶亮的冰雪世界里，墨绿的杜鹃、翠绿的箭竹与绿色的灌木、苔藓点缀其中，顿生一片生机。冰清玉洁的冰瀑、冰挂、冰帘在阳光下熠熠生辉。

瓦屋山的雪凇、雾凇随处可见，是由于冬日的冷杉林被白雪覆盖而形成的。在苍茫的林海雪原中，72条冰瀑似玉笛悬空，冰清玉洁，其间最为壮观的是落差高达1 040米的兰溪瀑布，幽蓝碧白，蔚蓝剔透，被称为"西南一绝"。玉树琼林之间，各尊雪雕神态各异，仿佛人间仙境。

瓦屋山和峨眉山的冬季，都以冰雪旅游为主题，但是又各自不同。峨眉山是背斜断块山，根据地形，冬季冰雪覆盖皆在金顶周围，并且地势险峻；瓦屋山作为世界第二大桌状山，山顶是一个面积约10平方千米的大平台，每年冬季冰雪降临，这里就形成了平坦雪场。因此自2000年开始，每年12月至次年3月景区都会举办瓦屋山冰雪节，并成为每年四川冬季旅游的新热点。在这样的冰雪节节庆时分，游客可在瓦屋山滑雪、玩雪、赏雪，尽享大自然赐予人间的洁白乐趣。踩在林间厚厚的雪毯上，一步一个脚印，咯吱咯吱的声音谱成一曲欢快的冬日恋歌，欢乐的滑雪活动带来阵阵笑声，洋溢着无限生机。

探秘

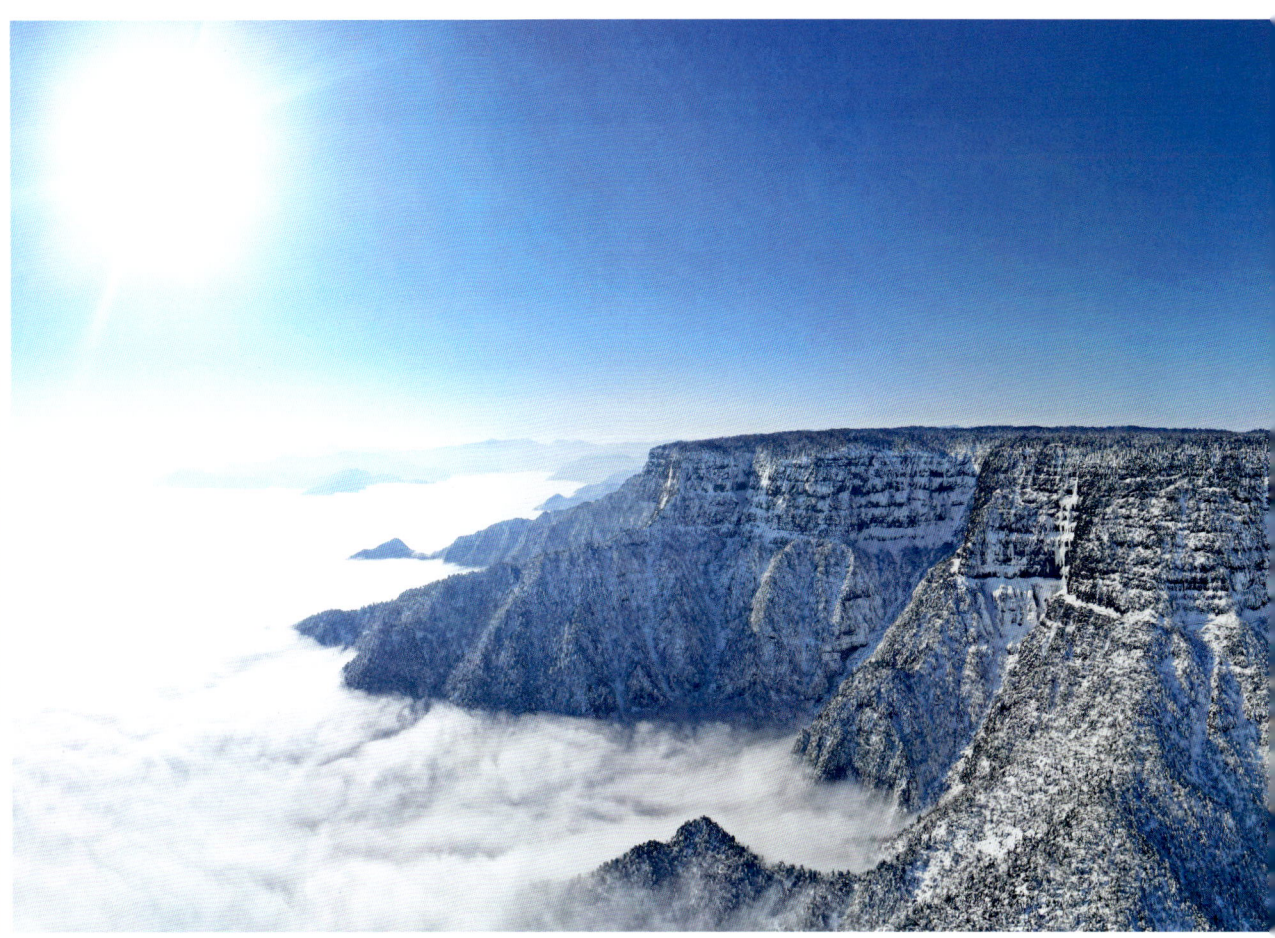

中国道教发源的秘密

　　山以奇为要，奇以形为神。瓦屋山身居云雾缥缈的仙境当中，犹如一艘停泊云中的巨轮，是一处布道修仙的好地方。传闻黄帝、张道陵等选择在此地修行、创道、布道、升天，留下了无尽的中国道教发源的秘密。

　　传说，当年太上老君骑着青牛出关"寻青羊之肆"，由草原故道入蜀，沿着青衣江流域来到瓦屋山传教布道，最后在瓦屋山升天，现在鸳鸯池畔的太上老君木雕神像虽历经千年的风吹雨打，依然栩栩如生。后来，道教创始人张道陵沿着太上老君足迹来到瓦屋山麓，尊奉太上老君为鼻祖，最后为民除害斩蟒牺牲于瓦屋山，至今瓦屋山仍留有"张陵降蟒沟"遗迹。

　　道教初创于洪雅瓦屋山，成型于大邑鹤鸣山，兴盛于都江堰青城山，已成定论。道教学泰斗卿希泰教授在《瓦屋山道教文化初考》一文中写道："从早期天师道治所的分布情况来看，不少治所都在洪雅瓦屋山周围，洪雅瓦屋山已被这些治所环抱，有的治所甚至在洪雅县的境内。故传说张道陵在此传教，也是事出有因……"并作出结论：瓦屋山是道教发祥地，极可能是发源地。瓦屋山以最佳经纬度、最佳海拔度、最佳生态度、最佳洁静度、最佳造型度而成为天下一绝，成为中国道教起源之点，草创原点。"

景观体验

交通　景区距眉山火车东站143千米，双流机场201千米，天府国际机场235千米。自驾从成都出发约205千米，耗时3小时。

住宿　瓦屋山象尔山庄、凯悦酒店、瓦屋山珙桐山庄等。

美食　泉水豆花、旺儿汤、洪雅钵钵鸡、烙烙粑、闻冻粑、洪雅生态宴等。

特产　洪雅雅鱼、高庙白酒、洪雅藤椒、道泉茶叶等。

非物质文化遗产　五月台会、复兴耍锣鼓、洪雅雅纸制作技艺等。

眉山洪雅 四川玉屏山国家森林康养基地

玉屏山

四川森林康养先行者

四川玉屏山国家森林康养基地位于眉山市洪雅县西南30千米，是全国第一批"国家森林康养基地标准化建设示范单位"，成为四川省唯一获此殊荣的单位。洪雅森林生态博物馆、生态文明宣教基地、森林体验户外运动基地、滑翔伞基地、森林康养步道等，是这里独具特色康养旅游的体验区。

天然禀赋，康养先行

玉屏山隶属瓦屋山国家森林公园，坐落于洪雅柳江古镇旁。这里平均海拔为1 200米，林海葱茏，一望无边，其中20平方千米人工柳杉笔直挺拔、绿浪接天，森林覆盖率高达98.6%。这里属于中亚热带湿润气候区，年平均气温16.6℃，负氧离子达到国家Ⅰ级标准，PM2.5几近于零。因此，这里拥有纬度神奇、温度适中、高度适宜、绿化度高、洁静度好、负氧度浓、精气度足、优产度强的天然"八度优势"，是一个适合发展森林康养旅游的好地方，也是国内少有的无蚊景区。

在四川，玉屏山率先依托国有林场、国家森林公园等独特的资源禀赋，着手打造玉屏山森林康养基地。基地依据森林旅游景观廊道、森林康养怡养区、森林旅游体验区的空间布局，打造了滑翔伞、彩虹滑道、玻璃栈道等动态项目体验区，开发了森林太极、禅院、茶道等静态项目体验区，开办了洪雅森林生态博物馆、生态文明宣教基地等综合项目体验区，提升了游客在景区的康养旅游休闲体验，成为四川森林康养旅游的先行之地。

权威测评·林草探秘指数

资源禀赋： 72
体验产品： 79
基础设施： 74
交通优势： 70
网络人气： 79
品牌潜力： 67

左图：玉屏山滑翔伞基地除了向全世界符合飞行资质的滑翔伞爱好者免费开放外，还为游客提供带飞服务，让游客体验滑翔的魅力　杨清亮｜摄

右图：玉屏山野鸡坪度假营地　杨清亮｜摄

玉屏"森"呼吸，康养"林"距离

玉屏山景区，不仅有得天独厚的自然风光，还是一个融传统审美与现代理念为一脉的心灵空间，被誉为"四川林业第一村"。

在玉屏山，禅院别墅群掩映林间，秀雅中带有尊贵气质；玉屏楼配套齐全，质朴中融入现代文明；露天音乐水吧野藤环绕，与湖光山色浑然一体；林中"鸟巢"居屋，是浪漫的私密体验；淡淡的杉香、天籁般的蝉唱、高出城市数千倍的负氧离子，滋养心灵；森林茶吧、森林影院、森林浴让游客尽享自然之风情；磨子沟踏瀑戏水，情趣倍增；在风味餐厅、多功能餐厅享受可口的美味。走进森林，抖落浮华，用灵魂与自然对话，回归人类的精神家园。

探秘 玉屏山下的古镇繁华

"江水一线泛青波，两岸古树咏春秋。"玉屏山下，坐落着一个典雅的古镇。它就是大名鼎鼎的柳江古镇。这座古镇山清水秀，古木参天，但是随着岁月的流逝、变迁和发展，逐渐演化成一座古朴典雅的历史名镇。这里因常年笼罩在薄雾氤氲之中，所以"烟雨柳江"成为最鲜明的景象标志。

柳江古镇地处五凤山东，玉屏山麓，依山临水，东、西、南三面环水，东有花溪河，西跨杨村河，两条河流蜿蜒穿镇而过，在合流处形成一个河中小岛，岛上绿树掩映处隐隐有民居，颇有诗情画意。镇域内有山有水，有峰有岭，有树有石。在层峦叠翠中，花溪河围绕着一座座古朴的、独具特色的木板房吊脚楼，依着根枝盘错的黄葛古树，这些古树有的从房子里长出来，有的长在墙上，独具匠心，别具一格。这些临水而建的吊脚楼与秀美的山水几近完美地组合在一起，加上临水而建的街市，构成了一幅秀美的夏日山水画卷。

傍水而建的古镇，不时飘来清新怡人的微风。浓郁的乡风民俗，烘托出世世代代在古镇繁衍生息的安居百姓，他们正是在自己所信仰的大自然中被幸福和欢乐所包围，他们与前来观瞻的游人共同去深刻体会梦幻般的世外桃源，体会那真情永恒的田园诗画！

■ 上图：玉屏山烟云　杨清亮｜摄
■ 下图：柳江古镇旁的花溪河景观　黄文志｜摄

景观体验

🚗 **交通** 景区距眉山火车东站103千米，双流机场170千米。成都自驾约168千米，耗时2.5小时。

🏠 **住宿** 洪雅云里民宿、凯冠乡村酒店、鑫源饭店、凤溪山庄、洪雅别庐客栈等。

♨ **美食** 洪雅钵钵鸡、泉水豆花、旺儿汤、烙烙粑、闻冻粑、洪雅生态宴等。

🏪 **特产** 洪雅雅鱼、高庙白酒、洪雅藤椒、道泉茶叶、幺麻子藤椒油等。

🌙 **非物质文化遗产** 五月台会、复兴耍锣鼓、洪雅纸制作技艺等。

扫一扫
了解更多资讯

眉山仁寿 四川黑龙滩国家湿地公园

黑龙滩

一潭春水润天府

四川黑龙滩国家湿地公园位于眉山市仁寿县，是四川第一批省级风景名胜区、国家 4A 级旅游景区。湿地公园所依托的黑龙滩水库是中华人民共和国成立以来四川省兴建的第一座大型引蓄灌溉工程，水域面积为 23 平方千米，蓄水 3.6 亿立方米，库区湖面宽阔，湖中有 72 座岛屿，湖岸蜿蜒曲折，岛上绿树成荫，有弧形重力大坝、蓬莱岛、三大湾、报恩寺、壁虎崖、五里桥、蟠龙岛、白鹭岛等景观看点。

天府新区第二水源地

黑龙滩国家湿地公园由南向北呈狭长形廊道走向，最南端至黑龙滩大坝附近、最北端至杨柳河东风渠入口处，总面积 4 403.88 公顷，其中湿地面积 2 945.23 公顷，湿地率 77.58%。这里有碧波万顷、水天一色之景致，有渔舟帆影、禽鸟盘旋之画面，有群岛密布、绿林幽深之壮阔，有乱峰回绕、绿水平铺之情趣，有湖光山色、孤鹜齐飞之意境。

黑龙滩的水主要用于灌溉和饮用，周围没有工业，森林绿化面积大，空气新鲜。星罗棋布的岛屿静卧在浩瀚的湖泊中，每座岛屿犹如一座绿色的宝库，是动植物的天堂。这里的一水一岛，一山一峰，一个个绿色岛屿，映衬着碧水蓝天，犹如一幅优美的山水画卷。

权威测评·林草探秘指数

资源禀赋：		85
体验产品：		85
基础设施：		88
交通优势：		90
网络人气：		72
品牌潜力：		88

渔舟帆影，像极了秀丽的山水画；晴空万里下，白塔静静地矗立着。

■ 左图：俯瞰黑龙滩水库
■ 右图：黑龙滩边古塔矗立　唐强｜摄

黑龙滩水库是引蓄型水库，百分之八十的水源来自于东风渠，另外百分之二十的水源来自于库区 185 平方千米的集雨区域，这一区域污染源点多、面广、战线长，环境保护和污染治理的难度大。自 2019 年 8 月以来，黑龙滩水质改善到湖库二类水质。目前，黑龙滩被确定为天府新区一体化构建"三山三水、四核多廊"的生态安全格局之一，与龙泉湖、张家岩、三岔湖一道构成天府新区的供水安全屏障，成为绿水青山就是金山银山的实践示范地。

畅游黑龙滩，尽享山水美色

黑龙滩国家湿地公园集秀、奇、幽、野、翠于一体，有着"天府水乡"的赞誉。黑龙滩，大坝、蟠龙岛、三大湾、报恩寺等特色景点是不得不去的景点。大坝高 53 米，长 271 米，巍峨磅礴，雄伟壮观。坝侧有郭沫若先生手书的"黑龙滩水库"三角碑及石刻浮雕。

站在大坝上，可一览黑龙滩山环水绕的秀雅身姿。蟠龙岛，四面环水，松柏茂密，碧草如茵，漫步林间，流连忘返。岛上建有游山道、驭龙亭、观景亭、书画院、猴园等景观。三大湾形貌奇特、弯多水深，岸线曲折，与西部丘陵一桥相连。岛上有花果山、风披山、阿弥陀佛山等，山山相连、岛岛相望、环境幽静、树木葱郁。报恩寺三面环水，由山门殿、千手观音殿、山神殿、大雄宝殿、钟鼓楼组成，还有佛牙舍利塔，是仁寿境内佛教的朝圣地。

景观体验

- **交通** 景区距眉山火车站 28 千米，距双流机场 95 千米，距天府国际机场 85 千米。自驾从成都出发 84 千米，耗时 1.3 小时。
- **住宿** 黑龙滩宾馆、眉山黑龙滩怡锦名人酒店、黑龙滩风景区汇锦酒店、华凌山庄·隐湖栖等。
- **美食** 黑龙滩生态鱼、黑龙滩全鱼席、仁寿芝麻糕、仁寿全羊席等。
- **特产** 仁寿曹家梨、文宫枇杷、干巴牛肉等。
- **非物质文化遗产** 仁寿陶艺、仁寿字画装裱技艺、篆刻技艺等。

■ 黑龙潭全景　黄文志｜摄

激情岁月的建设奇迹

探秘

黑龙滩水库是激情岁月里的工程奇迹，是仁寿县重大的民生工程。这里巍峨壮观的纪念碑铭记着修建水库的光辉历程，恢宏的水库堤坝诉说着黑龙滩的磅礴气势。1960年，黑龙滩区域是沟壑纵横、山高林密的丘陵地区，留给人们的印象是"下雨水外流，无雨吃水愁。十年有九旱，用水贵如油"。

黑龙滩水库于1970年10月开始修建，经过8年修建，7年整治，历时15年竣工。整个工程修建期间，很多当地居民都直接参与了水库的修建，感受了修建水库的困难和艰辛。

当时，黑龙滩水库的建设可是仁寿县全县人民的大事，民工们在一无钱、二无粮的特殊条件下，埋锅做饭，露天宿营，自己动手修工棚，克服了难以想象的困难。比如说，1971年的冬天，黑龙滩的东南干渠开始进行首期大突击，10万人分布在长达100多千米的工地上同时施工。据当地老人讲，当时的工地上人山人海，尘土飞扬，到处都是"叮叮当当"敲击石头的声音；架在山崖上的大喇叭播放着鼓动士气的革命歌曲……现如今，我们都知道黑龙滩是著名的风景名胜区，却也不曾忘记它修建时留下的不灭印记。

青神竹林湿地公园

青神竹林湿地

追寻竹编匠心

青神竹林湿地公园位于眉山市青神县，以竹林景观为基底，融入青神竹编特色，体现着"万竹博览，竹编文化展示，旅游休闲"三大功能。公园内的竹类植物除了选用乡土竹类，还引进国内外具有观赏价值的竹类，分为观叶、观杆、观形三大类。自公园建成后，来这里锻炼、休闲的市民越来越多。在这里，可观湿地风光，静享竹林幽幽；也可畅快锻炼，呼吸清新的空气，尽享运动乐趣。

权威测评·林草探秘指数

资源禀赋：85
体验产品：82
基础设施：85
交通优势：79
网络人气：80
品牌潜力：76

寻思构想，找准湿地定位

青神县"中国首家竹林湿地"位于国际竹艺城景区的核心区域，地处岷江和思蒙河交汇的冲积平原，原生态湿地面积1平方千米。2012年开始，整个园区按照国家4A级旅游景区标准分三期完成建设。总体定位以竹林景观为基底，以青神县历史文化为背景，以青神竹编为特色，汲取中国古典园林之精髓，融入川西园林风格。

入口处一块长8米，高2.6米，重约40吨的大理石上，是中国书协主席张海先生亲笔题写的"中国首家竹林湿地"八个大字。

湿地公园占地近0.2平方千米，并于2013年启动建设，现已完成二期工程建设。整个湿地的布局分为入口形象区、田园赏竹区、湿地幽竹区、竹趣游乐区、丛林观赏区、名竹荟萃区、滨河游赏区。

寻找匠心，走进中国竹编艺术之乡

透过青神竹林湿地公园这个窗口，我们了解到，竹子与青神人的生活息息相关。早在战国时期，青神人就用竹子做成筒车，灌溉农田。而今天，竹纸、竹建材、竹编更是成了当地经济的支柱产业。其中，青神竹编更是当地的文化瑰宝，青神被誉为"中国竹编艺术之乡"。

青神竹编从最开始的生活用品发展到工艺品，再到艺术品，最后成为首批中国非物质文化遗产。早在1990年的北京亚运会，青神竹编第六代传承人张德明的作品已经作为国礼赠送给参会的各国体育代表团。如今，张德明的团队和国际品牌爱马仕合作，青神竹编通过爱马仕的大橱窗卖到世界各地。

青神竹编从竹子到一件艺术品，需要经过选竹、砍竹、刮青、分块、分层、染色、分丝、按图编制、整理装裱九个步骤。从竹到细如发丝的竹丝，从竹丝到薄如蝉翼的竹编画，每一道工序都需要一丝不苟地进行，工匠的灵性与技艺在这里发挥得淋漓尽致。

青神竹林湿地茂密竹林，青神竹编就取材于当地出产的慈竹。
■ 左图：竹林湿地竹子种类丰富，堪称竹类大观园
■ 右图：青神竹林湿地景区大门

青神竹编技艺，看起来只有短短的九道工序，却是竹编匠人们的一生，也是青神千百年来从农耕文化到现代工业的见证。所以说，一代代青神竹编人，不仅传承着这古老的竹编技艺，也用他们的双手展现出青神的竹文化。

探秘 中国竹类大观园

青神竹林湿地公园，竹子种类丰富，是中国竹类大观园。思蒙河畔，凉风习习，走进青神竹林湿地公园，首先映入眼帘的是入口两侧的竹简墙，公园建设者精选了南北朝至宋代时期的12首与竹相关的诗词歌赋，分别用小篆、大篆、楷书等字体，雕刻在徐徐展开的竹简上。在主入口的景石铭牌背面，是苏东坡所写的名篇《於潜僧绿筠轩》，"宁可食无肉，不可居无竹"的名句让游客产生强烈的共鸣，为竹林湿地增添了丰富的竹文化色彩。

踏入湿地公园内，这里的绿化景观以竹类植物为主，同时搭配栽植部分乔、灌、花、草等相结合的多层次植物群落，使竹林之间繁花掩映其中。全世界的竹子种类有1 200多种，我国竹类达500多种，而这里聚集了300多种，如佛肚竹、湘妃竹等，分布在田园赏竹区、湿地幽竹区、丛林观赏区、名竹荟萃区等地。

竹趣游乐区通过流水小溪的设计，溪边的童趣浅滩，打造了儿童活动亲水空间，开展与竹有关的童趣活动，为丛林观景区增添一份灵动；丛林休闲区，以大面积楠竹林作为背景，自然地形的起伏变化，蜿蜒曲折的次级游步道在竹林中穿梭，道路两侧，各种竹子尽情展示优美独特的动人风姿，微风吹过，"夹道万竿成绿海，风来凤尾罗拜忙"。

- 左上图：竹林湿地之外，青山隐隐，植被丰富
- 左下图：茶具穿上竹编的外套 甘霖 | 摄
- 右图：竹艺师们正在制作竹编 甘霖 | 摄

景观体验

交通 景区距青神火车站 10 千米，双流机场 105 千米，天府国际机场 130 千米。自驾从成都出发约 103 千米，耗时 1.5 小时。

住宿 眉山青神大酒店、青神江湾神木园、奇峰商务酒店、宏鑫大酒店等。

美食 青神中岩烤全羊、青神江团、枕头粑、青神汉阳鸡、汉阳棒棒鸡、王弗肘子等。

特产 老丈母腌腊制品、汉阳野鸭蛋、青神东坡腊肠、观金老窖、汉阳花生等。

非物质文化遗产 青神竹编、青神捻条画艺术、瑞峰端午龙舟节等。

雅安汉源 | 雅安汉源轿顶山风景区

轿顶山

日出和雪山下的瑰丽

权威测评·林草探秘指数

资源禀赋：71
体验产品：70
基础设施：75
交通优势：70
网络人气：70
品牌潜力：63

雅安汉源轿顶山风景区位于雅安市汉源县，平均海拔3 000米。登高俯瞰，群山尽收眼底，环顾林间，时有獐、兔等野生动物出没，是游人避暑胜地。近年来，汉源县依托丰富的农业和林业资源，充分展示汉源"攀西阳光第一城"的独特自然景观和人文风貌，建立"百公里百万亩果蔬产业带"，为当地林业产业发展助力。

最新川西雪山观景台

轿顶山为大相岭山脉东段余脉，呈南北走向，周围面积约75平方千米，顶平而宽阔，四周悬岩绝壁，形如轿顶。顶上突起二峰相对峙，称大小轿顶。主峰海拔3 552米，为汉源境内群山之冠。

立于轿顶山之巅，北可俯瞰峨眉，南可观贡嘎雪峰。轿顶山的一号、二号观景平台，可以欣赏壮观的云海日出，无须移步，转身即可看日照金山。为此，它被广大登山爱好者公认为牛背山之后最新的川西雪山观景台，又被称作"雪山的仪仗兵"，这是轿顶山庄严的一面。

左图：轿顶山景观平台
右图：川西雪山雄姿

高山秘密花园

所有的秘境里，遇见秘密花园，是一种瑰丽的欣喜。在雅安市汉源县境内，除了轿顶山的万亩高山杜鹃花，还有成片的报春花。

在轿顶山，海拔 2 000 米以下为农区，平缓的西坡气候较为干燥，其中高海拔段渐次分布着以柳属植物为主体构成的大面积灌丛，以及灌草交错过渡区和高山草地。开着紫花的凹叶杜鹃会不时呈斑块状或星散状出现在灌丛交错区中，其称谓因叶片稍对折呈浅 V 状而得名。

而在轿顶山的顶部沿山脊线 3 200~3 300 米的一段，则至少有 7 种杜鹃花错落相伴。金顶杜鹃和水仙杜鹃正值花期，光亮杜鹃还在孕蕾，并伴有少量花期已过的栎叶杜鹃和山光杜鹃及尚处营养期的山育杜鹃和无柄杜鹃，而后者的零星出现多少有些出人意料。

正是这种独特的地理和气候环境，才使得轿顶山的高山杜鹃与普通杜鹃不同，其花色呈多样性，花朵形大，层次丰富。尤其是大杜鹃树，盘根错节，花叶繁茂。一路的花瓣铺在石径上，有醉入仙境的美感，视觉冲击感令人惊喜！

悬崖上的古村落

在汉源，有一座建在悬崖上的彝族村落，因石头从山上滚落时会发出咕噜咕噜的声音，从而有了"咕噜村"的称号。远观其崖壁上崎岖的 Z 形道路，看上去极为壮观，为此，人们也称之为"古路村"。抵达山顶，步行约 2 000 米才见稀稀拉拉几户人家，山上人家的房屋大部分都是低矮的木石结构的青瓦房。

咕噜村位于汉源县、乐山和凉山州甘洛县三者接壤处。这也是四川省雅安市内至今唯一没有通公路的地方。从前，人们通常一年才下山赶集一两次，在山下买了小猪崽运上去，养肥后做成彝家人特有的腌制肉，这便是全村人享用一年的美食。村民与外界交流的唯一通道是 2003 年从石壁上凿出的一条窄窄的牛马道。从大渡河的一线天入口处，开始上山。因为山体极为陡峭凶险，大约四五千米的路程，需要走三四个小时。山脚下是碧绿的大渡河，在阳光的照射下缓缓地流动，两边是壁立千仞的悬崖峭壁，从而形成了一个优美的峡谷。

成都平原 经济区

上图：轿顶山独有的高山云海民宿酒店、帐篷酒店，可以让游客轻松仰望繁星美景；云海悬崖酒店可以让游客坐看云海翻腾

左下图：悬崖古村落——咕噜村

右下图：杜鹃花盛开的轿顶山

·237·

闭塞而决绝的地理条件，限制了这里的人与外界的通达，同时也养成了极为纯朴的民风。前两年，在多方面的努力下，一条横亘大渡河的索道搭建在大山之间，索道这一边是山村的孤绝，那一边是通向县城的道路。自此，在咕噜村村民走出大山，迈向城镇文明的同时，咕噜村的特色农产品——皮薄肉甜的核桃，走向了市场，成为当地主要经济收入之一。

庄严与瑰丽同时并存的轿顶山，不论是旅游价值还是植物学科价值，或者人文趣味，都给我们带来了惊喜。

■ 上图：粉背灯台报春花群 廖仕林 | 摄
■ 下图：轿顶山观景台

探秘 最大的粉背灯台报春花群

轿顶山，不仅是远观蜀山之王——贡嘎山的观景平台，并且是观赏报春花的好去处。这里附近的桌山上，集中生长着约20平方千米的粉背灯台报春花，是迄今发现的最大规模的野生报春花群落。

报春花是全球著名的园艺花卉，与杜鹃、龙胆并列为三大高山花卉，被誉为高山草本花王。野生报春花对生长环境要求苛刻，原产于中国横断山脉，多生长于海拔2 000～2 500米的山坡潮湿地和溪边湖畔。轿顶山的报春花属于粉背灯台报春花的种类，是多年生草本植物，每年5月盛开，花期近两个月，花朵艳丽，具有较强的观赏性和药用价值。

此外，当地人还称这里的报春花为"红军花"。说起这个名字，不得不提及一段长征时期的往事。1935年5月，红一方面军红四团曾在飞越岭激战，有不少红军战士在这里牺牲，所以汉源当地村民又亲切地称这种红色花为"红军花"。

2020年，当地还发现了一株白色报春花。中国科学院华西亚高山植物园庄平研究员和中国科学院成都生物研究所印开蒲研究员说，这株白色报春花从遗传学上讲是原来的物种发生基因突变，这在花卉新品种培育上意义重大。

景观体验

- **交通** 景区距汉源火车站59千米，双流机场290千米。自驾从成都出发约300千米，5小时可抵达。
- **住宿** 桂园酒店、汉源昊月酒店、汉源四海酒店等。
- **美食** 生态清溪黄牛肉、榨榨面、藏茶素食火锅等。
- **特产** 汉源黄果柑、汉源樱桃、汉源坛子肉等。
- **非物质文化遗产** 汉源花椒生产民俗、汉源彩塑等。

四川龙苍沟国家森林公园

龙苍沟
大熊猫国家公园南大门

■ 瀑布是龙苍沟国家级森林公园最常见的景观

权威测评·林草探秘指数

资源禀赋：88
体验产品：89
基础设施：90
交通优势：86
网络人气：88
品牌潜力：79

四川龙苍沟国家森林公园位于雅安市荥经县，是以森林植物多样性和水景为主的生态型国家森林公园。公园莽莽林海、溪瀑众多，春赏百花，夏避酷暑，秋观红叶，冬戏瑞雪。

四季叠翠的山水画卷

龙苍沟内四季青翠，山间溪流清澈透亮，大小瀑布随处可见，奇形怪石矗立其中……这不仅是龙苍沟国家森林公园给游人的惊喜，更是大自然恩赐给游人的山水画卷。其中，叠翠溪景区是其精华聚集之处。一条长度约7千米的游赏线路，将人参沟、龙苍沟、马草河水系连接起来，形成一条景色宜人的观光大道。

龙苍沟满山遍野林木苍翠，森林植被极为丰富，形成了姿态万千的森林景观。据专家考察，这里的常绿阔叶林是四川西部保存比较完整的天然阔叶林。其中，较为珍贵的树种有红豆杉、山毛榉、麦吊云杉等。此外，这里还形成了独具特色的孤立木、枯立木景观。这里的森林枯与荣对比强烈。枯者体态多姿，诗情画意；荣者蓬蓬勃勃，婀娜妩媚。

龙苍沟的地理位置独特，西靠大相岭，东倚瓦屋山。这里地处华西雨屏带，降雨充沛，水资源十分丰富。因此，这里沟壑溪流纵横，四季水流不断，形成丰富的清流、跌水、深潭、飞瀑景观。

据说，由于地壳运动，巨石从瓦屋山上滚落而下，在龙苍沟形成了层层叠叠的巨石景观。在水流的垂直落差中，大大小小的石头阻遏其间，使得这里的溪流婉转，缓急有致，或成瀑布跌宕而下，飞翠溅玉，气势壮观；或依山而下，珠帘挂壁，绕树生烟。河床时宽时窄，秀石遍布。它们与青峰翠岭、深谷幽涧、激流、跌水、深潭、飞瀑共同构成一处立体景观。

龙苍沟四绝

"玄武石窟"：玄武石窟是由火山岩石组成，当火山爆发过程中有挥发气体大量逸出，形成气孔状构造，即黑洞石，又名蜂窝石。

"雨花瀑布"：雨花瀑布宽约10米，高约2米，流势轻缓，水花飞溅犹如雨滴坠落，周边草木遮天蔽日，阳光从叶缝中洒下，照耀着水花，五彩斑斓。

"石来运转"：龙苍沟怪石嶙峋，溪河上矗立着一大一小两块石景，沿环形栈道穿行而过，可观石上草木葱郁，游人行至于此，享受天地灵气的浸润与滋养，以石转好运，以石佑安康。

"龙翔瀑布"：远古时，溪流为石崖所阻，溪流将岩石冲出一豁口，石破天惊，水从其中飞泻而下，形成宽约10米、高达30余米的瀑布，瀑布犹如天龙飞翔，故名"龙翔瀑布"。

大熊猫国家公园南入口的自然体验地

龙苍沟地处大熊猫国家公园南入口，富含生态资源优势，是大熊猫国家公园南大门形象建设和功能承载区。目前，这里正在通过政企合作，打造集科研教育、休闲度假、生态养生、文化体验、商务会议等功能于一体的"新型文创旅居融合小镇"，构建一个熊猫文化国际交流平台，建设一个国家公园社区发展典范。

此外，龙苍沟还结合茂密的植被、独特的地形、超高的负氧离子、四季分明的气候等优势，建立起"康养+运动"的发展理念。在呵护自然生态的基础上，休闲体验类项目逐渐形成，现有多条徒步探险线路，穿行在原始生态之中，将我们的脚步引领至自然深处；一条游客栈道，又为更多的户外爱好者开放了户外体验的简易模式，更加便捷而轻松。

在龙苍沟，山地车探险等山地运动也成了体验自然的新玩法。一场强劲的原始森林越野体验圆你的探险梦想。无论是沙地、沼泽，还是山峦，坐上这辆全地形越野车，都能轻松应对，还有全长1.5千米的专业越野全封闭试驾场地，带来刺激与速度。

上图：冬日的龙苍沟穿上了洁白的银装　江宏景 | 摄

探秘
世界上面积最大的野生珙桐群落

满目苍翠的龙苍沟之中，生长着一种千万年前的植物——珙桐。它可是植物界的活化石，被誉为"植物界的大熊猫"。这里分布着约53平方千米珙桐树，是迄今为止发现的世界最大面积野生珙桐群落，是探秘和研究古老稀有植物生长环境的理想场所。所以，龙苍沟被称为"鸽子花的家园"，荥经也被誉为"鸽子花都"。

人间4月，龙苍沟的珙桐花开始绽放，犹如优雅的舞者开始翩翩起舞，引来无数的游客前来观赏。当山风飘然而来时，满树的珙桐花轻盈地拍打着自己的翅膀，上下来回舞动，看起来像是迁徙中的鸟群，动感十足，并且充满节奏感。

花开时节，树梢上的万千花朵好似一群正在嬉戏的白鸽。其中，白色的花片是鸽子的翅膀，黑色的花序犹如鸽子的头部，绿黄色的柱头则是鸽子的嘴巴。或许，珙桐也有翱翔天空的梦想，所以才幻化出比翼齐飞的天然景象。珙桐花开的景象，还被当地人形容为"百鸽唤禽"。

景观体验

交通 景区距雅安火车站67千米，双流机场194千米。自驾从成都出发约192千米，耗时3小时。

住宿 荥经宽山隐庐温泉度假民宿、雅安金格里拉山庄等。

美食 荥经酸辣汤、荥经甜水面、砂锅雅鱼、雅笋等。

特产 荥经砂器、川南山地黄牛、荥经茶叶、荥经黄牛、荥经长毛兔等。

非物质文化遗产 荥经砂器制作技艺。

独家天全 四川二郎山国家森林公园喇叭河景区

喇叭河
二郎山下听鹿鸣

喇叭河的山与水，就是一幅绝美的山水画。樊小平 摄

权威测评·林草探秘指数

资源禀赋：	95
体验产品：	90
基础设施：	93
交通优势：	92
网络人气：	90
品牌潜力：	96

探秘喇叭河

在绵延起伏的龙门山、邛崃山脉的南缘，是四川盆地向川西高原过渡的高山深谷地带。

景区内风景优美，空气宜人，是不可多得的休闲旅游胜地。已知区域内有维管束植物68科380属1500余种，有珙桐、水青树、连香树等国家珍稀保护植物18种左右。在本区白岩沟有300平方千米珙桐纯林带，暴河岩沟至银厂一带广泛散生珙桐、连香树等珍稀植物。随海拔高度的上升，植被垂直分布带明显。

四川二郎山国家森林公园喇叭河景区位于雅安市天全县境内，是我国极具代表性的山地旅游景区，被评为国家4A级旅游景区、四川省生态旅游示范区。春天高山杜鹃、夏天蝴蝶飞舞、秋天满山红叶、冬天高海拔雪景是喇叭河一年四季的主要看点。此外，景区还全新打造了"万里云海""万丈金山""万亩杜鹃"等新景点。

二郎山下的森林

二郎山脚下的喇叭河，地质古老，地貌奇特，常绿阔叶林和针阔混交林植物分布带，保持着良好的原始风貌。景区内群山相连、秀峰林立、飞瀑流泉，景点根据河水走势呈"Y"字形分布，就像个大喇叭。这里鹿池和焦山两大景观独具特色，值得期待。

鹿池位于海拔2 400米处的半山腰上，是一个方圆约7 000平方米的高山湖泊。因野生鹿群时常在此饮水而得名。鹿池湖水碧绿清澈，宛如一颗绿宝石镶嵌在群山之中。池水中倒卧着树干、枝丫，孕育古朴神秘的气韵。这样的地方自然也被赋予了秋季彩林的观赏资格。任何和鹿有所关联的人、事、物自带二分羞涩，三分萌态，五分灵动，而这和高山湖泊的气质是完全契合的。触及心灵，只需要一刹那地凝望，就像水中倒影，也如同对鹿的凝视，如临空之境，和蔼灵动。

焦山是喇叭河自然保护区最重要的山峰，3 700多米的海拔并不高，却通过气势磅礴的日出云海，给游客带来无限的震撼。二郎山喇叭河就这样承载了一种大开大合的气质。

打开自然生灵魔盒

喇叭河是珍稀野生动植物的天然基因库,景区内的贝母山岩壁绵亘5 000多米,高300多米,雄伟壮丽。大峡一线天青峰相对,飞瀑临空。秋天的喇叭河,一阵清风拂过,清幽的绿林渐渐换上了新衣。火红与金黄交织,形成了一个红红火火的热烈场面。

在喇叭河还生活着灵动的野生猴——藏酋猴。喇叭河的猴群以野生核桃、野生板栗为食,与人类保持着较为和善的距离,萌态百出。每年11月开始,景区高山区域陆续出现降雪,受降雪和低温影响,一些下山觅食的野生动物频频出现在人们视野当中。这时,除了能看到水鹿和藏酋猴,偶尔也能在雪地里发现川金丝猴和小熊猫的身影。在如今生态旅游、康养旅游蓬勃发展的时期,生物多样性景观是喇叭河脱颖而出的亮点。杜鹃花开的季节蝴蝶翩翩,夏季消暑度假之际鹿群款款;川西大地红叶灿烂的时候,藏酋猴又成为主角;初雪降下后,罕见的珍稀野生动物也常有出现。有别于其他景区单一的观景模式,在植物与动物互相架构的灵动空间里,喇叭河为游客打开了不一样的旅游体验。

焦山日记

「在海拔3 700多米的焦山观景台，一眼望去，看到的是远方的群山。极目远眺，群山逶迤，对面的山巅也好似一叶扁舟，在茫茫云海之中显得渺小而静谧，四下里云海翻滚，像极了大海中的波涛，更似听见阵阵海浪在耳边响起。此时，一轮红日从对面山峰慢慢升起，山巅轮廓被勾勒得清晰可辨，朝阳挣脱山巅的一刻，万丈霞光倾泻在云海上，为这一望无垠的云海披上了金装……」

左图：冬天的鹿池，更加通透与明亮　天全县林业局供图
右图：水鹿正在雪丛中觅食　天全县林业局供图

探秘

喇叭河蝴蝶的秘密

二郎山喇叭河能享誉海内外,离不开它的盛世美颜,更离不开这里生活着的精灵。这些精灵当中,颜值担当则是喇叭河的蝴蝶。无数的爱蝶之人和摄影爱好者慕名而来,用镜头捕捉它们的身影。它们如同点翠一样,成为这个生物魔盒最灵动的看点。

在喇叭河,蝴蝶的种类不仅丰富,而且稀有蝶类繁多。这里共有蝶类5科260余种,包括喙凤蝶、三尾褐凤蝶及诸多黛眼蝶、灰蝶和弄蝶等珍稀蝶类。它们在不同的季节舞动在喇叭河的秀美景色当中。

四季当中,除了冬季之外,这里都有蝴蝶翩翩起舞。从时间分布来看,春意盎然的4月,各种蝶类开始大量出现。很多珍稀的凤蝶只在一年中的这个时候繁殖后代,过了春季就难觅它们的身影。盛夏时节,各类蝶类开始集中式地出现。海拔1 000米至2 500米的山地区域,是这里蝶类种类最多、特有珍稀种最为富集的地带,各种凤蝶、蛱蝶、眼蝶、粉蝶、灰蝶、弄蝶让人目不暇接,只要找到适宜的环境,在晴好天气条件下,一天很容易观察到四五十种以上的蝴蝶。五彩斑斓的秋季,部分眼蝶、蛱蝶、斑蝶还会抓住最后的时光展示生命的精彩。在高海拔地区,蝶类种类虽然较少,却拥有绢蝶等独特的温带和高寒山区观赏种类。

景观体验

- **交通** 景区距雅安火车站115千米,双流机场242千米。自驾从成都出发约240千米,耗时3.5小时。
- **住宿** 雅安核桃坪山庄、农家乐。
- **美食** 桥头堡抄手、干烧雅鱼、砂锅雅鱼等。
- **特产** 天全香谷米、天全贡米、二郎山山药、天全笋干、天全薇菜、天全香菇等。
- **非物质文化遗产** 天全牛儿灯、天全花杆等。

上图：秋日的喇叭河，亦有彩林季
天全县林业局供图

喇叭河共有蝶类5科260余种，拥有豪凤蝶、三尾褐凤蝶、弄蝶等珍稀蝶类。从蝶类时间分布来看，进入4月后，喇叭河的各类蝴蝶开始大量出现，并且很多珍稀的凤蝶一年只在这个季节出现一次，过了春季就难觅它们的身影。到了盛夏，各种蝴蝶开始集中出现，各种蛱蝶、眼蝶、粉蝶、灰蝶、弄蝶，让人目不暇接，只要找到适宜的环境，在晴好天气条件下，一天很容易观察到四五十种的蝶类。秋季的喇叭河，蝴蝶进入沉寂期，但也有部分眼蝶、蛱蝶、斑蝶还会抓住最后的时光展示生命的精彩。

三尾褐凤蝶

枯叶蛱蝶
著名的拟态昆虫
面对危险，它会以一种无规律、错乱般的方式飞行，落入枯叶之间，翅膀合拢，静止不动。翅膀外侧的花纹展露，形似一片枯叶，在完全拟态伪装的形态下，鸟类通常无法发现它们。

金斑蝶

黛眼蝶

白弄蝶

新颖翠蛱蝶

泰妲黛

太平翠蛱蝶

玉带凤蝶

门左黛眼蝶

多型艳眼蝶

巴黎翠凤蝶

珀翠蛱蝶

翠蓝眼蛱蝶　　玉带黛眼蝶　　苎麻珍蝶　　多姿麝凤蝶

散斑翠蛱蝶　　斑星弄蝶　　大卫粉蝶　　癞灰蝶

窄斑翠凤蝶　　牛郎凤蝶　　婀蛱蝶　　黑角方粉蝶

蟠纹黛眼蝶　　大二尾蛱蝶　　线蛱蝶　　旖弄蝶　　针尾蛱蝶

紫闪蛱蝶　　黑边绢粉蝶　　乌克兰剑凤蝶　　棕带眼蝶

箭纹粉眼蝶　大展粉蝶　三黄绢粉蝶　虎斑蝶

网丝蛱蝶　网眼蝶　卡米拉黛眼蝶

边纹黛眼蝶　青豹弄蝶雌蝶　厄目黛眼蝶　四川星弄蝶　大斑阿芬眼蝶

明带黛眼蝶

美凤蝶　德洒灰蝶　白点白蚬蝶

华山黛眼蝶　倒钩带蛱蝶　小圈黛眼蝶　白条黛眼蝶

殷后盛｜摄

站在高处向下俯瞰，茶树规律地密布在丘丘之上，沿着等高线一圈一圈，仿佛一个个印迹清晰的"大地指纹"。 名山县林业局供图

四川省蒙顶山风景名胜区

蒙顶山
扬子江心水，蒙山顶上茶

权威测评·林草探秘指数

资源禀赋：90
体验产品：92
基础设施：89
交通优势：92
网络人气：87
品牌潜力：85

■ 左图：蒙顶山仙茶飘香，茶园密布
　　名山区林业局供图
■ 右图：天盖寺银杏
　　名山区林业局供图

四川省蒙顶山风景名胜区位于雅安市名山区，是国家4A级旅游景区。蒙顶山是世界茶文化发源地，与峨眉山、青城山并称"蜀中三大名山"。蒙顶山又因女娲在此补天，大禹治水在此祭天，茶神吴理真在此种茶而成为一座灵山。在蒙顶山上的原始森林里，听茶道，品香茗，习茶艺，看日出，玩树冠漫步，种种独特的看点都带着清新的味道。

林草人的智慧

蒙顶山之所以拥有如今这一片绵延的茶园景象，除了源于独有的地理环境、历史传承外，更重要的是"退耕还林"工程的实施。

1999年之前，蒙顶山的茶叶面积不到33平方千米。1999年，随着退耕还林工程启动，当地林业部门大力宣传退耕还林政策，积极带动老百姓种植优质茶苗，累计新增退耕还茶面积133平方千米。

现如今，雅安市和名山区正充分发挥茶业特色优势，把退耕还林（茶）工程做大做强。全区茶叶种植面积已经达到233平方千米以上，实现了生态效益、助农增收、茶产业三丰收。

蒙顶山国家茶叶公园

左图：蒙顶山国家茶叶公园
中上图：皇茶园
中下图：蒙顶山山门
右上图：骑龙日出　汪其云｜摄
右下图：蒙顶山甘露井　胡文凯｜摄

景观体验

交通　景区距名山火车站23千米，双流机场134千米。自驾从成都出发约131千米，耗时5小时。

住宿　雅安漫谷山庄、雅安雨鑫山庄、雅安芸芮山庄、雅安清泉山庄等。

美食　特色蒙顶茶膳、蒙山土鸡、空心玉带果、蒙顶仙菌、名山蔡鸭、正宗雅鱼、山野菜等。

特产　蒙顶山茶、砂锅雅鱼等。

非物质文化遗产　蒙顶黄芽传统制作工艺、黑茶制作技艺、"蒙顶山茶"手工制作工艺等。

世界茶源

"扬子江心水，蒙山顶上茶。"纵览中国茶业版图，大名鼎鼎的蒙顶山是绝对不容忽视的存在。这里是世界茶文明的发祥地，世界茶文化的发源地，是我国历史上有文字记载人工种茶最早的地方。

蒙顶山由西向东，片片茶园，绿浪翻涌，苍翠宜人，蔚为壮观。现存古刹永兴寺、天盖寺、千佛寺、净居庵等寺庙坐落于茶园茂林间，增添别样情趣。中山以上是森林地带，林木覆盖，绵延至整个后山。这里是常绿针叶、阔叶混交林带，四季葱茏，春夏之际愈发秀丽。

深秋时节，金黄的落叶铺满蒙顶山天盖寺屋前屋后，游客就像置身于一个金黄的童话世界里。此时，游客可以坐在银杏树下，看着满地的黄叶，细细品味着蒙顶山茶，欣赏着"龙行十八式"茶艺表演，绝对是一个绝美的体验。

又闻一曲泼茶香

蒙顶山的地理环境孕育了这里浓浓的茶香，这样一种来自草木的温柔，也是雅安女性气质的化身。多雨的环境酝酿了更加湿润的空气，这里的女子大多肌肤白皙，身段和个性也多了一份真正的柔美。这一份"雅"，也是中国文化中的一种含蓄情感。

雅雨纷纷，雅茶飘香，雅女温柔，西南的柔情佳话亦翩然。

探秘 延续千年的贡茶传奇

蒙顶茶久负盛名，其背后有着别样的传奇故事。这些故事从唐朝开始一直延续到现在，时长达千年，吸引着广大茶友们细细品味和分享。

时针拨回到唐天宝元年（公元742年），蒙顶名茶因其品质优异、工艺精湛，被当时的朝廷列为贡品。唐文宗开成五年（公元840年），蒙顶名茶更被作为国家礼品，赠送给日本友人。唐朝末年，毛义锡在其《茶谱》里对雅安蒙顶名茶有记："雅州百丈、名山二者尤佳。"

自唐至清，蒙顶名茶年年入市交易，1 200余年从无间断。当蒙顶名茶晋升为贡品后，价格昂贵。宋时，因连年用兵，所需战马甚至多用茶换取。当时，蒙顶名茶作为一个响亮的品牌，还成为"不得他用，定为永法"的易马专用茶。

曾几何时，千年传承的蒙顶名茶，肩负起茶马互市的历史使命，在背茶人的歇息声中翻山越岭，伴着清脆的铃铛与马蹄声，或北越巍巍秦岭，上贡朝廷官府；或西穿茫茫雪域，连通雪域高原，为国家安定、民族团结，写下了光辉的篇章。

如今，历史的烟云渐渐消散，原本用于上贡的蒙顶名茶，由高贵转为亲民，飞入了寻常百姓家，构成了我们生活必需品当中的一员，即油、盐、柴、米、酱、醋、茶当中的茶。

雅安碧峰峡自然风景区

碧峰峡

女娲福地，华西雨屏之心

■ 曲幽小径，通往碧峰峡绝美风光　碧峰峡景区管委会供图

权威测评·林草探秘指数

资源禀赋：92
体验产品：96
基础设施：96
交通优势：97
网络人气：96
品牌潜力：87

雅安碧峰峡自然风景区位于雅安市雨城区，为国家 5A 级旅游景区。景区内两条峡谷呈 V 字形展开，峡内林木葱郁，苍翠欲滴，峰峦叠嶂，崖壑峥嵘。碧峰峡传说是女娲所化而成。景区内 60 多个景点均与女娲有关，颇为神秘。在碧峰峡风景区，你能呼吸到群山幽谷酝酿的芳醇空气，寻找到万古犹存的补天遗迹，还有憨态可掬的大熊猫常伴左右，是福地，更是乐园。

华西雨屏带的中心

在整个华西雨屏带，悬殊的高低差在这片群山密布的区域中比比皆是，数千米的海拔差距在垂直高度上催生了多种多样的气候环境，适应不同条件的植被在不同高度上各得其所，偏好不同环境的动物也能找到一方适宜的家园。于是，一片万物生长的生命乐土就此诞生。

碧峰峡所在的雅安市雨城区位于华西雨屏带的中心，有"西蜀漏天"之称。一年 365 天，雅安淫雨霏霏之日便有 180 天之多，年均降雨量达 1 800 毫米，降水时数高达 2 319 小时，可谓名副其实的"雨城"。

对众多的旅游爱好者来讲，碧峰峡已不再陌生，它以其险峻奇幽而远近闻名。这里优美的自然生态环境，使雨城山水从此可以昭示天下，也为雅安这座城市增添了无穷魅力。曾几何时，碧峰峡仅属于下里镇的一个山村，名叫碧峰村，因村的辖区内有一道深山峡谷而得名。1998 年，碧峰峡旅游开发宣告成功，从此翻开了雨城生态旅游的第一页。源源不断的游客从全国四面八方蜂拥而来，到那道曾经不为世人所知的深山峡谷一饱眼福，尽情品味峡谷的幽深、碧峰的秀美、清泉的纯净。观赏这里的珍禽异兽，敞开胸怀吐故纳新，饱吸这座"天然氧吧"的新鲜空气。

如今，在碧峰峡景区，令人感触最深的是峡谷的秀美与幽意。眼前是一片葱绿的世界，而极目远眺，峰峦与云天相接。深峡之中沟壑纵横，翠树葱茏，茂林修竹遍及山野，轻烟薄雾飘绕其间。峡谷内有清泉飞瀑，深涧碧潭，涧水喧响，溪流潺潺。大自然造就的山水在这里美得让人挪不开眼。

碧峰峡的造景艺术

碧峰峡，因林木葱茏、四季青碧而得名。传说，它是补天英雄女娲所化而成的。景区内 60 多处景点均与女娲有关，颇为神秘。在碧峰峡风景区，你能呼吸到群山幽谷酝酿的芳醇空气，寻找到万古犹存的补天遗迹，以及那些曾在此发生过的爱的、美的传说故事。

它像一首空灵的朦胧诗，一幅淡雅的水墨画，等待你去品味，去赏析。

"白龙潭瀑布"高30米，宽10多米，从悬崖奔涌而下，溅起漫天水花，如白龙腾飞，水雾扑面，寒气袭人，阴森幽邃，瀑声震撼峡谷，产生强烈共鸣。谷底形成10米深潭，面积约100平方米。

"千层岩瀑布"高约100米，宽10米，瀑布悬空飞泻落入崖壁半腰的台地茂林之中，再由山腰缓流，沿千层岩而下，无数银丝形成一幅巨大的银帘，如仙姬秀发，飘飘洒洒，常年从层层堆积的陡岩垂泻，形成两梯级台式瀑布。

"鸳鸯瀑布"高30余米，飞泻直下的溪水受高岩阻挡后，将其一分为二，形成左右两道大小不一、气势各异的鸳鸯瀑布。

"青龙潭瀑布"高约40米，宽6米，瀑布从峡谷丛林中飞流而下，穿数层怪石注入谷底，势如青龙下山。谷底有一深潭，面积100多平方米。

峡谷里的瀑布美学

对于瀑布，较之单纯的景观美学，我们素来有一种空灵和更加诗性的美学理解。比如，李白的《望庐山瀑布》："日照香炉生紫烟，遥看瀑布挂前川。飞流直下三千尺，疑是银河落九天。"峡谷里的瀑布很难是开阔的。

如果说武侠片是一种暴力美学，那么峡谷里的瀑布就是一种带有劈砍山势的力量美学。它们更加湍急，更加紧凑，更加密集，像极了一记拳法，一束剑影。打出去、刺出去的时候还得收回来。峡谷里的瀑布便拥有着这样一种持续与重型的力量。车尔尼雪夫斯基说："水由于它的形状而显现出美。辽阔、一平如镜，宁静的水在我们心里产生宏伟的形象。奔腾的瀑布，它的气势是令人震惊的，它奇怪特殊的形象也是令人神往的。"

碧峰峡内有瀑布、溪潭 50 余处，有的似银丝飞珠溅玉，有的如白练凌空下泻，或层层叠落，或一注到底，构成了碧峰峡景区一道独特风景线。白龙潭瀑布从 30 多米高的悬崖奔涌而下，溅起漫天水花，如白龙腾飞，水雾扑面，瀑声震撼峡谷，在谷底形成 10 米深潭。千层岩瀑布悬空飞泻落入崖壁半腰台地茂林之中，再由山腰缓流。沿千层岩而下，无数银丝形成一幅巨大的银帘，常年从层层堆积的陡岩垂泻，形成两梯级台式瀑布景观。青龙潭瀑布高约 40 米，瀑布在峡谷丛林中飞流而下，穿数层怪石注入谷底，势如青龙下山。谷底有一深潭，面积达 100 多平方米。

■ 上图：千层岩瀑布大气壮美
　　　碧峰峡景区管委会供图
■ 下图：从谷底仰望，犹如一线天
　　　碧峰峡景区管委会供图

亲子旅游媒介

除峡谷山水之神韵外，野生动物园也是这里的一大景观。碧峰峡野生动物园是西南第一家野生动物园，也是全国第一家生态型的野生动物园。

园内放养的动物种类繁多，可乘观光车进入模拟野外环境的放养区内一路观赏。异兽珍禽分散圈入各个区域，可徐步入内，漫游观赏。这样一种高级的放养和观赏，也许是人类打扰动物们最折中的方式，不能再进一步，也不愿再远一些。

探秘 大熊猫的秘密基地

　　碧峰峡里，峡谷景观风华绝代，但有一个地方是游人们来此的缘由，他们是奔着这里的"滚滚"而来。这个地方，就是中国保护大熊猫研究中心——雅安碧峰峡基地。它是集科研、繁育、旅游等多功能于一体的大熊猫保护基地。

　　在这里，你可以近距离感受国民萌宠——"滚滚"的日常生活。它们时而爬到树梢，打望着周围游人，并摆出各种萌萌的动作，让游人尽情地观摩和拍照；时而又懒懒地躺在一个角落，呼呼地大睡起来，对周围的人视而不见；时而在圈内慢行，动动里面的玩具，玩得不亦乐乎……毫无疑问，这里已经成为"滚滚"们的秘密基地。

景观体验

- **交通** 景区距雅安火车站22千米，双流机场148千米。自驾从成都出发约146千米，耗时2.5小时。
- **住宿** 雅安桃园宾馆、雅安碧峰峡华斌休闲山庄、雅安景观楼酒店等。
- **美食** 砂锅雅鱼、棒棒风味鸡、酱排骨、蔡鸭子、雅笋等。
- **特产** 雅鱼、雨城猕猴桃等。
- **非物质文化遗产** 绿林派武术。

左图：碧峰峡基地的大熊猫

右图：碧峰峡野生动物园里，鸳鸯正在戏水

这座动物家园的体量组成，其中猛兽车行观赏区分为散放狮区、散放熊区、散放虎区；温驯动物步行观光区又分为和谐家园、花果山、松鼠猴馆、科普长廊等。

园内共放养各类野生动物400多种，11 000头（只、尾）。其中有国家一级保护动物30多种，二级保护动物50多种，极品珍稀动物4种。

雅安石棉 | 雅安田湾河风景名胜区

田湾河
贡嘎南坡的高峡平湖

雪山、彩林、碧湖，是田湾河谷风光的标配　石棉县林业局供图

权威测评·林草探秘指数

资源禀赋：85
体验产品：80
基础设施：83
交通优势：82
网络人气：80
品牌潜力：84

雅安田湾河风景名胜区位于雅安市石棉县境内，区内有贡嘎山发源的最大河流，山水湍急，气势宏大，多处瀑布飞流直下，蔚为壮观。这里温泉的水温为30～70℃，地热资源十分丰富，含有丰富的微量元素，和海螺沟温泉类似。田湾河沿线山陡、林密，冬春似雪国，夏秋清凉如仙境。每年的晚秋季节，这里的山林如同打翻的调色盘，色彩斑斓。

发源于贡嘎山的支流

作为大渡河中游的一级支流，田湾河发源于贡嘎山西坡海拔5 084米的无名峰南麓，上游称莫溪沟，向南在贡嘎山西南麓纳赤梅沟、滕增沟、巴王沟、然洼沟、子干沟后转向东绕贡嘎山南麓，在石棉县境内右岸纳入砦家沟、油房沟、唐家沟、摆楼沟、大泥口沟，左岸纳入喇嘛沟、倪厂沟等13条大小支流，流经一碗水注入大渡河。田湾河全长86千米，景区沿河延伸，10多座海拔约5 000米的山峰终年积雪，山势逶迤，重峦叠嶂，山峰尖削，白雪皑皑。

完整的垂直分布生物带

贡嘎山保护区高等植物2 400多种，田湾河景区内植物按海拔高度、气候条件呈垂直分布，形成了从阔叶林带到永久积雪带的多样自然景观，生物资源十分丰富。这里有珍稀植物34种，有珍稀野生动物水鹿、金丝猴、小熊猫等20多种。田湾河景区内的动物、植物，不仅具有较高的观赏价值，对于我国生物多样性的保护和研究也具有较高的科研价值。

左图：云端之上的景区露营地
王岗坪景区供图

直面蜀山之王的壮美

在石棉县境内沿大渡河随山路爬升，有一处尘封千年的秘境——王岗坪。传说先秦时期王岗坪是王室的夏季牧场。王岗坪即是"王的坪"。王岗坪距贡嘎雪山的直线距离仅30千米，在王岗坪景区内60%的区域都能够看到贡嘎雪山。王岗坪海拔2 980米的观景平台曜雪台正对贡嘎雪山，在这里你可以直观地感受蜀山之王C位登场的震撼之美，可以邂逅"日照金山""月照银山"的旷世绝美。

王岗坪不仅是距大都市最近的观雪山之地，还是"一山观四季，四季皆精彩"的探秘自然的好去处。这里有千年古秘林的映衬，有邛笮古道（南方丝绸之路干道）的重要遗存；因垂直海拔高度不同，景区依次呈现"秘林、云海、圣山"的盛景。此外，王岗坪还拥有优越的冬季滑雪气候，阳光、雪场是这里的最美组合，所以这里也是滑雪爱好者的天堂。王岗坪的四季汇聚了"杜鹃花海""冰雕雾凇""浩瀚星空""雪山牧场"等十二大美景，无论哪个季节，只要你来到这里，都可以拥抱大自然最美的馈赠。

走进远离都市的古寨

在石棉县境内沿着大渡河向贡嘎山深处行进，就会到达蟹螺藏族乡，在这里会遇见一个古老而神秘的寨子——蟹螺堡子，这里生活着尔苏人。古老的尔苏人自称"番族"，他们说着尔苏语，虽然严守着祖先的来处之秘，但却保留了很多古老的文化与习俗。他们的服饰精美，刺绣水平极高，使得这里被誉为"中国民间艺术之乡""四川省民间艺术之乡"。

蟹螺堡子藏寨始建于清代。堡子寨的房屋多为土石结构的碉楼，墙体厚实坚固，分上、中、下三部分：底层关牲畜，二楼住人，顶层放粮食和供神。每户人家都有神龛和火塘，火塘在堂屋中心，中间立有三个弯形的石头就构成了"锅庄"，这是全家人取暖的地方，楼顶多以石板或木板覆盖，并供有白色石头。

据考证，尔苏人是最早在石棉县境内生活的民族（尔苏藏族的邻居，木雅先民约在400年前迁居到此地），他们世世代代居住在这里，源起于何年何月早已无从追溯。在这高山河谷之间，约上万平方米的传统建筑连片成景，充满民族特色。

景观体验

- **交通** 景区距雅安火车站178千米，双流机场303千米。自驾从成都出发约300千米，耗时4.5小时。
- **住宿** 草科神龙温泉酒店。
- **美食** 石棉烧烤、草科鸡、石磨豆花、草科腊肉、坛坛肉等。
- **特产** 草科鸡、石棉枇杷、石棉巨型核桃、黄果柑等。
- **非物质文化遗产** 什结拉布。

扫一扫
了解更多资讯

左图：雪山之下，云海茫茫，层林尽染 王岗坪景区供图

探秘 穿越贡嘎南坡的最佳路线

　　穿越蜀山之王——贡嘎山，是探险爱好者们永恒的梦想。穿越成功的前提，则需要选择一条好的线路。从田湾河出发穿越贡嘎山，是许多探险爱好者的首选，这条线路被誉为"贡嘎山南坡探险运动的最佳线路"。每年都有很多探险爱好者从这里出发，领略沿途"奇、秀、险、峻"的风貌，成功穿越贡嘎山。

　　在田湾河，雪山、冰川、温泉、河谷和湖泊被一条条户外探险线路联系起来，人们可以根据自己的需求，规划适合自己的徒步旅行。从某种意义上说，以徒步的方式，更能体会自然本身的质朴和美妙，也更能贴近当地人的现实生活，感受独特的少数民族文化。

四川峨眉山国家级风景名胜区

峨眉山
从盆地升上天空的生态王国

权威测评·林草探秘指数

资源禀赋： 99
体验产品： 99
基础设施： 99
交通优势： 99
网络人气： 100
品牌潜力： 95

左图：峨眉山万佛顶

  四川峨眉山国家级风景名胜区位于乐山市峨眉山市，是世界文化与自然双遗产、首批国家级风景名胜区、首批国家 5A 级旅游景区、中国佛教四大名山之一。峨眉山处于多种自然要素的交会地区，生物种类丰富，特有物种繁多，拥有高等植物 242 科，3 200 种以上，约占中国植物物种总数的十分之一，占四川植物物种总数的三分之一。仅产于峨眉山或首次在峨眉山发现并以"峨眉"定名的植物就达 100 余种，峨眉山是当之无愧的植物王国。

峨眉山川，亿年变迁的地理奇景

  从地质的角度讲，峨眉山是一座背斜断块山，追溯峨眉山的诞生要回到距今约 8 亿年以前。那时，峨眉山区还是一片汪洋，早震旦世后期，晋宁运动使峨眉山从地槽区转化为地台区，形成一座低平的山。同时，在地壳深部引发了大量的花岗岩岩浆侵入，形成峨眉山基底岩系。

  在峨眉山各岩层里，玄武岩的比重比一般花岗岩、石灰岩、页岩都重，岩层质地也最坚硬。所以，在峨眉山抬升过程中，被玄武岩覆盖的峨眉山金顶、万佛顶、千佛顶，经受住了剥蚀的考验，形成了峨眉山独具特色的断块山，最终峨眉山得以矗立在海拔 3 099 米处，定格了峨眉山慧根独具的骨骼金身。

  从摄影师田捷砚先生的航拍峨眉作品中看，从舍身崖到金顶分布着四道岩层，最底一道便是四季坪，它是通向舍身崖的最后一块人类居住地，海拔大约 1 200 米。这里有一块大坪，散布着六七户人家，过着鸡犬相闻的桃源生活。

接着往上看去，高耸入云的舍身崖，那一片片刀削斧劈般的岩壁发着白光，突然半崖间伸出了一块草坪。山谷明静，空翠流溢，草坪异常美丽，开满了一朵朵小黄花，当地人将这里称作"黄花坪"；再往上仔细观察，一条闪亮的瀑布似银丝带般从峡谷飘下，水珠飞溅，映出一条彩虹，彩虹的一头从谷中升起，另一头通往金光闪烁的金顶和万佛顶。

　　沟壑交错，断岩层叠，光秃秃的绝壁之上开始出现一道一道的绿色，那是原始冷杉林。再往上寻去，舍身崖顶横出的巨石形成一个阴影，这个窄窄的崖就是著名的老崖脚。这里海拔高度达 2 500 米，位于金刚嘴下边。面对这一片舍身崖，给人一种"前登灵境青霄绝，下视人间白日低"之感，崖壁上生长的杜鹃也依稀可辨。清晨，朝阳将金色的光芒直接投射到舍身崖巍峨的峭壁上，彩云在山腰间环绕，百鸟欢唱、飞翔，舍身崖被衬托得峻峭与神秘。

■ 左上图：峨眉山蝴蝶
■ 左下图：峨眉山三绝之佛光
■ 左中图：峨眉山猕猴
■ 中上图：峨眉山三绝之云海
■ 中下图：峨眉山三绝之圣灯
■ 右图：峨眉山云杉林

峨眉金顶是最壮观的天然观景平台，由金刚嘴、舍身崖、睹光台、修心台组成的极乐世界，能容纳数千人领略造化的神秀，天地的灵光。远望东方，山海峰浪；青衣江、大渡河和岷江曲折环流；极目北方，浅丘绵延，成都平原尽收眼底；回眺南方，大小凉山重峦叠嶂，山势雄浑；凝视西方，青藏高原群峰披雪，瓦屋、贡嘎尽收眼底，好一个天地入画，山河吟诗。

峨眉金顶，灵动的天上宫阙

相比地质景观和植被景观，峨眉山上的人类活动痕迹在航拍这种"上帝视角"里显得渺小多了。通高48米的十方普贤金像是峨眉金顶最大的人类建筑，落成于2006年。

峨眉山，世人熟知的四大佛教名山之一，但与其他佛教名山不同，峨眉佛教的载体是大象：峨眉山在汉传佛教典籍中有诸多名称，但在藏文化中，峨眉山只有一个名字，那就是"象山"。在《赛马称王》一书中，峨眉山的形状因像一头挺立的大象而得其名；另外，一些藏传佛教典籍中更进一步解释，峨眉山乃普贤菩萨之道场，此菩萨的坐骑为一头大象，故此山取名为"象山"。

除了十方普贤金像，金顶的华藏寺、金顶铜殿都是峨眉山的精华所在。宋代诗人范成大有诗曰："天容野色儵开闭，惨澹变化愁仙灵。"金顶古建筑群在峨眉四绝之一的云海起伏里，使这里的一株草、一瓣花、一方石仿佛都浸透了佛性，峨眉山水也因此多了几分气韵、几分灵性。

·271·

上图：峨眉山金顶　田捷砚 | 摄

探秘 植物王国形成的原因

从空中看峨眉山，可以辨别的植物屈指可数，但是大型植物的覆盖率还是令人吃惊的，所以这里被誉为"植物王国"。这个植物王国形成的原因是：这里海拔较高，气候多样，有寒带、温带、热带三种气候，动植物资源丰富。据统计，这里有3 000多种植物。比如说，红椿树，又叫长寿树，庄子称其以8 000岁为春，8 000岁为秋。洪椿坪的寺名就来源于《峨眉伽蓝记略》，其中载文，"寺有千年红椿数株，所以得名"。如今，一株虽干枯却屹立山门，数百年不倒；另一株高30米，枝叶繁茂，生机勃勃。"山行本无语，苍翠湿人衣"，洪椿坪古木扶疏，群峰环翠，云雾空蒙，所以"洪椿晓雨"被称为峨眉十景之一。

峨眉杜鹃是洗象池"三奇"之一。相传，古蜀王望帝杜宇禅位后逝去，其魂化为杜鹃鸟，所谓"杜鹃啼处血成花"，此花即名杜鹃。杜鹃花，峨眉山有29种，花期不一样，2月至7月均有，但最集中的花期是每年4月中下旬至5月中旬。在开花的季节，游客从山脚走到山顶，一路上可以看到十几种不同的杜鹃花。在洗象池的桫椤坪，从春到秋，杜鹃次第绽蕾，姹紫嫣红，争相怒放。

在伏虎寺，清代僧人寂玩依《大乘经》一字一株广植桢楠、杉、柏等10万余株，楠木森森，古柏遮天，古蕨苔藓如毯覆地，佛气氤氲，弥漫山林寺周。云杉也好辨认，那些生长在海拔2 000米以上的大树通常就是，大的高达40余米，胸径1米以上。同时，这里还生长着峨眉山"植物王国"最古老的蕨类植物桫椤树，是距今约1.8亿多年前中生代侏罗纪留存下来的、唯一幸存的木本蕨类，现已列为我国二级重点保护植物。

景观体验

- **交通** 景区距峨眉山火车站4.8千米，双流机场140千米。自驾从成都出发约160千米，耗时2.2小时。
- **住宿** 巨峰楼花式酒店、仙味庄主题酒店、峨眉山园达大酒店、峨眉山名山大酒店、雷洞坪山庄、飞音阁酒店等。
- **美食** 峨眉素席、峨眉山豆腐乳、峨眉卤鸭、肉苞谷粑、峨眉冻粑等。
- **特产** 竹叶青、峨眉山"独蒜"、峨眉山雪魔芋等。
- **非物质文化遗产** 峨眉山佛教音乐、堂灯戏、峨眉武术、高桩彩绘绑扎技艺、峨眉山大庙庙会等。

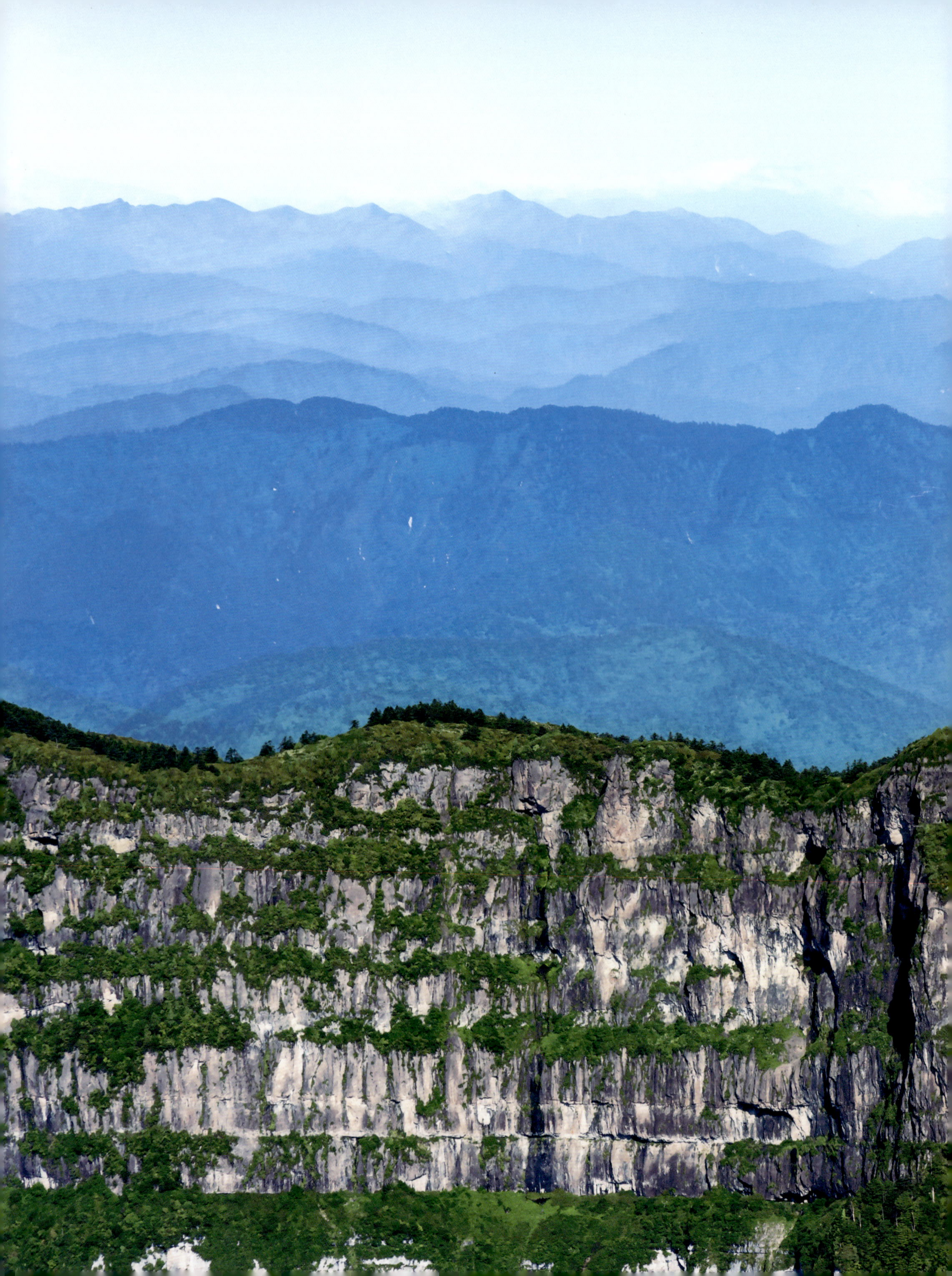

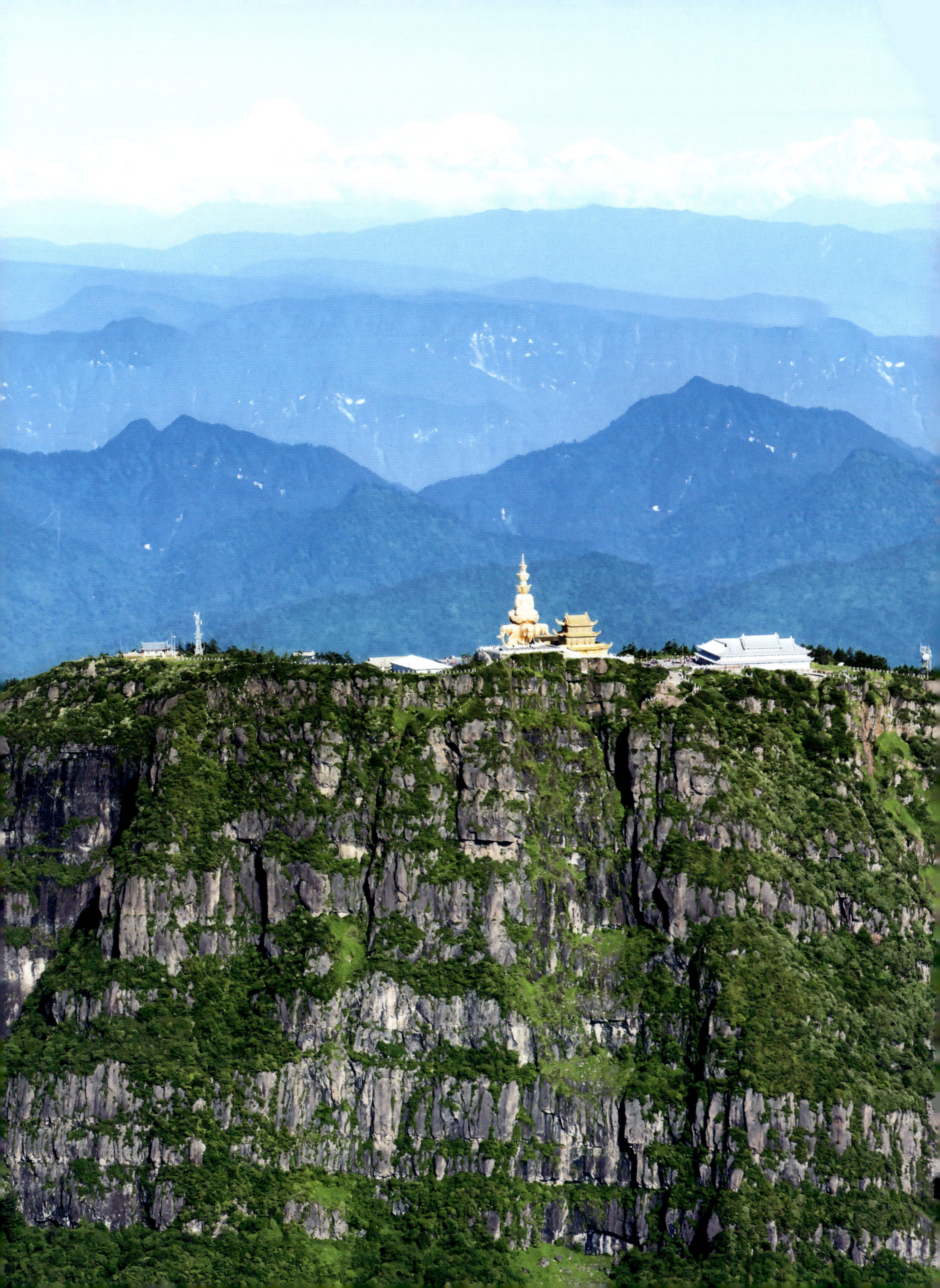

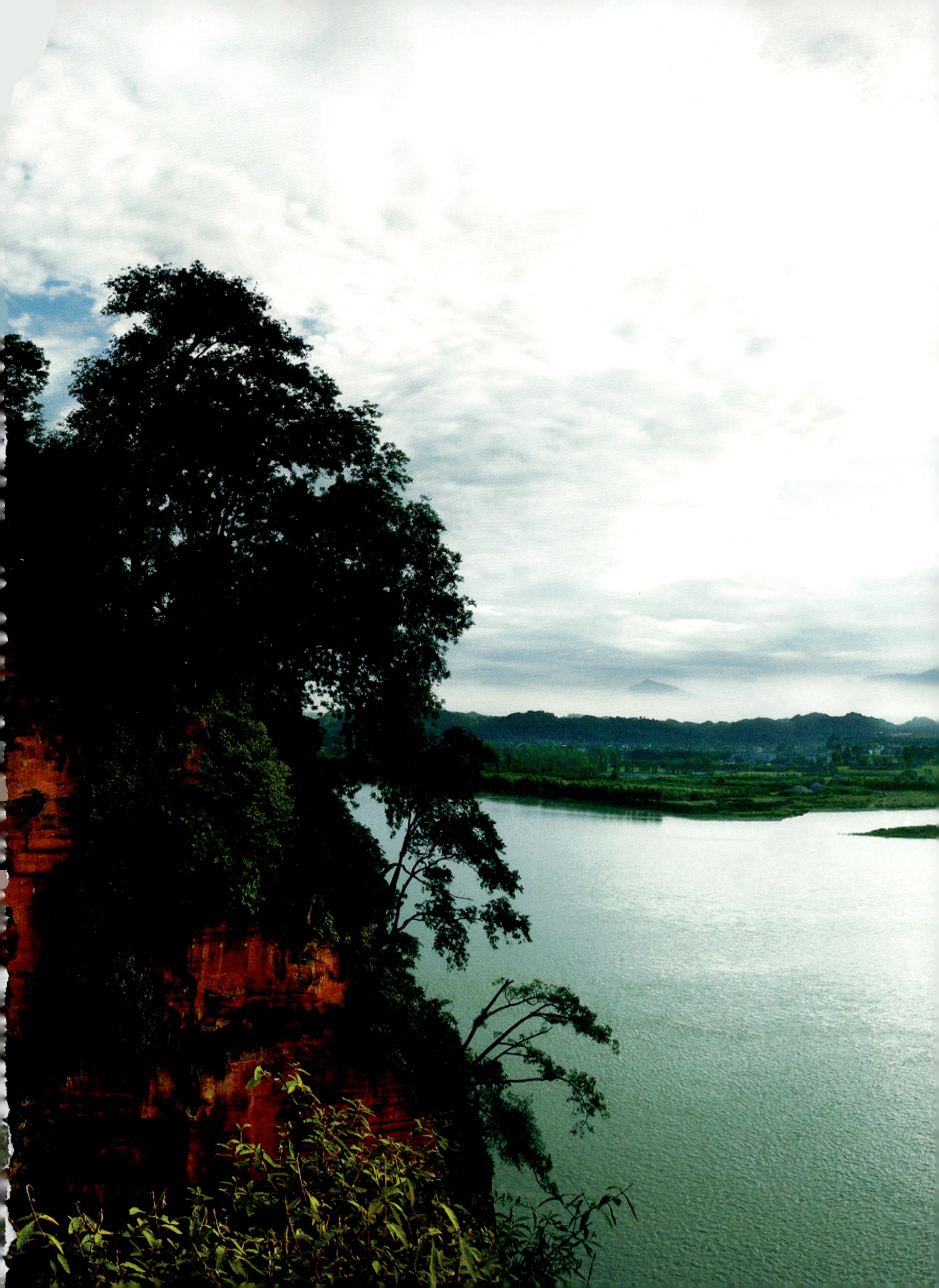

乐山大佛旁的三江汇流　高路川 | 摄

峨眉山舍身崖　田捷砚｜摄

远眺乐山大佛 乐山大佛景区管委会供图

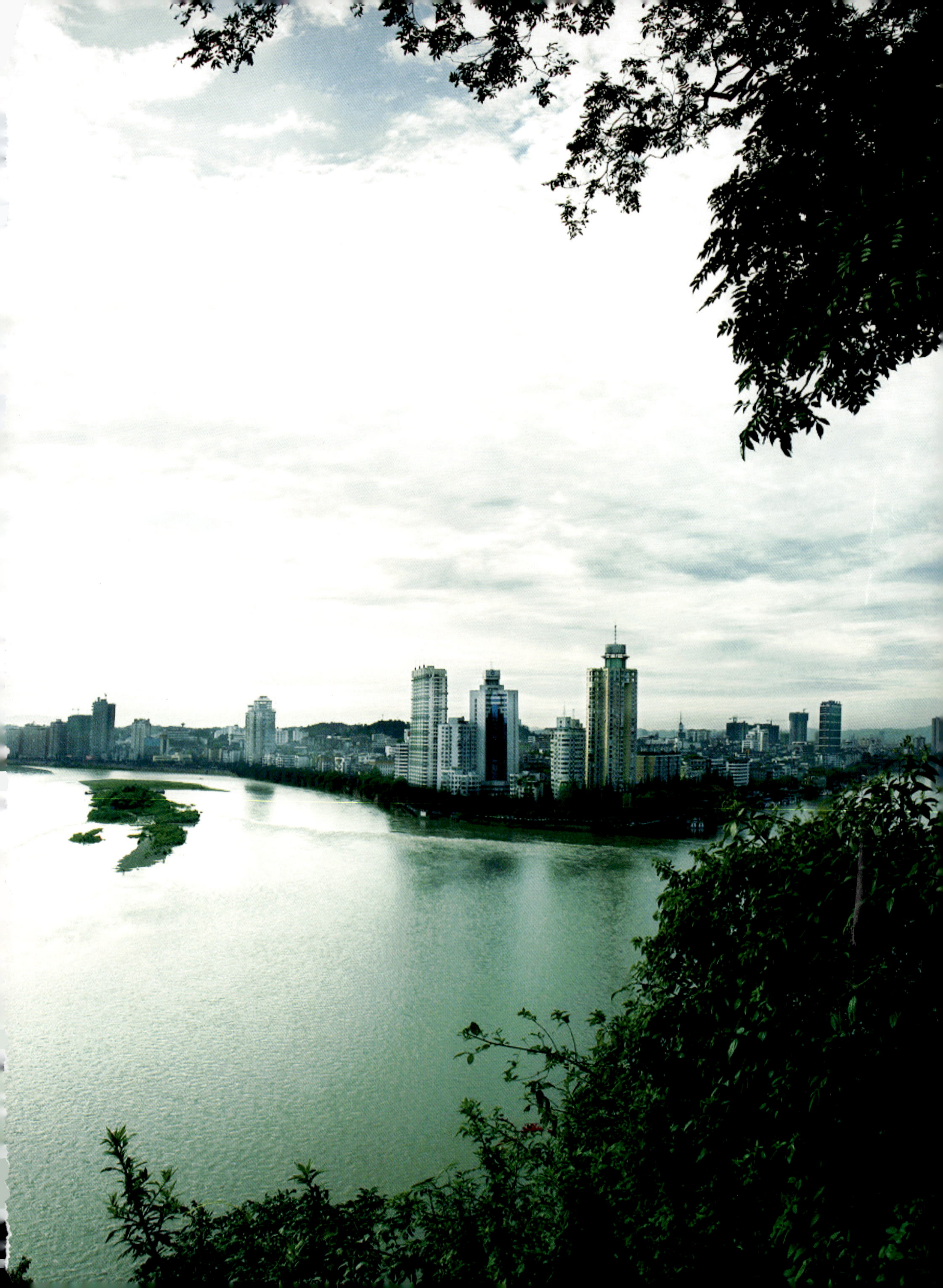

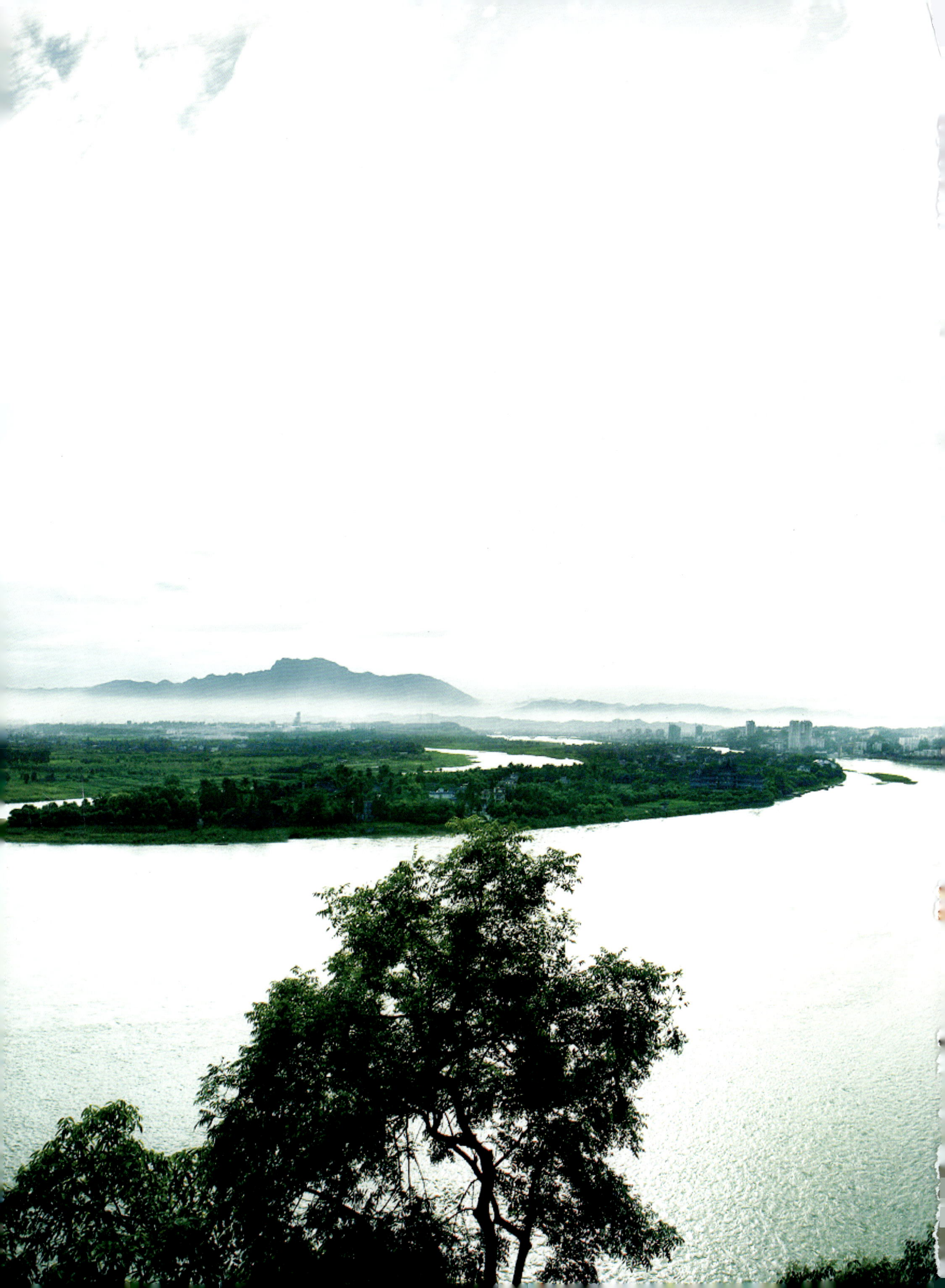

乐山市中 四川乐山大佛国家级风景名胜区

乐山大佛

坐镇三江

权威测评·林草探秘指数

资源禀赋：99
体验产品：98
基础设施：97
交通优势：96
网络人气：97
品牌潜力：92

　　四川乐山大佛国家级风景名胜区位于乐山市市中区，与峨眉山一道被列入世界文化与自然双重遗产名录。乐山大佛又名凌云大佛，坐镇大渡河、青衣江和岷江三江汇流处，大佛头与山齐，足踏大江，双手抚膝，佛像体态匀称，神情肃穆，依山凿成，临江危坐，通高71米，是中国最大的一尊摩崖石刻造像。

　　岷山导江，泉流深远，峨眉为泉阳之揭，玉垒作东别之标。"江"这个字，在古代本是长江的专名，这和"河"本是黄河的专名一样。后来江名多了起来，于是长江这条江，就专称"大江"，以便与其他小江相区别，而最早取得"大江"称谓的，唯有这条游走在汉、回、羌、藏多民族共聚居区的岷江。

少年不愿万户侯，亦不愿识韩荆州。
颇愿身为汉嘉守，载酒时作凌云游。
　　　　　　　　——宋·苏轼

　　天下山水之观在蜀，蜀之胜曰嘉州，嘉州之胜曰凌云。四川省乐山市古称嘉州，雄踞在岷江左岸。一条岷江串起了四川数座名城，造就了成都平原的发达，奔腾到此，已是污浊不堪，当地人都称之为黑水河。

　　乐山是岷江、大渡河、青衣江三江汇流之处，在三江江口的凌云山下，与岷江合流的大渡河仍然充满着力量，不失滔滔。河口极为宽阔，靠近南岸处还有一座新月形沙洲，绵延数里，郁郁葱葱。由于大渡河不曾流经人口密集区，并且在上游5 000米处接纳了"淡水机枪"青衣江，因此白浪滚滚，一直冲漫至凌云山下，将岷江黑水拦腰截断，人称白水江。三江汇合后，岷江江面并未拓宽多少，但水量陡增，势必导致此处水患频繁。因此在唐代就有了镇江保平安的大佛。

·279·

在乐山，岷江接纳来自崇山峻岭的青衣江、大渡河，裹挟着历史的烟云，孕育出灿烂的嘉州文明。三江的波涛令无数的船只毁于一旦。李冰曾在凌云乌尤开凿离堆，疏通水道，海通法师修建大佛的目的也意在平息水患。

左图：灵宝塔　刘慧｜摄
右图：凌云山栈道

大佛开凿，工程浩大

发源于川西北高原的岷江，一路过草地、穿雪山，待到乐山城下，已然呈现一派水面开阔的大江气象。在乐山，岷江同大渡河、青衣江三江汇流，造就了一片天地辽远的景象。

三江汇流处山水天成，风景奇胜，却同时险滩密布，风高浪急，时常船倾人亡，造就无数家庭伤悲。目睹如此人间苦难，禅师海通发愿开凿一佛，以减杀水势，护佑众生。唐玄宗开元初年（公元713年），他开始广募善财，召集人力，为此不惜剜目明志，殚精竭虑，直至圆寂。此后，剑南西川节度使章仇兼琼、韦皋接续其愿，至唐德宗贞元十九年（公元803年），佛像终得完工，前后历时共90年。

世上大概很少有一项工程历经百年建造，大佛的建造过程本身就是一个奇迹。这样的大佛建造，即使今天利用现代科技手段也非一件易事，何况千年前，靠着一锤锤、一錾錾地开凿，让大佛屹立江边，真正开凿了一座山！

说到大佛的脚多大、手多长、肩多宽，那是大得恰当，长得规矩，宽得匀称，一眼看去，任何部位绝没有头重脚轻比例失调之感。大佛并非出自一时一人之手，而是前后相继，谁若随心所欲，变其一点，定牵连全身，除非对整座雕像进行改造，那就非同小可了。

大佛如此完美，更不要说按佛教三十二相八十种好相的教义，是相好兼而形神出，尤其那双手抚膝的坐姿，总让人生发一种"心注一境，正审思虑"之意，给过往行船以搏击风浪的鼓舞与勇气。

巨佛镇水，石佛导航

1 200 年来，岷江、青衣江、大渡河奔流不息，乐山大佛经历风霜雪雨的洗涤，岿然矗立，人类的文明，在这滔滔江水中流淌。"知者乐水，仁者乐山。"有山有水的乐山，让我们对山水的审美有了更深的感悟和体验。

千年的雨蚀风化，乐山大佛已然岁月留痕，幸而古人智慧高瞻，早已在大佛的两耳和头颅后面，安排有一套设计巧妙、隐而不见的排水系统。"泉从古佛髻中流"，在大佛头部螺髻中、衣领和衣纹皱褶皆有排水沟，正胸有向左侧分解表水沟，与右臂后侧水沟相连。两耳背后靠山崖处，则有左右相通洞穴。千百年来，亚热带雨水丰沛、四川盆地气候潮湿，大佛所在的红砂岩层更是质地疏松，幸得这些巧妙的水沟和洞穴系统排水、隔湿、通风，护佑着天下第一大佛免为雨水、大风侵蚀殆尽。

因此，大佛能镇水免灾不是封建迷信，不是佛祖保佑，而是古人的智慧。大佛也成为明显航标，来往船只出于对佛祖的敬畏，都要绕行，增加安全系数！

睡佛的发现历程

睡佛的发现是一个偶然的事件，它源自一位农民拍摄的图片。1989 年 5 月，广东顺德县鹤乡农民潘鸿忠到乐山旅游，拍下了一张凌云、乌尤全景照。回到家乡后，突然发现照片上的山形宛如"健男仰卧"，从此山是一座佛，心中有佛的景致开始在大众心中确立。

睡佛全身长达 4 000 余米，蔚为壮观，巨大的身影躺于三江流水之中，远处望去，形象逼真。"横看成岭侧成峰，远近高低各不同。"这座睡佛便印证了这句古诗的妙意。佛头、佛身、佛足分别由乌龙山、凌云山、龟城山三山组合而成，佛头朝南，脚朝北，安静沉睡于自然之中，伴随着四季的风云变幻，吸天地之精华，与整个乐山的山山水水融为一体，彰显着一种别致的独特景观。

睡佛山体是距今一亿二千万年前的白垩纪上统夹关组紫红—砖红色砂岩。战国晚期，秦蜀守李冰凿离堆，乌尤山山体有所改变。汉代以后三山均为墓地，建造了成百上千的崖墓。凌云、乌尤之间的麻浩崖墓内，就刻有一尊我国最早的摩崖佛像。这些相关的自然、人文历史奇妙地结合，睡佛景观已然成为一种文化现象。

心中有佛，乐山大佛就在睡佛的心脏部位，在原本历史甚为浓厚的大佛景区里，现又再次发现天然一体的睡佛融入其中，有着妙不可言的缘分与巧合。隔江远眺，远处的睡佛就是一灵性之物展现于众人眼前。

大江东去，佛法西来。正因为岷江至此造就了乐山这座东方佛都，梵音丛林，佛教的智慧圆融、大行大愿思想更滋长了当地的因明教化，使得岷江中下游文脉纵横，文气兴盛，成为文明开化的先驱。

景观体验

- **交通** 景区距乐山火车站 11 千米，双流机场 140 千米。自驾从成都出发约 140 千米，耗时 2 小时。
- **住宿** 乐山星州酒店、凤洲酒店、宏家酒店、嘉韶明台酒店、凯涞酒店、乐山佛苑客栈等。
- **美食** 白宰鸡、乐山豆腐脑、跷脚牛肉、棒棒鸡、雪魔芋烧鸭等。
- **特产** 嘉州荔枝、苏稽米花糖、乐山苦笋、剑峰脆红李、岩白菜等。
- **非物质文化遗产** 向家班狮舞、嘉阳河川剧艺术、宋笔制作技艺等。

左图：以乐山大佛为中心的"睡佛"景观
右图：航拍毗卢院，乐山大佛景区管委会提供

乐山马边 | 四川马边大风顶国家级自然保护区

大风顶

占据山巅且听风吟

权威测评·林草探秘指数

资源禀赋：88
体验产品：86
基础设施：85
交通优势：80
网络人气：84
品牌潜力：69

　　四川马边大风顶国家级自然保护区位于乐山市马边彝族自治县境内，以保护大熊猫及其生态环境为主。保护区为深切割的中高山地，地势由中部向东西两侧倾斜，山峦重叠，沟谷相间，地形陡峻，强大的东南季风与北方的冷空气在此交汇，形成地形雨、热雷雨、气旋雨。由于地势、地形复杂多样，产生了不同的气候垂直带，最有特色的是温带阔叶林。这里以原始天然林、天然次生林、野生动植物等为主要看点。

神奇植物，生长在大风顶

　　大风顶保护区在大地构造上属于上扬子地台，自晚三迭世以来从未被海水淹没，因而成了古植物的避难所。这里生活着大量的珙桐、桫椤、连香、银杏及水青树等珍稀子遗植物。5月的大风顶，正值珙桐树的盛花期，一朵朵纯净如雪的珙桐花如千万只白鸽休憩于珙桐树的枝头。珙桐花自初开到凋谢，花色变幻，一树之花，次第开放。初开时为素，盛开时为缃，凋谢时为绾，因此被赞为"一树奇花"。

　　"兰之猗猗，扬扬其香"。大风顶上的兰花幽幽而开，素净优雅。这里有30多种兰花，其中不乏春剑素兰、牙黄素兰、大红朱砂兰、秋素兰及墨兰等珍贵的品种。这里也是药用植物的宝库，有着超1 000种的各类药用植物，包括朱砂莲、杜仲、天麻、黄连及吴芋等。

■ 左图：大风顶高山草甸景观
■ 右图：大风顶鸽子花正式开放

神奇动物，栖居在大风顶

　　大风顶是动物的乐园，地理气候环境孕育了丰富的竹类资源，让这里成了大熊猫的栖息地，有 30～40 只大熊猫生活在这里。这里是明星大熊猫"团团"的母亲——"华美"的故乡。1985 年，"华美"被猎狗追下大风顶，还因为受到惊吓而抓伤了当地的一位村民。"华美"很快被当地有关部门带走，细心看护，后被送到成都动物园。

　　除了大熊猫，其他珍稀动物也在保护区内频繁出现。与保护区接壤的高卓营乡千亩集体林是彝族村寨里的老乡赖以生存的重要林地，林子里可以放羊，林旁还可以种玉米、土豆，是村里人重要的生活与经济来源。不过，黑熊、猴子、豺狗、野猪，甚至豹子也会来到这里，与人争夺资源。1978 年，马边大风顶保护区建立以前，这里的野生动物是可以随意捕猎的。以前，村里有专门的猎户，村民被野生动物侵害了，就由猎户出面"讨说法"。猎户家有撵山狗、猎枪，捕获的动物就是猎户的收入。

　　保护区建立以后，村民的动物保护意识增强。为了防止野生动物乱来，村民们或者在地里做个稻草人，或者到地里去搭个棚子守着庄稼。保护区制定了野生动物伤害补偿政策，对因野生

■ 左上图：大风顶的大熊猫
■ 左下图：红外线相机拍到的雪中小熊猫
■ 右图：大风顶的原始森林

大风顶拥有着繁多的植物品种，这里共生活着2 430种植物。保护区内海拔1 700米以下为偏湿性常绿阔叶林，这里的植物以樟科为主，山毛榉科次之。海拔1 800至2 400米，为常绿、落叶阔叶混交林。这里生活着珙桐、水青树及木瓜红等落叶阔叶树种群落。海拔2 400至2 800米为针阔叶混交林。这里的组成树种多为阴暗针叶林树种以及槭科树种。2 800至3 500米海拔处，为寒温性针叶林。这里常见亚高山灌丛、草甸，树种以冷杉为主。

动物入侵造成经济损失的村民进行补偿。虽然补偿不多，但它有益于自然保护区和当地群众的关系，也有利于群众更好地保护野生动物，大风顶国家级自然保护区探索生态补偿机制的意义也在于此。渐渐地，大风顶野生动物越来越多地出现，大熊猫被红外线相机捕获的图像，金雕出现在山巅，熊和野猪更是每年多次"光顾"彝族老乡的农田。野生动物的回归虽然给村民造成了损失，但换一个角度看，这又是自然保护区的成绩，野生动物越来越多地出现，是人与动物和谐相处的写照。

在大风顶听山风呼啸，看云雾缥缈，赏百花争艳，见百兽嬉闹。如今的我们，大多生活在充满钢筋水泥的繁忙都市，在时代的洪流推动下过着忙碌的日子。我们似乎已经忘却了脚下的这片土地还孕育着许多其他动人的生命。无论是年方几何，来大风顶走过一趟的人们，都能将在大风顶见到的风景一一记录下，写出一本书来。书里记录的不仅仅是各样的动植物资源，更是记下自己对自然之神奇的仰慕和赞美。

探秘　两个大风顶的故事

大风顶自然保护区分为马边大风顶自然保护区、美姑大风顶国家级自然保护区和大风顶自然保护区雷波县部分。

它们各自的位置是这样的，北边的区域板块属于乐山市的马边彝族自治县，南边的区域板块属于凉山州的美姑县，东边的小板块则属于凉山州的雷波县。它们犹如血脉相连的亲兄弟，安然地矗立在四川盆地和云贵高原的过渡地带，承担着保护大熊猫及其生态环境为主的森林和野生动物的责任。

上图：远眺马边大风顶　大风顶自然保护区管理处供图

景观体验

- **交通** 景区距乐山火车站 155 千米，双流机场 285 千米，天府国际机场 370 千米。自驾从成都出发约 280 千米，耗时 5 小时。
- **住宿** 大风顶宾馆、龙泰大酒店、磷都矿业商务酒店、金河假日酒店、邮政宾馆等。
- **美食** 彝族风味肉冻、火烧洋芋、彝族风味血大肠、臼捣仔鸡凉辣汤等。
- **特产** 马边乌梅、马边竹笋、马边丰水梨、马边绿茶等。
- **非物质文化遗产** 彝族年习俗、阿依美格习俗、毕摩经诵、阿惹妞妞情歌等。

扫一扫
了解更多资讯

乐山 魅力 | 四川桫椤湖国家湿地公园

桫椤湖
寻找侏罗纪的遗存

权威测评·林草探秘指数

资源禀赋：	80
体验产品：	84
基础设施：	80
交通优势：	72
网络人气：	79
品牌潜力：	69

左图：桫椤湖生长着茂密的桫椤树
甘霖 | 摄

四川桫椤湖国家湿地公园位于乐山市犍为县境内，与嘉阳国家矿山公园联合组成的嘉阳桫椤湖景区被评为国家 4A 级旅游景区。景区拥有两个"活化石"，一是植物"活化石"桫椤树，其规模之大、树形之多、植株之高，被中国野生植物保护协会授予"中国桫椤之乡"称号；二是工业革命"活化石"蒸汽小火车，以其"轨距窄、弯道多、坡度陡、最原始手动操作"闻名于世，被自然资源部授予国家矿山公园资格。

干鱼腔的怪字碑

桫椤湖原本是犍为县马边河的一段水域，大马水电站建成后，马边河水位升高，河面增宽，水势平缓，一个纵向流域 18 千米、水域面积 1.5 平方千米、陆上面积达 20 多平方千米的人工湖应运而生。湖中生长着大鲵、岩鲤、黄辣丁等 30 多种稀有鱼类，湖边白鹭翩飞，野鸭成群，偶尔可见鸳鸯戏水。

翠色的湖面，微风轻拂，波光粼粼。两岸山峦绵延起伏，其间绝壁陡岸，奇石古树，翠竹层叠，桫椤苍翠。当你步入桫椤湖国家湿地公园时，这里"阔、险、奇、秀"的景色确实令人挪不开眼。

在大马水电站蓄水以前，桫椤湖所在的区域有一奇特的天然鱼洞，里面有一节台阶，河水涨时鱼儿便游于这台阶之上，水退时有些鱼儿便被留在这台阶之上。神奇的是，留在这台阶之上的鱼儿可以数天不腐不臭，因而得名干鱼腔。干鱼腔在深入百米处一分为二，形成人字峡谷，峡谷两端各有一瀑布。

在干鱼腔流传着一个关于怪字碑的故事。据说，原来在干鱼腔的沟口，有一怪字碑，上面刻满了奇怪得不为常人所能解的文字。某天，一道人云游至此，见此碑，竟识得上面的文字。可当他还有三个字就可念完碑文时，河之深处突然出现一艘载满金银珠宝的大船，向他缓缓驶来。道士转身继续念那碑文，可他早已心臆金船，始终是无法再辨识最后的那三个字。恍惚间，金船沉了下去，道士也只能带着遗憾离开。这便是"干鱼腔锅盖锅，金子银子驳船拖"的传说。

守护桫椤树的新时代

来到桫椤湖，怎么能不瞧瞧被誉为植物活化石的野生桫椤树呢？桫椤是有着珍贵研究价值的孑遗植物，历经漫长的地质变迁，曾经繁盛的桫椤树在地球上的大部分地区已经绝迹，在特殊气候和特殊地区还有少数幸存者。

桫椤湖沿湖岸边及深沟峡谷生长着有 20 多万株桫椤树。在约 1.8 亿年前，桫椤曾是地球上最繁盛的植物，与恐龙一样，同属爬行动物时代的两大标志。作为曾经恐龙的食物，如今恐龙已不再，这些坚挺万年的桫椤树向我们展示着那个曾经属于恐龙的时代。桫椤树的故事远不止于此，这些幸存的桫椤树经受住自然给它们的挑战，却逃不过人类的贪婪。随着人类活动的增加，桫椤树不断地遭遇人类的砍伐，盗挖繁茂桫椤树的现象时常发生，让本就濒危的桫椤树面临着巨大的威胁。

幸运的是，在贪婪的砍伐背后有着更坚定的守护之心。这些让我们越来越深刻地懂得保护珍稀植物资源对于研究和修复生态环境的重要性，以及其文化性的意义。

步入风景如画的桫椤湖，聆听那些关于贪婪的传说和故事，见证着守护的力量，臆想金船的道士、欲上莲台的神龟和被砍倒桫椤树带来的警醒，这些对于桫椤树的研究和保护是启示。唯有我们去除贪婪，坚定守护，才能留住眼前美景和心中向往。

■ 上图：迂回曲折的桫椤湖河道
黄文志 | 摄

景观体验

交通 景区距乐山火车站 72 千米，双流机场 190 千米，天府国际机场 202 千米。自驾从成都出发约 195 千米，耗时 2.5 小时。

住宿 茉莉香都竹屋别墅度假酒店、新兴世纪酒店、乐山犍为利元海南风情度假酒店、乐山百海假日酒店等。

美食 清溪叶儿粑、岷江河鱼、卡饼、犍为薄饼、双麻酥、酥芙蓉、龙孔大头菜等。

特产 犍为茉莉花茶、犍为麻柳姜、罗城牛肉等。

非物质文化遗产 岷江船工号子、罗城麒麟灯、犍为祭孔礼仪、榨鼓草把龙、成人礼等。

在约1.8亿年前，桫椤曾是地球上最繁盛的植物，与恐龙一样，同属爬行动物时代的两大标志。在犍为桫椤湖国家湿地公园，这郁郁葱葱的桫椤树散发着来自远古时代的气息；国内罕见的8棵桫椤及树高9米的桫椤王，令人叹为观止。

探秘 龙潭谷神龟夺莲台

桫椤湖核心景区内，有一个名叫青龙沟的山谷。这里遍布着苍翠的桫椤树、似从天降的瀑布及奇形怪状的山石，是游客不得不去的精品景点。其中，这里的一圆形巨石状若恐龙蛋，故此谷得名龙潭谷。

龙潭谷流传着一个关于贪欲的传说。只见从山顶倾泻而下的一处瀑布下，一块石头酷似倒放的观音莲台，瀑布冲刷着莲台下有一个形似乌龟脑袋的石头。传说，这乌龟曾是守护桫椤湖水源的神龟。有一日，神龟趁观音外出，便想上那莲台，体验一波成佛的滋味。谁知不巧被路过的二郎神杨戬看到，引得他大怒。他便将莲台翻倒，压于神龟之上，任由倾注而下的瀑布冲刷神龟的脑袋，惩神龟的痴心妄想。可怜的神龟直到今日，还在受那一时贪欲之苦。

乐山峨边 四川黑竹沟国家森林公园

黑竹沟
中国百慕大传奇

四川黑竹沟国家森林公园位于乐山市峨边彝族自治县境内，是国家4A级旅游景区，也是凉山山系大熊猫最大野生种群分布地。作为国内最完整、最原始的生态群落之一，黑竹沟森林公园里的众山群沟60%是天然原始森林。目前，森林公园划分为黑竹沟探秘览胜区、金字塔旅游观光区和杜鹃池度假休闲区3个游览区。探秘览胜区包括黑竹沟主沟三岔河流域，可以观赏到流水瀑布、森林草甸、峡谷等景观，还能偶遇神秘的黑竹沟浓雾。

权威测评·林草探秘指数

资源禀赋：94
体验产品：91
基础设施：92
交通优势：90
网络人气：91
品牌潜力：97

左图：神涛林　峨边县林业局供图
右图：草海之夏　峨边县林业局供图

止步在马里冷旧

大自然赋予了黑竹沟最原始的神秘，黑竹沟境内方圆百里，站在沟口一眼望去，原始森林覆盖了整个黑竹沟。由于当地的地形造成了巨大的落差，山谷里沟壑纵横、重峦叠嶂、溪涧幽深。沟里的天气大多数为阴天，雾气缭绕，寂静的山林显得更加神秘莫测。

黑竹沟有一处小众景点，名为马里冷旧，在彝语中的意思就是：长满鲜花的草地。这是一块天然高山湿地，参天古木、蓝天白云、碧水青山，山间浓雾环绕犹如条条玉带，顿时让人眼前一亮。小心翼翼地走在连心桥上，脚边清澈的湖水倒映着蓝天白云。伴着静静流淌的溪水曲折前行，栈道两边的杜鹃、珙桐环绕，一年四季山花开不断，游客走在这山间，如沐仙境。草甸里，几匹马儿正悠闲地漫步其间，它们时而低头吃草，时而仰面长啸，时而放蹄狂奔。偶尔有野鸡、山雀扑腾着从眼前掠过，平添了几分惊喜！"冷香泉""沁心泉"，这里的泉水四季如一，不涨不消静静地流淌着，而且冬暖夏凉。听闻水里面富含多种对人体有益的微量元素和矿物质，长期饮用有益身体健康。

草甸中有高大的"树包石""爱情树""团结树"，每一棵都有一个神奇的传说，每一棵都让人回味无穷。其中，最为神奇的是"团结树"，这棵大树虽被雷击烧黑，但其树干上还寄生着八种不同的树，美其名曰：民族团结树。其生命力之顽强，众多树木集于一身令人赞叹。种类繁多、千姿百态的树生长在这里，在马里冷旧这块湿地上尽情呈现，让人大饱眼福，让人不由得为大自然的鬼斧神工所迷！

杜鹃花海，一扫阴霾

　　大多数人听说黑竹沟是因为它的神秘，黑竹沟还有另一个鲜为人知的名字——绿色基因库。这是大自然给世人的馈赠，弥足珍贵。黑竹沟保留着国内最原始的森林资源，整个森林公园海拔为 1 500～4 288 米，垂直景观分布明显，也正是因为丰富的森林资源和海拔高度，这里有上百种珍稀动植物。

　　每年的 4 月至 6 月是黑竹沟杜鹃花开时节，杜鹃花也从山脚开到了山顶。在低海拔地区，一株株杜鹃树开满花朵，远远望去只见花开不见叶，颜色各异，五彩缤纷。近看，杜鹃树干上已长满苔藓，好像在感叹岁月的流逝。黑竹沟的杜鹃别有一番风味，海拔越高，杜鹃树好像越婀娜多姿，树干扭曲盘旋，独具特色。除了杜鹃花，踏入黑竹沟一定要感受这里的温泉！黑竹沟温泉千百年来在神秘黑竹沟的官料河旁静静地流淌，它是大地热情的自然流露，是大地给予人类的宝贵馈赠。这里的温泉泉水清冽，品质优良，泉眼众多，温度各异，可满足不同感受的需求。经四川省地勘局岩土水质检测中心检测分析，温泉水中含锶、锂、硼、氟、硫化氢、氡和金等。所以说，黑竹沟不仅是北纬 30°神秘之地，也是一个风光秀丽的康养之地。

■ 左图：黑竹沟山川与草甸　峨边县林业局供图
■ 右图：黑竹沟大杜鹃池一角　峨边县林业局供图

景观体验

- **交通** 景区距乐山火车站 151 千米，双流机场 271 千米。自驾从成都出发约 275 千米，耗时 5 小时。
- **住宿** 迷都大酒店、禅驿、黑竹沟度假酒店、乐山峨边宾馆、水水主题酒店等。
- **美食** 扇面笋斗、酱汁春笋块、藤椒鸡、峨边坨坨肉等。
- **特产** 黑竹沟竹笋、黑竹沟藤椒、峨边竹笋、峨边马铃薯、黑竹沟双椒酱、峨边猕猴桃、峨边核桃等。
- **非物质文化遗产** 甘嫫阿妞的传说、诺苏左木莫、小凉山彝族刺绣等。

扫一扫
了解更多资讯

探秘 迷人湾里的未解之谜

稍稍翻阅记录世界奇异故事的书籍，百慕大三角海域定会榜上有名，飞机、船只曾经在这一区域离奇消失，巨大的海洋旋涡，诸多用科学无法解释的现象，使得"百慕大"这三个字成了死亡区域的代名词。乐山市峨边县的黑竹沟被称为"中国的百慕大"，这里的迷人湾存在很多未解之谜。

时间回溯到1974年10月，黑竹沟腹地的勒乌乡村民冉千布干曾亲眼见到高约2米、脸部与人无二、浑身长满黄褐色绒毛的野人。后来，当地群众曾发现野人的踪迹，当地人对"野人"的敬畏超过对山神的敬畏，称之为"诺神罗阿普"，意为"山神的爷爷"。许多人至今说到野人，仍然心怀余悸。

黑竹沟由于山谷地形独特，植被茂盛，经常迷雾缭绕。据当地人讲，进沟不得高声喧哗，否则将惊动山神，山神发怒会吐出青雾，将人畜卷走。后来根据调查，人畜死亡、失踪原因有可能是迷雾造成的，由于地形不熟，人进入这深山野谷，很难逃脱这死亡谷的陷阱。当地有一顺口溜"石门关，石门关，迷雾暗沟伴保潭；猿猴至此愁攀援，英雄难过这一关。"

黑竹沟有一个著名景点：大小杜鹃池。当地彝族同胞传说公、母两个杜鹃池分居两地，只能遥遥相望，而不能走近对方。如果听到公、母杜鹃池都发出呜呜的哭声，那么不管一开始是多么晴好的天气，就会马上开始变阴天，接着就会下雨。人们便会开始猜测，这莫非是一对被逼分居两地的情人或者是夫妻所化，心中有无数怀念之情，冤屈之意无处诉说，便委托这自然界的风和雨。

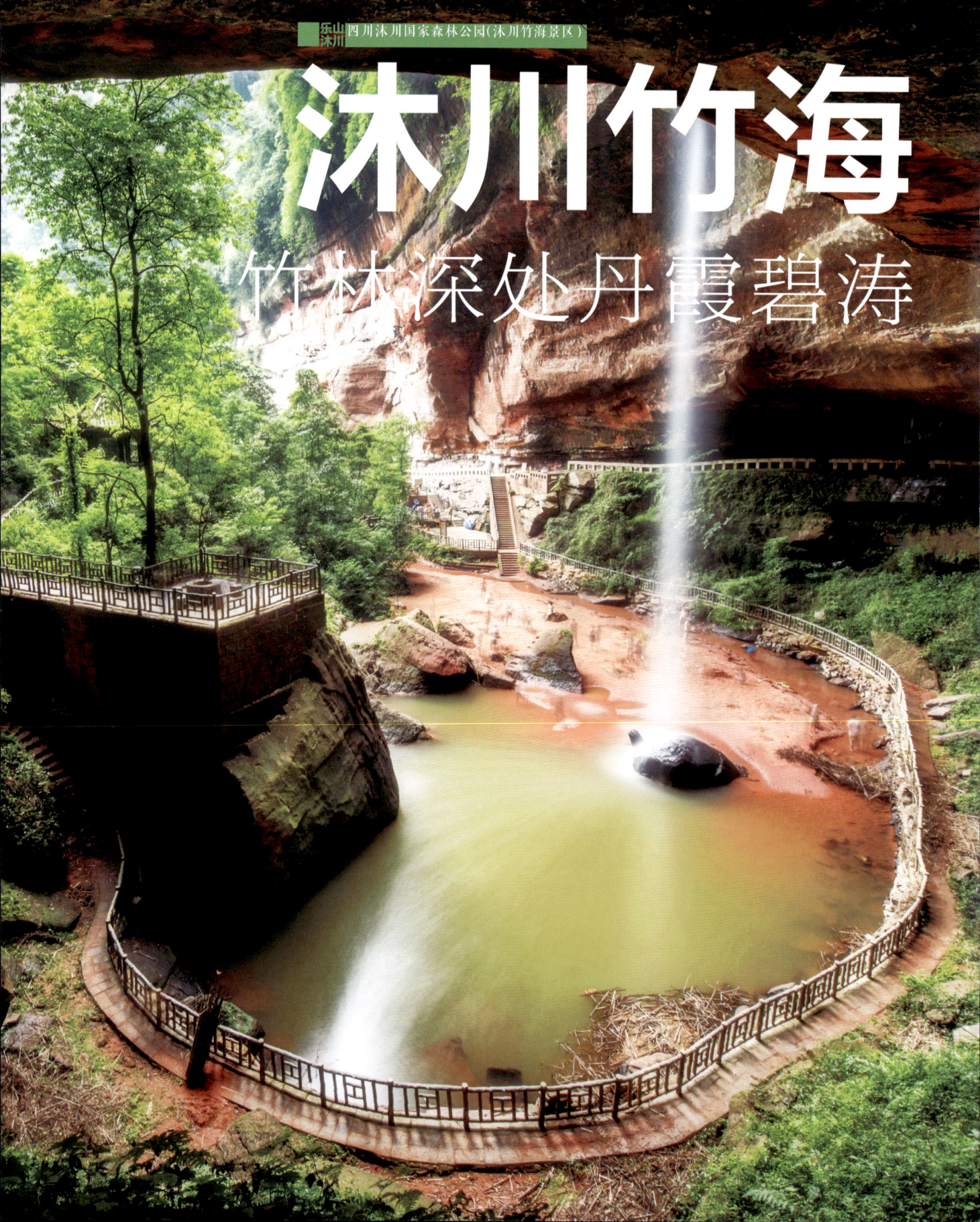

四川沐川国家森林公园（沐川竹海景区）

沐川竹海

竹林深处丹霞碧涛

四川沐川国家森林公园（沐川竹海景区）位于乐山市沐川县境内，是以慈竹为主的森林公园。森林公园内有天造地设的"萧洞飞虹"，曲折惊险的"穿洞子九沱十八滩"，山水合一的永兴湖，归隐山峦的永兴寺，神秘险要的桃源洞等70余处景点，还有野猴、松鼠、桫椤等珍稀动植物。67万多平方千米的翠竹随风起舞，逶迤成浪，看日出，听涛声，与数千米之外的蜀南竹海呈呼应之势。

竹林风景线第一站

如果说乐山是成都人的后花园，那么沐川国家森林公园则是乐山人的后花园。闲暇之际，乐山人喜欢漫步竹海，竹影婆娑中给肺部和心灵来一场洗涤。相较于名气旺盛的蜀南竹海，沐川竹海属于养在深闺人未识的状态，少一点开发则少一点破坏。蜀南竹海以楠竹为主，多了一份阳刚挺拔；沐川竹海以慈竹为主，多了一份阴柔妩媚和飘逸，因此风格迥异。初夏，沐川竹海迎来最为生动的季节。赤色丹霞掩映下，竹影翩翩，碧浪滔天，一股激流飞天而下，水雾升腾，如临仙境……

萧洞飞虹是沐川竹海的核心。一帘瀑布从岩壁悠然流出，丹霞白练，直击于潭中一石，如醍醐灌顶；而其石有三像，一像蟾蜍蹲水，二像水冲牛心，三像巨龟匍卧，人称"千年浴龟"；瀑帘之后，则是山岩凹进，形成回廊步道。

箫洞子三面为摩崖，上部的岩石向外凸伸，崖壁上的那些长长的缝隙叫作顺层凹槽。崖壁上面有很多小洞，是丹霞地貌的地表特征之一，叫蜂窝状洞穴。悬崖上可以看到颗粒粗大的"砾岩"，细密均匀的"砂岩"。丹霞地貌最突出的"赤壁丹崖"也在此广泛发育，形成了顶平、身陡、麓缓的方山、石墙、石峰、石柱等奇险的地貌形态，形状各异的山石形成一种观赏价值很高的风景地貌，是名副其实的"红石公园"。

丹霞、翠竹、白练构成不一般的瀑布奇景。如果说普遍意义上的竹海是重峦叠嶂的绿色海潮，那么沐川竹海则是红色丹霞幕布上演绎出的翠波白浪，在这绿色里辨认出细微变化。

权威测评·林草探秘指数

资源禀赋：75
体验产品：79
基础设施：76
交通优势：73
网络人气：78
品牌潜力：74

■ 左图：沐川竹海萧洞飞虹景点
■ 右图：丹霞摩崖石刻

遥望沐川竹海，翠浪翻涌

人文古迹的留存地

所谓英雄所见略同，除了如今的乐山人把沐川竹海当作"后花园"之外，三国时期的诸葛亮在当年南征的时候也看中了这个风景优美的地方，并在这里安营扎寨，即第一要塞三言寨；南宋时，这里建有军事要塞；清代中期，这里是土纸集中生产地。

这里的古驿道还是沐川古道的重要组成部分，而沐川古道则是连接南丝绸之路东西古道中的分支之一。所以说，沐川是古丝绸之路的一个节点，在历史长河中具有举足轻重的作用。由此可见，沐川竹海结合独特的林竹风光和丹霞地貌，已成为休闲度假、观光避暑的理想选择；这里还留存了古驿道、古寨子、古军事城墙等人文景观，也已成为人文荟萃之地。

沐川人的致富林

　　沐川气候温暖湿润，赐予沐川栽竹造林的天然基因。林区的发展就要在山上做足文章，靠山吃山，绿色富民。退耕还林的政策让农家改造低产林，种植慈竹等，为农民增加不少收益。在沐川，多家造纸厂落户，每年产纸 100 多万吨，促进了沐川造纸业的发展；多家竹木板加工企业入驻产业园，促进沐川板材产业的发展；此外，沐川还把目光投向竹子全产业链生产，借助企业的全冷链物流，把养在深山的甜苦笋带到全国老百姓的餐桌上。竹产业的发展，不仅带动了当地经济的发展，也提高了当地农民的收益。由此可见，除了观赏游览、休闲度假等功能外，这些竹林也实现了当地经济效益的大丰收，是名副其实的致富林。

漫步沐川，举目千山绿，竹子满山坡。沐川有林竹面积百万亩，素有"中国竹子之乡"的美誉。这里丰富的竹资源孕育了浓厚的竹文化。千百年来，竹编、竹饰等已渗透在竹乡人民生活的每个角落。近年来，沐川县全力做强林业产业，倾力做活"竹"文章，通过纵向延伸产业链条，横向促进产业融合，奏响了美丽的"竹子之歌"。

竹文化的传承地

竹是大自然赋予沐川的宝贵资源，竹文化则是沐川特色文化的有机组成部分。沐川竹海可谓竹文化的代表，在创造、传承、创新方面历史悠久，形成了其独一无二的风貌和韵味，也留下了很多动人的传说与故事。

勤劳智慧的沐川人创造了以沐川草龙、沐川竹编、喔山号、莲萧及竹笋宴等涉及文艺、工艺、音乐、餐饮领域独具特色与魅力的竹文化，用以表达对美好生活的向往，用竹的品格激励人生，传承竹乡儿女自强不息、乐观向上的精神。勤劳朴实的竹乡儿女以"生生不息节节高"的翠竹精神，以草龙凌空腾飞的高昂气魄，壮大竹经济，繁荣竹文化，书写更加辉煌的萧"竹"传奇。

探秘 川南两个竹海的区别

沐川竹海与蜀南竹海比邻而居，一个在乐山，一个在宜宾，都属于川南。此外，它们一起成为四川竹林风景线的重要组成部分。

两大竹海的主要区别在于竹的种类不同，主打竹的类型也不同。沐川竹海主要以慈竹为主，竹的类型较为单一，形成了成片的慈竹林海。蜀南竹海里的竹类型相当丰富，生长着15属58种竹子，除盛产常见的楠竹、水竹、慈竹外，还有紫竹、罗汉竹、人面竹、鸳鸯竹等珍稀竹种。

景观体验

- **交通**：景区距乐山火车站103千米，双流机场222千米，天府国际机场254千米。自驾从成都出发约225千米，耗时3小时。
- **住宿**：沐川县竹海大酒店、裕和大酒店、沐川三才大酒店等。
- **美食**：沐川苦笋、沐川乌骨鸡、沐川甩菜、沐川苞谷粑、菠饺鱼肚等。
- **特产**：沐川猕猴桃、沐川草龙、沐川绿豆、沐川白姜、沐川金银花、沐川山茶等。
- **非物质文化遗产**：草龙、沐川山歌、牛呃灯等。

上图：云雾缭绕中的沐川竹海，秀美如画
下图：在沐川竹海远眺大瓦山、瓦屋山等名山

成乐高速 213 成赤高速 厦蓉高速

G93
青衣江
103
黑龙海水库
沱江
206

306
贵咀水库
305
四川省荣县
高石梯森林公园

四川古宇湖
国家湿地公园

103
马
边
河
成渝环线
G93
四川省越溪河
风景名胜区
长滩樟林景区
宜宾金兰花谷
珍稀植物园

长江

307
金沙江
横江
四川蜀南竹海
国家级风景名胜区
四川福宝
国家森林公

103
307
海溪河
206
309
四川兴文
世界地质公园

四川省玉皇观
森林公园

川南经济区林草景观

万竿挺翠的竹林景观大道

川南经济区林草景观位于长江上游,四川盆地东南部,毗邻云贵高原,包括自贡、泸州、内江、宜宾四市。在这一区域内,林草景观资源不容小觑:这里有竹海浪涛,再现着中国人『竹器时代』的气节;这里有五尺道纵横,见证了南方丝绸之路的灿烂辉煌;这里是绿色屏障,守护着长江中下游地区的生态安全。

傍竹海引来七贤六逸,近石林纵览万壑千岭。倚竹为凭,宜宾樟海等林业产业主题更加彰显,自贡高石梯国家森林公园康养目的地成果初现,内江古宇湖国家湿地公园越冬的候鸟成为城市新景观……川南林草景观在金沙江、岷江、沱江的涛声里轮回交响,把守护好的一江春水奉献给长江,奉献给径流大地的文明。

四川蜀南竹海国家级风景名胜区

蜀南竹海
竹林风景线上的典范

权威测评·林草探秘指数

资源禀赋：96
体验产品：95
基础设施：94
交通优势：97
网络人气：95
品牌潜力：92

四川蜀南竹海国家级风景名胜区位于宜宾市长宁县和江安县境内，是国家 4A 级旅游景区，并且入选中国最美的十大森林、中国最大的竹林景区。蜀南竹海由 27 条峻岭、500 多座峰峦组成。景区内共有竹子 400 余种，占地约 47 平方千米，葱绿俊秀，浩瀚壮观。竹景、山水、湖泊、瀑布、古庙，在这里完美融合，造就了独一无二的竹王国。

美丽乡村的亮丽风景线

如今，历经数年的打造，蜀南竹海已然成为四川竹林风景线的典范之作。蜀南竹海是以毛竹为主的竹森林，毛竹被当地人称为楠竹，意为此种竹像楠木一样高大挺拔，葱绿俊秀。在无数棵楠竹组成的翠波绿浪里，数万余亩竹林像一块翡翠，隐藏在川南山岭间，独自积蓄生命力的气场。竹叶进行着空气的转换，竹枝配合着弹琴人的鸣唱，竹竿支撑着竹海中的绿波浪。最后，它们再把一山清风、一泓清泉奉献给蜀南竹海，温润着每一颗心灵。

■ 左图：竹海迎风湾

■ 右图：竹石林景区　牟一平 | 摄

竹林七贤的养生之道

魏晋时期，竹林七贤聚会于山野竹林，抚琴酣歌，纵酒狂欢，放荡不羁，性情直追老庄。七人中以嵇康和向秀最得养生之妙法，以炭滤水，以竹浸水，七贤的养生哲学在向秀的《难养生论》中记叙得最为仔细。"唯大英雄能本色，是真名士自风流"，七贤纵情山水，亲近自然，加上魏晋时期修道成仙的风气日盛，这个懒散的文学团体制竹炭、喝竹水、酿竹酒，踩出了竹林里一条脱俗的养生绿道。

红砂铺地，玉竹长廊，艳阳无阳，狂风不狂。在蜀南竹海里，有一个翡翠长廊就如同七贤精神世界里的养生绿道：红色的砂石铺地，竹子往中间合拢，形成 200 多米的长廊，红翡绿翠。蜀南竹海，正以这种大胸怀融汇古今，成为当今都市人追古抚今的绝佳精神家园。当渴望穿越精神时空的人遇到蜀南竹海，这场精神故事的大幕就徐徐拉开。

自然的生命力场

未出土时便有节，及凌云处尚虚心。蜀南竹海的峡谷中，毛竹笋在太平洋季风的吹拂下，在春天阳光的催促下，40 天就能长到 20 多米高，生长最快的时候，一昼夜能长高一米。这是一场关于速度的竞赛，谁能在最短的时间内长得最高，谁就有资格享受充分的阳光。

竹子的高度和直径在竹笋出土后的很短时间内完成，然后，它就不再长高长粗，只是变得更加强壮。竹子除了生长速度比普通树木快数十倍以外，也像木材一样坚硬，并且有着特殊的韧性。正因为竹子在身量轻盈的同时，也拥有很强的抗扭、抗剪和抗拉能力，国际竹藤组织便将竹子作为建造抗灾建筑，帮助社区适应气候变化和减少高耗能建筑的最佳建筑材料。其实，在中国用竹子作为建筑用材的历史可以追溯到远古时期，而到了秦汉时期，竹子便已成为南方民居建筑的主要"担纲者"。

有"植物钢筋"之称的竹子既能如百炼钢，也能有绕指柔。历史上，能工巧匠充分利用竹子的柔性，用纤细的竹篾编制出各种巧夺天工的生活用具和艺术品。蜀南竹海的竹编画《百帝图》，所使用的竹丝断面全为矩形，宽度仅为二分之一根头发丝厚，根根竹丝都通过匀刀切分，编制出的人物图像栩栩如生，诠释着竹子的七十二般变化。

■ 左图：占据蜀南竹海之巅的龙吟
■ 右图：俯瞰蜀南竹海 魏复军 | 摄

蜀南竹海的竹工艺久负盛名，自明代以来，历经数百年历史，具有粗犷、质朴、精美的艺术特色，这里至今已拥有竹簧、竹筷、竹筒、竹根雕、竹编、竹家具、竹建筑等七大类、数种工艺产品。

在秦汉时期，竹子已在竹海当地人民的生产生活中得到了广泛的利用，以竹为居、以竹为食、以竹为器、以竹弘文等体现了浓郁的地方特色和生活情趣。

竹海仙境的人文印痕

　　天宝自有物华，地灵乃生人杰。如今，武侯栽竹、翼王追轿的故事还在竹海深处流传。东汉末年，诸葛亮南征孟获，班师回朝经过这里，当时万山裸露，赤日流火，山道生烟，熔了蜀军的马蹄铁，数万战马倒毙，战士们狼狈退走，而弃于山壑的马鞭无意长成了成片竹林。如今，蜀南竹海景区内溪河中有很多马蹄形的水凼，传说河沟正是当年的石路，是战马走过留下的痕迹。

　　相传清朝同治元年（公元1862年），清军在官兴场（今长宁县官兴乡）被翼王石达开追击。清军主将唐友耕重伤不能骑马，坐着轿子到此，太平军紧追不舍。轿夫见坡高山陡，轿难抬，就甩下轿子逃跑了，而轿子也变成了竹海景区里的"轿子石"。"轿子石"所在的观云台上，朱元璋也曾在此俯瞰，挥笔题诗"雪压竹枝低，低头欲着泥。一朝红日出，依旧与天齐。"

　　武侯南征，徒有禅诗印桂月；翼王北伐，空留荒冢伴竹园。历史的风烟裹挟着战争的残垣断壁飘然远去，"蜀南竹海天下翠"再一次提醒着我们：这里的国翠天香已成为当地以景养生的旅游新风尚。当我们在竹海的翠波绿浪里徜徉，一定记得去观云台上看看朱元璋眼里的朝阳红日；去见证石达开勇退清军的战绩；就连诸葛亮率领蜀军留下的那些马鞭也为今天的万竿翠竹投下了人文的光彩。

探秘 蜀南竹海是怎么形成的

千万根竹子组成了绿色的海洋，有着文学色彩的"竹海"准确地描述了竹子森林的气韵。在中国，这样的"海"面积辽阔，分布在大江南北，熟悉而平凡。可是，"海"是怎么形成的？被称为"植物界之谜"的竹子又在"海"中过着怎样的私密生活，这些故事却鲜为人知。

首先来说水分，一般来说，竹子生活在年降水量1 000～2 000毫米的地区，如果年降水量低于600毫米，竹子就难以自然生长了。水分对于竹笋的孕育、萌发以及拔节都具有重要的作用。所以，我国竹类植物自然分布在北纬35°附近区域，与降水量有很大关系的。

与此同时，竹子对温度的要求也很高，如蜀南竹海的主要竹种楠竹在土壤温度达到8～10℃的时候开始萌动，到10～15℃的时候开始长出竹笋，高于16℃之后就不再有竹笋冒出头了。所以在关键时刻，少许的冷热不调也可能会大大影响竹林的生长繁殖。

对于土壤，竹子也要挑挑拣拣。它们往往更青睐山地中红色的土壤，偏酸性，氮和磷含量丰富，质地比较疏松，有利于竹鞭伸展手脚，也能为竹子的快速生长提供营养保证。

正因为竹子的这种"挑剔"，四川南部成为我国南方竹资源集中分布区之一。细细观察蜀南竹海的地形特点，我们就会发现，蜀南竹海所在的地区是个马蹄形丘陵集中区，前有浅丘做屏障，背有高大山体的庇佑，形成相对湿度高、避风、温暖的"内陆良港"，特别适合楠竹生长。因此，这里竹资源的分布规律也基本上顺应地貌，形成了马蹄形。在海拔稍高处，如700米以上的山坡上，地形屏障作用减弱，寒潮和大风危害较重，这里的竹子就明显矮小衰弱，难成气候。

雪压翡翠长廊 邱正江 | 摄

景观体验

交通 景区距宜宾火车西站72千米，宜宾五粮液机场100千米。自驾从成都出发约330千米，耗时3.5小时。

住宿 竹海印象酒店、龙吟山庄、又壹村酒店、宜宾蜀南竹海翡翠山庄、竹仙酒店、竹海紫竹山庄酒店等。

美食 蜀南竹海全竹宴、双河豆花、葡萄井凉糕等。

特产 长宁长裙竹荪、甜橙、腌制大头菜、竹海老窖等。

非物质文化遗产 虫虫歌、长宁车车灯等。

扫一扫
了解更多资讯

四川兴文世界地质公园

兴文石海

喀斯特全能选手

权威测评·林草探秘指数

资源禀赋：93
体验产品：90
基础设施：91
交通优势：90
网络人气：92
品牌潜力：87

四川兴文世界地质公园位于宜宾市兴文县，以溶洞、天坑、石林的地质奇景著称，是中国发现和研究天坑最早的地方。兴文石海"峰奇石怪，别有洞天"的特异景观，原是大自然神奇之手精雕细琢的产物。在向游人开放的14平方千米核心景区内，山势雄奇、重峦叠嶂、怪石成阵、奇峰成林，是我国喀斯特地貌发育最完善的地区之一。

兴文石海属性：完美的自然山水画卷

如果说苍茫的竹海是浓缩着中华竹文明的失落园，那么石林就是记录地球亘古变迁的博物馆。地球已经度过了大约46亿年的漫长岁月，地球表面的各种形态就是漫长岁月里地球沧海桑田留下的痕迹。在遥远的晚古生代时期，宜宾市的兴文县一带是广阔的古海洋。漫长的岁月里海水中的碳酸钙逐渐沉积下来，形成了巨厚层的石灰岩。后来，地壳发生变动，石灰岩层受到挤压并破裂；在地下水的长期作用下，沿着岩石裂隙碳酸钙被地下水溶蚀，这样岩石被切割、破碎，造成千姿百态的石林。同时，岩层中有许多溶洞，溶洞塌陷又形成天坑。这就形成了宜宾兴文石海景区溶洞、天坑、石林的地质奇景，兴文县也从此有了"石海洞乡"的美誉。

在已探明的二十几个溶洞中，最为壮观的当属天泉洞，其形成的地质年代距今约300万年，空间规模和系统游览长度均居世界洞穴之首。天泉洞，原名袁家洞，因为第二厅的一个标志景点改称今名。这个被称为"泻玉流光"的大厅，是天泉洞最大的一个洞府，洞顶有一个面积约38平方米的天窗，阳光从天空射入，霞光万丈；泉水从天窗飞泻而下，落在一个状如石鼓的巨石上，飞珠溅玉，形成泻玉流光的壮丽景观。

兴文石海"三绝"：溶洞历史、地表石林、第一漏斗

"石林洞府几千秋，蜀国山水美尽收。银峭碧峰姿万态，巍巍壮观冠九州。天泉飞瀑人叫绝，群雕钟乳眼眩眩。愿为胜地辛劳苦，山水增色乐悠悠。"时任兴文县委书记彭文聪写的这首《兴文石林颂》就描述了兴文石海自然景观的壮美，令人神往。不过，兴文石海最令人神往的是被称为"三绝"的溶洞历史、地表石林、天下第一大漏斗。

溶洞里的奇特景观，兴文石海里的漏斗，兴文石海的怪石群，兴文石海的喀斯特山峰。

■ 左图：天泉洞泻玉流光景致
　王铁松 | 摄
■ 右上图：溶洞天窗
　兴文世界地质公园供图
■ 右中图：石海涌浪
　兴文世界地质公园供图
■ 右下图：群峰竞秀
　兴文世界地质公园供图

左图：离兴文石海不远的珙县麻塘坝悬棺群 何丹 摄
右图：兴文石海的天坑

【一绝】溶洞历史。也许你游览过很多的喀斯特溶洞，早已见惯洞内的石花、石笋、石柱，你知道溶洞会有暗河、会有瀑布、会有溪流潺潺、会有舟舸摇荡，但你一定没见过哪一处喀斯特溶洞里面会有壁画，栩栩如生，记录着这一方水土神秘的历史文化。兴文石海的天泉洞除了可以看到喀斯特溶洞景观之外，溶洞的岩壁上还记录着一段段僰苗历史文化，神奇独特，扑朔迷离，为人们研究僰人文化提供了宝贵的线索和资料。大自然的鬼斧神工，古朴浓郁的历史文化，赋予兴文石海更加厚重的文化底蕴。

【二绝】地表石林。兴文石海的地表，各类地质遗迹丰富、自然景观千姿百态，南侧皑皑石峰，景象万千，山峰兀立，宛如千年城堡；东侧嶙峋怪石，重叠起伏，如波涛汹涌。"夫妻峰"似夫妻携手，佑助苍生黎民安泰康健，祈祷人间夫妻百年好合。石林中有苍翠山林，溪流潺潺，山、水、石融为一体，风光旖旎，秀丽多姿。

【三绝】天下第一大漏斗。兴文石海有一处特大漏斗景观，令人叹为观止。大漏斗长径650米、短径490米、深208米，是号称世界最大漏斗——"阿里西波"规模的两倍。大漏斗的四周山崖峭立，绝壁千仞，坑中林草苍翠、郁郁葱葱，坑壁上还有不少幽深莫测的岩洞、清清澈澈的泉眼和像银珠坠落般向下飞洒的瀑水。在大漏斗南壁中央，两个造型美观的钟乳石间的细缝中，飘飘洒洒，渗出水珠。人们传言，古时候曾有一女子在此饮得百日水滴，飘然成仙，故称"滴水成仙"。

僰王山：竹林云海，飞瀑流泉

兴文县僰王山镇的僰王山景区，是兴文世界地质公园四大园区之一，属喀斯特地貌省级风景名胜区。在兴文县城西20千米的僰王山镇北面，僰王山地势突兀，四壁绝崖凌空，主峰黑帽顶高耸入云，海拔达1180米。山林植被葱翠、云海茫茫、清幽静雅；山门沟谷溪流、瀑布湖潭、洞穴奇石等自然景观浑然天成。

飞雾洞是僰王山飞雾谷最著名的景点，由两个朝天的漏斗形竖洞组成，其上为上落水，其下为下落水，洞下有水潭，潭中之水即由翠脊长廊三泉所汇。泉水从翠竹中泻下，形成迷人的飞瀑，瀑声悠扬高亢。飞雾洞有三绝：一是洞中潭水可以渡竹筏；二是洞中有雾，雨后初晴时，雾气就冉冉升腾；三是晴天的时候，阳光照射到洞里，经常出现彩虹。另外，飞雾洞里还保留着僰人留下的壁画，需要顺着水流进入暗洞才能找到，扑朔迷离，记录着一段段僰苗历史。

探秘 喀斯特森林里的僰人秘境

僰人是曾经生活在宜宾珙县、兴文县一带的少数民族，因战争、环境等因素，僰人早已消亡在历史的长河中，但是僰人生存的痕迹仍然在这片土地上留存。僰王山也许是僰人最后的根据地，历史上最后一批僰人在这里勤劳耕作，用他们朴素的农耕哲学改变着贫瘠的土地。从僰人留下的耕种遗迹来看，他们依山而种树，树因山而成林，林成荫以滞水，水顺势以润田，田因水而丰茂，土成田以固山，山以势而成雾，雾成云以布雨。江河—森林—村寨—梯田四度同构，良性循环，千年不坏。这是真正的大智慧，是可以亘古的大手笔，其中蕴含着崇尚自然、依山势而治田、顺水性而不争、因势利导、兼利天下的智慧与哲学。

景观体验

交通 景区距宜宾火车西站136千米，宜宾五粮液机场165千米。自驾从成都出发约280千米。

住宿 兴文石海大酒店、宜宾兴文石海芦笙寨、舒沁苑、潇雅轩等。

美食 兴文乌骨鸡宴席、大坝白肉、腊味蒸滑鸡、扫把鱿鱼、仙峰羊、苗家九大碗等。

特产 兴文乌骨鸡、兴文猕猴桃、兴文方竹笋、石林西瓜、碎米芽菜等。

非物质文化遗产 大坝高装、兴文苗族花山节、贾氏微刻等。

四川省越溪河风景名胜区长滩樟林景区

宜宾樟海

带着香气的旅行目的地

四川省越溪河风景名胜区长滩樟林景区位于宜宾市叙州区，是全省唯一的现代林业产业发展省级综合试验区、首批林业"双创"示范基地、"四川十佳农业供给侧结构性改革示范基地"、首批62个中国特色农产品优势区之一、首批5个省级现代林业示范区之一。油樟是中国特有的珍贵树种，宜宾市叙州区是油樟原生资源地，有"油樟王国"的美誉。现有油樟280平方千米，樟油产量占全国70%以上，占全球的50%左右，是全国保存和发展最好的天然香料油源基地之一。位于叙州区越溪河流域的核心油樟林，则是全球最大的油樟集中种植区域，总面积超过133平方千米，来到这片油樟林，仿佛置身于油樟的海洋，故称"世界樟海"。叙州区已成功创建省级生态旅游示范区，依托油樟资源、生态资源和文化资源，在油樟核心区充分挖掘油樟文化及当地本土文化，目前正以成宜高速公路出入口建设为契机，依托越溪河风景区和隆兴场镇拓展新区，打造集越溪河风景区旅游集散中心、川南生态康养度假旅游目的地、油樟文化创意产业基地于一体的"中国油樟小镇"。

权威测评·林草探秘指数

资源禀赋：82
体验产品：86
基础设施：88
交通优势：82
网络人气：85
品牌潜力：89

■ 左图：鸟瞰世界樟海
宜宾市叙州区林业局供图
■ 右图：茁壮成长的油樟，枝繁叶茂

一场自带香气的旅行

也许你曾看过许多美景。你欣赏过夜幕下的巴黎，你领略过下雪后的北京，你拥抱过热情的岛屿。可你一定不曾有过一次灵魂带着香气的旅行。所以，你一定要来油樟王国体验一次什么是灵魂带着香气的旅行。

宜宾，万里长江第一城，这座城里有四片海，分别是酒海、竹海、石海和樟海。叙州区主要分布着与别处樟树不同的油樟。叙州区油樟有着特别的油脂腺，可以提炼桉叶油素、芳樟醇及樟脑的芳香油。

沿着木质栈道漫步在油樟王国，空气里氤氲着沁人心脾的香气，到这里来的游人，无不感叹这里的美好，无不向往这里的生活。

■ 美丽的越溪河在宜宾境内蜿蜒流淌，河水碧绿清澈，两岸油樟密布，风景如画。越溪河滋养了两岸，周围群众享受着油樟负离子馈赠的健康密码。因生态良好，空气清新，居住在这里的人们长寿得很多；因生态良好，樟海镇引来不少外地游客，举办了中国·四川第五届森林康养年会。叙州区荣获"全国森林康养基地试点建设区""科研促进森林康养发展试点县"等称号　王铁松 | 摄

当地人的"摇钱树"

  油樟的叶子可以提炼樟油,世界上 70% 的油樟在中国,而中国 70% 的油樟在宜宾市叙州区。油樟叶经水汽蒸馏法可提取樟油,樟油主要含有桉叶油素、樟脑、芳樟醇等 100 多种成分,广泛用于日化、医药、香料等行业。宜宾油樟出油率高、油质好,其产品远销东南亚、欧美等地区。

  绿水青山就是金山银山,种植油樟树已经成了家家户户的产业。当地还把发展油樟产业作为乡村振兴和脱贫攻坚的支柱产业,加大现代油樟基地培育,搞好樟油精深加工,发展森林康养旅游,促进第一、二、三产业融合发展。

人不负青山，青山定不负人。油樟不仅成了当地村民致富奔小康的绿色支柱产业，还美化了环境，康养了当地的村民，使这里成为长寿之乡。据统计，仅10万人口的樟海镇，80到89周岁的就有2 560人，90岁以上的有224人。

游人喜爱的芬芳

在旅游产品和纪念品超级同质化的今天，越溪河风景名胜区则另辟蹊径，将油樟作为切入点，制作和设计各种油樟产品，吸引了游客们的注意力，最终实现油樟产品的畅销。在这里，各种油樟雕刻工艺品琳琅满目，从小小的钥匙扣到雕花复古的衣服箱子，可以说应有尽有。这样的钥匙扣散发出的芬芳，则让人神清气爽；这样的箱子，放入衣物，不仅可以留下余香，还可以避免蛀虫。

此外，这里还有油樟精油、香皂等日化用品。日常清洁的时候，不仅香气宜人，还可避免被蚊虫叮咬。这种好产品，自用或送人两相宜。纯天然的原料，再加上物美价廉，真是值得拥有。正所谓"赠人油樟，手有余香"，何乐而不为呢？

探秘 樟海深处的森林康养地

每当节假日的时候，外地人纷纷涌向蜀南竹海，而当地人则躲进樟海，颐养身心。对于当地人来讲，樟海比竹海更加宁静。当周末或假期来临时，可以带着孩子和家人漫步油樟林，找一个农家菜馆，品尝肉质肥厚的乌鱼、油樟林下养殖的跑山鸡，原生态食材的各色菜品，物美价廉。到了和丰馆，顺便给孩子普及一下中国的农耕文化，再去油樟展示中心看看琳琅满目的油樟产品，了解油樟的种植历史。逛完溪岭千秋、樟海丹霞、红色之路、美荔老街、荔海花田、仙鹅湖湿地，可以泡个露天温泉，然后在越溪河的星空下露营。

上图：越溪河风景名胜区的步道

景观体验

交通 景区距宜宾火车西站55千米，宜宾五粮液机场32千米。自驾从成都出发约232千米，耗时2.7小时。

住宿 天堂湾度假酒店、宜宾鲁能皇冠假日酒店、宜宾凯尔顿豪庭大酒店、月亮半岛商务酒店、宜宾九天酒店等。

美食 宜宾燃面、双龙土火锅、观音盆子席、横江眉毛酥、泥溪芝麻糕等。

特产 宜宾油樟、宜宾早茶、宜宾芽菜、宜宾大塔荔枝合什手工面、合什花生、蕨粉、苦竹笋、宜宾茵红李等。

非物质文化遗产 宜宾小彩龙。

宜宾翠屏 宜宾金兰花谷珍稀植物园

金兰花谷
竹林深处的兰韵茶香

宜宾金兰花谷珍稀植物园位于宜宾市翠屏区，是以兰花为主题的生态旅游目的地，中国兰花产业化发展示范基地。园区以"打造宜宾金秋湖畔的人间至美花谷"为主题思路，以花果文化打造花海、花湖、花宫、花居、花廊、果园等十大主题产品；以兰花为主题打造兰花世界、天籁之樱、万树茶花、林屋梅海、儿童乐园、丛林野乐园等景点。景区一年四季鲜花不断，芬芳醉人！

兰之品格：非淡泊无以明志

兰花作为中国人最爱的花卉之一，它是高洁典雅的象征，不仅激发诸多诗人画家的创作灵感，更是一种珍贵药材。古往今来，文人墨客喜爱兰花，赋予其高洁、雅致的品行。大文豪苏辙有诗云："兰生幽谷无人识，客种东轩遗我香。"比喻只有品行雅致的人才能彼此赏识，物以群分，人以类聚。兰花生长在环境幽静的山谷，也以此借喻人的胸襟和精神世界。

兰花在中国有166属1 019种，以云南省、海南省、台湾地区种植为最盛。兰花的花语是淡泊与高远。当你感觉久在樊笼里，想重返自然的时候，这种宁静淡泊的地方适合短暂地休憩。如今，宜宾的金兰花谷就是这样的一处幽谷，弥漫着兰花雅致的清香。

春回大地：茶园深处的花香

吹着春日里的暖风，和煦的阳光拨开清晨笼罩在茶树上的白雾，茶香随风飘散，金兰花谷的身姿在茶园深处出现。宜宾金兰花谷占地约1.3平方千米，是一个极其适合一家人周末出游的乡村旅游景区。阳春时节，一年一度的赏花季悄然来临。此时，金兰花谷气温回暖，伴随着明媚的阳光，桃花、玉兰花、玫瑰、虞美人等几十种花儿百花齐放，争奇斗艳，到处都呈现出生机勃勃的美丽景象。

最值得观赏的是金兰花谷那100多棵不同品种的兰花。它们沐浴着春天的阳光，吸取着大自然的雨露精华，在金兰花谷人的悉心养护下，用一种平和的姿态，用高雅绝美的花朵和淡淡的幽香，展示出清香、美丽、高雅和大气的品格！它们始终保持一份淡定和从容，期待在最美的季节里与你相遇！

金兰花谷不仅有春天盛放的花卉，还有其他季节盛放的鲜花品种，如秋天的菊花、冬季的梅花和茶花，连网红植物粉黛乱子草也在金兰花谷的山坡间一片一片地野蛮生长。到了周末，通常可见一家人驱车到金兰花谷或赏花游园，或摄影写生，或棋牌烧烤。夜幕降临的时候，可见些许露营的帐篷已经搭起，就差一场篝火晚会了。或者教小朋友做一些鲜花饼，能自己带走的亲子类手工活动也是不错的选择，金兰花谷已成了宜宾生态旅游必打卡的网红景点。

权威测评·林草探秘指数

资源禀赋	71
体验产品	83
基础设施	84
交通优势	81
网络人气	75
品牌潜力	62

■ 左图：各种珍稀兰花盛开在金兰花谷
金兰花谷景区供图

■ 右图：粉色玉兰花
金兰花谷景区供图

探秘四川 88个不得不去的林草景观

探秘 让无香的大花蕙兰吐露芬芳

金兰花谷如今是川南地区游客观赏花卉的必去打卡地,有千余种花卉吸引着各地爱花之人前往。而这里最具神秘色彩的当属金兰花谷特有的大花蕙兰、杂交兰。

众所周知,兰花开时会散发出淡淡的香味,虽然不如有些花朵的味道那样浓郁,但如果凑近仔细闻,也是可以闻到清新的花香,所谓"着意闻时不肯香,香在无心处"。可是兰花品种繁多,通常花型小的国兰香味浓郁,而花型华美的洋兰花大无香。针对兰花的特性,金兰花谷的创始人刁银祥老先生立志培育出朵形大又香味浓的兰花品种。如今已年过七旬的金兰花谷创始人刁银祥老先生潜心研究兰花已逾50年,为了培育具有高雅香气、朵形大而优美又好栽种的兰花,他就经常出入深山,寻找大花蕙兰做母本,通过现代植物杂交技术,经历数十年的时间,不仅解决了野生兰花人工栽种的难题,还培育出了各种朵形大、香味浓的孤品兰花。

如今,金兰花谷以自主研发工厂化育苗繁育的大花蕙兰、蝴蝶兰、杂交兰等兰花品种为主,已成为川南独具特色的珍稀植物和杂交兰花基地。金兰花谷特有的珍稀兰花品种有400余种,杂交兰花新品种有100余种。

■ 左上图:粉玉兰 金兰花谷景区供图
■ 左下图:大花蕙兰 金兰花谷景区供图
■ 右图:邱场谢坝茶园采摘茶叶场景 甘霖 | 摄

景观体验

- **交通** 景区距宜宾火车西站45千米,距宜宾五粮液机场38千米。自驾从成都出发约230千米,约2.5小时。
- **住宿** 宜宾恒旭国际大酒店、城市名人酒店、酒都饭店、维多利亚大酒店、心悦半岛酒店等。
- **美食** 宜宾叙府糟蛋、宜宾大头菜、李庄白肉、芽菜、甜黄菜等。
- **特产** 宜宾竹荪、思坡醋、李庄白糕等。
- **非物质文化遗产** 思坡醋、川红工夫红茶、叙府龙芽茶、明威串氏芽菜、宜宾芽菜等。

扫一扫
了解更多资讯

四川福宝国家森林公园

福宝

林生福宝，有福藏宝

权威测评·林草探秘指数

资源禀赋：89
体验产品：88
基础设施：85
交通优势：82
网络人气：89
品牌潜力：68

四川福宝国家森林公园位于四川省泸州市合江县境内，是省级风景名胜区、国家3A级旅游景区。福宝古镇、玉兰山、天堂坝、自怀等特色景区独具风韵，青峰、绿岭、丹崖、赤壁、瀑布、窄脊、天生桥、河溪、幽潭等景观在这里充分发育，具有山水风光的原始性、风景资源的珍奇性、景观组合的超凡性。

福宝的超凡颜值，带来极富自然美的天然名胜

福宝国家森林公园内形成的树枝状的森林峡谷、巨型的丹崖赤壁和壮观的飞泉瀑布，成为山原峡谷型丹霞地貌的典型代表，保持了中亚热带常绿阔叶林森林生态系统和物种多样性。

森林公园有海拔1 751米的轿子山、海拔1 408米的红牵子山等著名峰岭，有大漕河、小漕河两大水系。景区的天堂坝陈家山、三连山等地鲜有人类活动踪迹，是真正意义上的原始森林，这在云贵高原与四川盆地接合部独一无二。这里分布有石人镇关、莲花石等形态各异的岩石造景，洞坪瀑布、烟雨岩瀑布等天然水体景观。

福宝国家森林公园具有陆地和水域两大生态系统，植被覆盖率达92.2%，核心景区更是达98.5%。在这里，绝大部分区域人为影响小，环境质量好。这里有森林植物1 300多种，森林动物数百种。森林公园的主导植被为中亚热带湿润性常绿阔叶林。植被从沟谷到山顶到处可见岩生、攀缘、附生、寄生等生态景观，体现出生态演替的典型性和生态系统的完整性。国内专家高度评价福宝国家森林公园景区的风景资源，是地球同纬度低海拔罕见的树种保存完好、物种十分丰富的常绿阔叶林带，是中国常绿阔叶林与丹霞地貌完美结合的典范。

■ 左图：茨竹坪的红丝带　李屏｜摄
■ 右图：林间小瀑布　合江县福宝国有林场供图

福宝的人文肌理，
创造人与自然和谐的美妙境界

福宝国家森林公园不仅有超凡的自然景观和地貌景观，还有多彩的人文景观，比如汉代崖墓群、盐马古道、茶马古道，以及福宝古镇建筑群等。

森林公园的高村有汉代崖墓群，共计 3 组 52 窟，这充分证明了福宝拥有深厚的远古文化。这里的猿猴溪岩居部落和打撮村岩居群，被誉为"原始社会陨落的文明""人类古老居住方式的活化石"。

在森林公园内，在广袤的林海中，有一条森林山道，而这条山道就是曾经川盐入黔的盐马古道和茶叶出境的茶马古道。此外，巴蜀文化、夜郎文化、中原文化在这里长期交流、融合，形成独具特色的森林文化。

多元一体，造就多彩风光

福宝国家森林公园景区分为福宝古镇、玉兰山、天堂坝、自怀四个主景区。除了这些景区外，附近的金龙湖、法王寺也是不容错过的景区景点。

玉兰山景区是福宝国家级森林公园的腹心区域，森林面积达 30 平方千米，有竹林面积约 6 平方千米，是地球上同纬度低海拔少见的树种保存完好、物种丰富的常绿阔叶林带，是难得的天然动植物基因库。

天堂坝景区属于丹霞地貌，红色岩石和绿色林海相映成趣，很是惹人注目。景区主要以瀑布、溪流、异石和茂密的植被为主要特征，或山峦起伏，或溪流纵横，或深山古木，或飞瀑流泉，可谓是景色各异，争相诱人。

自怀景区，早在 1989 年就被确定为四川省级风景名胜区。这里四季风光各异，山秀、水美、石奇是自怀风光所独有的，别的地方很少看到。它有属于国家级保护树木银杏、桫椤、银杉、水杉、红豆杉、鹅掌楸等，灵猫、云豹、短尾猴等时常出现。

金龙湖国际旅游度假区以国家一级水源保护地金龙湖为核心，独拥优质湖山资源，湖水面积约 33 万平方米，湖中山水倒映，石桥飞渡；山涧溪流穿行，瀑布飞挂。

法王寺占地 8 400 平方米，寺院所有建筑由整石凿成的 228 根红色石柱托起，整个寺院皆选用红色石料，其工程浩大、造型雄伟、雕刻精湛，为古刹建筑一大奇观，素有"天下石工第一"之美誉。世人观之，无不为之惊叹！

虽然福宝国家级森林公园已被开发成旅游景区，但福宝人并没有进行破坏性开发，其生态圈层依旧完整，是中国不可多得的原生态保护良好的区域，被誉为"四川旅游十大隐秘仙境"。

■ 左上图：福宝国家森林公园内丹霞景观　李屏 | 摄
■ 左下图：烟雨岩，阳光普照　李屏 | 摄
■ 右图：山间云雾，竹波荡漾　李屏 | 摄

因盐而生的福宝古镇

福宝国家森林公园的入口处是福宝古镇，这是一座因盐而生的小镇。依山而成的镇迹分布令人惊异，整个场镇建筑在一座鱼脊形的丘峦半岛之上，当地流传着"五龙抱珠"和"一蛇盘三龟"之说。

由于这里是川盐入黔的必经驿站，常有商家携着大宗货物盘集于此。当时盐、木等属于极其贵重的物品，必须安置在妥善地方保管，以防御匪患的侵袭。因此，选择建镇于山上，居高临下，形成稳固的安全格局。同时，盐业的运输导致福宝人口往来频繁，对粮食、瓜果等基础性物资需求较大，土地显得尤为珍贵。选址建镇于山上，可以节省出更多的土地用于生产，并能最大限度地防止夏季山洪对住宅的侵害，为盐业运输提供充足的物资保障和安全的居住环境，实用的建筑目的也成就了福宝古镇近乎完美的建筑格局。

今日的福宝，多数居民已迁往新区，以老人为主的古街，与那刻满皱纹的庙宇，更显出时空的深邃与沧桑。曾经的喧嚣和熙攘化作岁月的烟云，飘浮在古镇的上空，在那斑驳迷离的光影中，盐味弥散，若有似无，永远地包裹着这个因它而生的地方⋯⋯

■ 上图：佛经岩的丹霞景观　合江县福宝国有林场供图
■ 下图：福宝古镇　黄文志 | 摄

景观体验

交通 景区距泸州火车站116千米，泸州云龙机场120千米。从成都自驾约360千米，耗时4.5小时。

住宿 玉兰山庄、泸州原生态昆明度假村、玉兰琴韵温泉度假酒店等。

美食 合江烤鱼、桃杞鸡卷、合江豆花、萝卜半汤鱼、白果烧鸡、尧坝"梁记黄粑"、合江红汤羊肉等。

特产 泸州糯红高粱、合江真龙柚、合江荔枝、先市酱油、红橘等。

非物质文化遗产 福宝石工号子、合江石雕、大桥大河闹、白鹿牛灯、白沙桂花配制酒酿制作技艺、普照酒传统酿制技艺、福宝三角塘小曲酒传统制作技艺等。

泸州 叙永 | 四川省玉皇观森林公园

玉皇观
隐匿在丹山的仙境

远望紫霞峰，庄严巍峨。 叙永县国有林场供图

权威测评·林草探秘指数

资源禀赋：72
体验产品：70
基础设施：68
交通优势：72
网络人气：70
品牌潜力：69

　　四川省玉皇观森林公园位于泸州市叙永县国有林场境内，是丹山风景区的重要组成部分。这里有 36 座峰，以紫霞峰为首峰。北宋时期，这里开始开基筑庙，道、佛并存。紫霞峰上的摩岩题刻为景区的主要看点，明清以来，题字字径最大者为 3 米，最小者为 0.5 米，"别有洞天""秀锁双城""天外奇峰"等题刻，风格迥异。景区除有悠久的历史文化，自然风景也格外秀美。因海拔较高，景区也是盛夏避暑的好去处。

丹霞风光，彰显玉皇颜值

　　四川省玉皇观森林公园以典型的丹霞地貌景观为主，并且融合了自然生态景观、道教文化景观。这里的土石灿若明霞，色如渥丹；这里的红岩巨壁拔地而起，高达数十至上百米，绵亘数十千米，宛如道道重重叠叠的紫红色城墙，威武雄壮；公园内外，峰岩交错，巨石横躺，千奇百怪，变化万千。

摩崖造像，传承玉皇文脉

　　玉皇观所在的紫霞峰下，共有摩崖造像 3 龛 17 尊。其中，3 号龛被毁，1 号和 2 号龛保存完好。1 号龛俗称"十二圆觉洞"，有造像 15 尊，呈横形排列。正中三尊为佛像，头戴宝冠，结跏趺坐于莲台上，两侧各列 6 尊神像。2 号龛神像 1 尊，后壁有火焰纹饰。

　　此外，紫霞峰还有明清摩崖题刻 42 处。这些摩崖题刻有北宋书法家米芾的拓书"第一山"、仿朱熹书法"雾雪"、清代王果书的"红岩"、抗日名将陈明仁将军题刻的"填海补天"等。

左图：丹霞地貌和瀑布景观　画稿溪国家级自然保护区供图

·333·

赤水河畔的峡谷风光

"一鸡鸣唱,三省齐聆",指的是云贵川三省接壤之地的云南省镇雄县、四川省叙永县、贵州省毕节市分居在"鸡鸣三省"三侧。在这三省交会处,渭河与倒流河交流并入了赤水河,形成了一个"Y"字的大峡谷(叙永县境内的大峡谷段,位于水潦彝族乡岔河村,名为岔河堰大峡谷)。大峡谷的三面巨大而陡峭的石壁寸草不生,宽阔的顶端却又郁郁葱葱。置身此处,山河壮丽的既视感扑面而来。

乌蒙山深处山峦环绕、深谷林幽的自然风光,热情好客的彝族、白族、苗族等民族文化,都是这"鸡鸣三省"之地的宝贵财富。值得一提的是,岔河堰大峡谷一带曾经是中央红军一渡赤水的行军之地,这一带还曾召开了著名的"鸡鸣三省"会议,是长征走向胜利的一个重要转折点,红军在这里扶弱济困的故事也在赤水河畔流传至今。

站在 2020 年竣工通车的"鸡鸣三省"大桥上,可看见岔河村的悬崖上有条像细线一样的栈道——岔河大堰栈道又名大峡谷栈道。这是人工在悬崖边凿出来的通道,原本只是取引用水的通道,如今这里是欣赏大峡谷风光、远眺三省交界景象的绝佳地。因为栈道上的观景角度极佳,所以这里也是《中国国家地理》杂志推荐"发现四川 100 个最美观景拍摄点"之一。

走进大自然的画稿

在叙永县叙永镇境内，国家级自然保护区画稿溪与玉皇观森林公园相互交融。这个总面积238平方千米的保护区是亚热带常绿阔叶林生态系统、桫椤群落及其伴生的珍稀野生动植物的王国，被称为北半球重要的生物物种基因库。画稿溪就像是一卷天然的水墨山水画，山峦连绵、瀑布飞流、小溪涓涓、云海茫茫……因画稿溪国家级自然保护区内有超10万株桫椤、大小溪流400多条，所以探秘画稿溪有"桫椤沟""瀑布沟"两条主线。

被称为"植物活化石"的桫椤对生长环境要求极高，画稿溪有成片的桫椤原生群落，因此这里又有"桫椤王国"之称。这里的桫椤或三五成群，或傲然独立，那如凤尾羽状分裂的树叶，如撑开的碧绿大伞，一把一把撑满了整个梭罗沟。行走在桫椤沟，抬眼之间满目青山碧水，仿佛被吸进肺里的每一丝空气，都饱含了养分。

在画稿溪国家级自然保护区，与数十万株桫椤相匹配的，是大大小小的瀑布和溪流。银珠赤壁、青龙潭飞瀑、一步潭瀑布、龙潭石瀑布、九天银河……这里的瀑布多得数不过来。从溪水的源头顺溪而下，一路上水流潺潺之声不绝于耳。蜿蜒的小溪，似乎跟随着探访者的脚步，一路逶逦入诗入画。值得一提的是，画稿溪国家级自然保护区内，不止有如画的自然风光，还有可以让人停留的村庄——西溪，这里是夏日寻幽露营的好地方。

探秘 千年古银杏下的道教遗存

紫霞峰上有一座玉皇观，原名霞峰古观。玉皇观于北宋开宝元年（公元1038年）修建，初为佛庵，后为道观。观前绝壁处曾有一株千年银杏树被人们称为神树（古树遭雷劈枯死后又在其根部长出一株小树），宋代彝族群众还在树前立有"深山古树神位"进行供奉。

清朝乾隆年间有全真随山派道人王性照在玉皇观常住、传道，全真随山派为清朝时期玉皇观主要法脉，此处是探秘清代四川道教和整个全真道传承派系结构的重要道教遗迹。目前，玉皇观的历史遗迹有三清殿、祖师殿、石山门、石围墙、碑记、名人题词、真人墓等。

左图：远眺峡谷绝壁上的栈道，如同一条细线 贾林｜摄

景观体验

交通 景区距泸州火车站140千米，泸州云龙机场150千米。自驾从成都出发约375千米，耗时4.5小时。

住宿 泸州边城客栈、上舍客栈、富丽假日酒店等。

美食 殷家坡醪糟、江门荤豆花、牛肉汤锅、叙永豆汤面、搭搭面、姜汁热窝鸡蛋等。

特产 金钩青菜心、稻香村酒、叙永草坪翠芽、叙永香茗等。

非物质文化遗产 木格岛苗族祭祀、构树皮造纸工艺等。

内江隆昌 四川古宇湖国家湿地公园

古宇湖

冬季水鸟的天堂

权威测评·林草探秘指数

资源禀赋：	75
体验产品：	75
基础设施：	85
交通优势：	85
网络人气：	72
品牌潜力：	79

　　四川古宇湖国家湿地公园位于内江市隆昌市境内，是国家4A级旅游景区。它以湖泊水景、环湖松林、成群野鸭白鹭为景观特色，春、夏赏湖光山色，秋、冬观万千水鸟，素有川南"候鸟乐园"之美誉，是川南地区面积最大、生物多样性最丰富和自然景观最佳的生态湿地。

喧嚣的水鸟

　　隆昌城西不远处，就是古宇湖的北入口。站在入口附近的石梯顶，眼前豁然开朗，九曲回廊就在脚下。离开石梯顶的道路旁，一块块大青石上雕刻着传统经典故事。道路的尽头是孔子广场，一个巨大的孔子雕像矗立眼前。孔子那睿智的双眼，飘拂的髯须，拿书的手和佩剑的腰，都雕刻得栩栩如生。

　　站在孔子广场举目远眺，古宇湖碧波荡漾，微风拂过，一圈圈波纹荡漾开去。这里可以近距离观赏古宇湖的候鸟，只见湖面群鸟翱翔，飞得高高的是鹤类，它们展开长长的翅膀；飞得不太高的是野鸭，它们喜欢美食，总在水里寻觅食物；恋水的是鸳鸯，它们只在浅水处，卿卿我我，秀着恩爱。

　　古宇湖的碾子湾，美人蕉开得姹紫嫣红。深红、粉红、鹅黄连成一片，游人熙攘，在花丛中流连拍照，一串串笑声在花丛中荡漾开来。亲水栈道的尽头，便是娃娃岛湿地公园。岛上小径交错，山上乔木、灌木错落有致，交相辉映。

左图：夕阳下，古宇湖的别样景致　贾林｜摄
右图：古宇湖，候鸟的天堂　古宇湖景区管委会供图

风云显赫的云顶古寨

沱江流经成都平原东部。除了灌溉良田，滋养生灵，更是以险峻的沟壑庇佑着依此而居的世代百姓。沱江畔，隆昌云顶山上，在寨墙高筑的一座寨子里，那些淹没于荒草翠竹丛中的屋基和残墙断壁，记录着历史的痕迹。

蒙古大军对蜀地的蹂躏，让四川在元初第一次遭受了灭顶之灾。明洪武四年（公元 1371 年），郭家始祖郭孟四携家带口离开了湖北麻城，一路跋涉，来到云顶山口，拉开了云顶古寨显赫于明清两朝的序幕。曾经，云顶寨的规模和建筑群落与安徽桐城方家寨齐名，是中国两大古寨之一。郭氏家族世袭荣华，在明清和民国时期，显赫一时，在政府和军、警、商、工、农等领域独领风骚。

往日浮华，只剩堆放在青砖墙脚下的雕花石头。如今，最有趣的是云顶寨的夜场，即夜色迷蒙的凌晨赶场。开场时，能见山道上一路而行的火把，交易时间一般为一小时，早晨天色放亮，夜市立即收场。阳光给云顶寨镀上一层富丽的色彩。

景观体验

- **交通** 景区距隆昌火车站 5.8 千米，天府国际机场 171 千米。自驾从成都出发 224 千米，耗时 2.5 小时。
- **住宿** IU 酒店、妙季酒店、西姆逸居酒店、凯尚假日酒店、内江 tao pao yi xia 公寓等。
- **美食** 隆昌豆花饭、隆昌糍粑、隆昌豆花、红烧兔肉、焦皮酥、清汤鸡膏等。
- **特产** 隆昌土陶、隆昌素兰花、隆昌豆干、隆昌夏布、隆昌酱油 等。
- **非物质文化遗产** 隆昌夏布编织工艺、隆昌土陶大型陶缸制作技艺等。

探秘

隆昌石牌坊，娴静甜美的女儿柔情

如果说每个地方的气候、物产造就了各地不同的市井风情、人物个性的话，那么在以蔗糖闻名的内江，人人皆有糖一样甜美迷人的魅力和娴静温和的脾气秉性。其中，又尤以甜城女儿们体现得最为纯粹。在隆昌，聚集了全国最多的贞节牌坊，无论其品种数量，还是艺术价值，都以绝对性优势压倒了安徽歙县的牌坊，这里名副其实地成为中国古牌坊之乡。

隆昌牌坊现存20余座，建于明弘治九年（公元1496年）至清光绪十三年（公元1887年），有着几百年的历史。穿梭在牌坊之间，恍若隔世。锤子与石头的敲击声，石匠与妇女的喧哗声，不时撞击着每一根神经。每当触摸着一座牌坊，仿佛在聆听着牌坊的前世今生。一座牌坊，一个故事，一段历史，诉说着沱江边甜城女儿们的种种传奇。

▬ 左图：古宇湖摩崖石刻　贾林｜摄
▬ 右图：隆昌牌坊　贾林｜摄

四川省荣县高石梯森林公园

高石梯

川南森林康养目的地

四川省荣县高石梯森林公园位于自贡市荣县。早在清光绪年间，它就被基督教会华西教区作为外国人在四川的四大避暑胜地之一。森林公园内的九霄顶是荣县海拔最高的地方，双狮拜象、石笋凌空、杨泗岩等特色景点使这里成为川南少有的林草景观体验点。

品质生态，缔造生物多样性

四川高石梯森林公园总面积达182.13公顷，属荣县狮子山—高石梯山系，最高海拔859.7米，最低海拔为600米。这里的地貌全为低山丘陵，巨石、奇峰、沟谷、山溪集聚，以地质地貌的奇特和生长良好的天然次生林群呈现特有的川南低山自然风光。这里属亚热带季风气候区，气候温和、四季分明、降雨充沛、无霜期长。这样的地形地貌、气候条件适宜多种动植物的生长，是缔造生物多样性的理想场所。

森林养生，扮靓高石梯

森林公园虽然占地不广，但景型多样，结合丰富的人文内容，从而显示出高度的自然美、综合美，较集中而典型地反映了川南地区低山地貌的自然风景。

在高石梯，30余座山峰绵延横亘，形态奇特；青松林立，杂树葱郁；野生动植物种类繁多，终年鸟语花香，空气清新。密集的负氧离子和舒适的温度，让每个来到高石梯森林公园的人得到舒适的森林浴体验，不仅放松心情，还能达到强身健体的目的。穿行于山间茂林，呼吸着最新鲜的空气，感受天人合一的惬意，高石梯森林公园实为森林养生旅行目的地。

权威测评·林草探秘指数

资源禀赋：72
体验产品：74
基础设施：70
交通优势：72
网络人气：70
品牌潜力：72

■ 左图：高石梯的标志——迎客狮巨岩　贾林 | 摄
■ 右图：高石梯栈道　贾林 | 摄

大美山川，留存别样传奇

高石梯不仅自然风光优美，还留存着神秘的传奇故事。九霄顶有"天鹅抱蛋"的故事，老林口有"双狮拜象"的故事，鹅公颈有"石笋凌空"的故事，杨泗岩有"杨泗将军"的故事。

九霄顶是高石梯的最高峰。在这里，群山环抱，重峦叠嶂，远望九霄顶像一朵蘑菇，又像一只正在孵蛋的天鹅，俗称"天鹅抱蛋"。据传，在顶峰半岩坡边，曾挖出天鹅蛋卵石，大小不等数枚，大如箩筐，小似橄榄球。"天鹅"正面，有一座红石岩，侧视其形酷似一只"蛤蟆"，正虎视眈眈地面向"天鹅"，欲伺机偷吃"天鹅蛋"。

高石梯北端的"老林口"，树木繁茂，地势险要，山形奇特。近处有两座山，形似狮子，稍远处也有一些山峰，一座像笑罗汉，一座像大象。远看，犹如笑罗汉领着两头狮子，朝大象顶礼膜拜，所以这里被称为"双狮拜象"。

石竹沟的鹅公颈下有一人工凿洞，穿越而过，是一条山沟，两边悬崖峭壁，山高势险，沿沟梯田，颇有"洞外桃源"之感。沟底，一峰矗立，刺向蓝天，人称石笋山，沟名"石笋沟"。相传，大象以笋为食，石笋应象而生，"石笋凌空"由此得名。石笋上有一株红杜鹃，春末夏初，红艳如火，极为壮观。

杨泗岩与石笋沟隔沟相望，半崖上凿洞穴四室，壁嵌有清代碑刻六块，乡民立杆点天灯的残痕犹在。传说，从峨眉山飞来一尊木质神像，名杨泗，能征善战。乡民为保地方安宁，凿洞建庙，安放杨泗将军神像，故名"杨泗岩"。一条羊肠石阶通向杨泗岩，全靠脚蹬手爬才能进入岩洞。

探秘 巴蜀第二佛

在荣县城郊，有一座石刻的荣县大佛。佛身通高36.67米，是世界第一大释迦牟尼佛，仅次于乐山大佛，为第二大石刻大佛。大佛气势雄伟、造型优美、衣纹流畅、神韵飘然。清代时，大佛肉身贴金，衣纹施彩，金光灿烂。荣县大佛石窟作为唐代文物，被国务院批准列入第六批全国重点文物保护单位名单。随着自贡世界地质公园被联合国教科文组织正式批准建立，荣县大佛与荣县金沙桫椤谷公园、青龙山恐龙化石公园共同组成了自贡世界地质公园荣县青龙山恐龙化石群遗迹园区。

大佛所在的庙宇，唐代名为开化寺，清代以来称大佛禅寺。它的布局宛如一只展翅欲飞的大雁。从山下远望禅林，古刹错落有致，大佛巍巍，尤为壮观。大佛禅寺属禅宗，寺内供奉达摩祖师。寺内的达摩祖师造像高4.9米，右手持禅杖，上挂蒲团和草鞋，左手提佛珠，佛珠粒粒可数。造像两目圆睁，胸腹敞露，肋骨横呈，极具威严；僧衣随风卷起，脚踏芦苇，身后波翻浪滚，颇有"谁谓河广？一苇杭之"的风韵。

川南 经济区

相距高石梯国家森林公园不远的荣县大佛，则以巴蜀第二佛的体量，展示着荣县的人文景观。佛身通高36.67米，仅次于乐山大佛，有"嘉州大佛雄，荣州大佛美"之誉
贾林 | 摄

景观体验

- **交通** 景区距自贡火车站74千米，双流机场185千米，天府国际机场176千米。自驾从成都出发约175千米，耗时2.5小时。
- **住宿** 乡巴佬酒店、荣州大酒店、自贡菲美斯酒店、荣都会酒店等。
- **美食** 荷叶玉米馍、火烧鸡肉饼、银芽米饺、咸味烧白等。
- **特产** 荣县油茶、荣县龙都香茗、七厢土花生、留佳柑等。
- **非物质文化遗产** 长山锣鼓、留佳麒麟灯、古文竹编龙、双石花船、双石农民漫画等。

扫一扫
了解更多资讯

道路编号	景区名称
205	四川唐家河国家级自然保护区
	四川白龙湖国家级风景名胜区
	广元曾家山生态康养旅游区
	四川省鸳鸯池森林公园
	四川光雾山国家级风景名胜区
	四川省米仓山大峡谷风景名胜区
	四川空山国家森林公园
	四川南河国家湿地公园
	四川天曌山国家森林公园
	四川省黑宝山森林公园
	四川省翠云廊古柏自然保护区
	四川省八台山风景名胜区
	四川剑门关国家森林公园
	四川省百里峡自然保护区 巴山大峡谷景区
	四川省锦屏风景名胜区
	四川省朱德故里——琳琅山风景名胜区
	青宁云门天寨农旅综合项目之天盆草原景区
	四川太蓬山国家森林公园
	四川铁山国家森林公园
	四川省宣汉国家森林公园
	四川蓥安国家森林公园
	南充嘉陵江绿色生态走廊
	四川华蓥山国家森林公园

成德南高速

G42 G65 318 212 304 203 204 202 201 302 101 108 210 205

川东北经济区

林草景观

嘉陵江和古蜀道代言的川东北绿色屏障

川东北经济区林草景观地处嘉陵江中上游,川渝陕甘接合部,由南充、达州、广巴中和广元五市构成。

城市森林覆盖率居全省第一的广元,拥有天下第一雄关剑门关、四百公里剑门道遗址;沿嘉陵江而下,南充境内的嘉陵江生态走廊将沿线的阆中古城、青居曲流周子古镇等点位串珠成线进行整体展示;达州的林草景观资源和康养旅游业态更加丰富:川渝之巅的八台山,彰显巴人文化的巴山大峡谷,万源市的黑宝山、花萼山及汉国家森林公园越来越被公众所熟知;巴中旅游的『红』则是光雾山的秋色;广安华蓥山,以喀斯特石林和植被而独具特色……各级森林公园、自然保护区和川东北林草一道守护着四川绿色版图的东北大门。

广元 剑阁 四川剑门关国家森林公园

剑门关
打开蜀人北上的历史之门

四川剑门关国家森林公园位于广元市剑阁县北部，是国家 5A 级旅游景区、四川省地质公园。剑门关关楼立于剑门山中断处，两旁断崖峭壁，直入云霄，峰峦倚天似剑；绝崖断离，两壁相对，其状似门，故称"剑门"，享有"剑门天下险"之誉。剑门关的关楼、鸟道、猿猱道、天梯峡、一线天、玻璃栈道是这里的亮点，大自然的鬼斧神工令人惊叹。

权威测评·林草探秘指数

资源禀赋：90
体验产品：91
基础设施：89
交通优势：92
网络人气：92
品牌潜力：78

左图：剑门关的关楼
右图：大剑山观景台上看云海翻涌

秦蜀的交流渠道

剑门关地处四川盆地的北缘地区，北有秦巴山脉遮挡，南有横断山脉阻隔，西靠龙门山脉，东接夔门险地。这种四面都被山地包围的地形，正像是李白感叹的一样："蜀道难，难于上青天"。这句经典诗句几乎成了蜀道的代名词。其实，蜀道没有诗人描述的那么艰难。

早在西汉，司马迁在《史记》中就记载川陕交通是"栈道千里，无所不通"。自古以来，中原地区的人想要进入四川只有两条路线：要么从东面沿长江西上，经白帝城和瞿塘峡抵达重庆；要么从北面的大散关南下，经过汉中盆地，从剑门关进入四川。当然，如果人员和货物不多，也有一些其他的道路可以进入蜀地。但总的来说，四川盆地与外界的绝大部分交流都是通过西路和北路，尤其是从汉中经剑门关通向成都之路，更是军队和大宗商品的首选通道。

剑门关是国务院首批公布的国家级风景名胜区剑门蜀道的中心。这里剑门风光壁立千仞，地势险峻，是由旱路出入四川的必经之道，是"蜀北之屏障，两川之咽喉"。剑门关的三国文化积淀深厚，除正史《三国志》有多处记载外，小说《三国演义》中也有数十处详细描写。至今，这里的三国遗迹随处可见，三国故事广为流传。

兵家的必争之地

在古代，沿着蜀道向成都进发，途中经历的最后一道险塞就是剑门关。从这里向南便是川西平原，再也没有可以作为天险进行防御的有利地形。所以，剑门关是成都及整个四川盆地的最后一道屏障，是西蜀的咽喉，成为冷兵器时代兵家的必争之地。

在冷兵器时代，一支军队要想攻破剑门关，是难上加难。在古代战争中，剑门关创造了从未被正面攻破的纪录。李白曾有诗云："剑阁峥嵘而崔嵬，一夫当关，万夫莫开"，足见剑门关的险要程度。剑门关前战事频繁，最出名的便是三国时蜀汉姜维率三万大军守剑门关，成功抵挡魏国镇西将军钟会率领的十数万大军的疯狂进攻。在钟会实在无计可施的情况下，才有邓艾绕过剑门关，冒着生命危险偷渡阴平，灭亡蜀汉的故事情节。

时空交流的新跨越

"剑门天下险，峨眉天下秀，青城天下幽"，从旅游的角度看，峨眉与青城，已经树立起中国文化的标杆。如今的剑门蜀道不是一个关口或者一个城镇，而是一条文化线路遗产体系。

在冷兵器时代，"剑门天下险"已经成为历史烟云；在现代化的今天，四川与中国，与世界，不过是一次高铁的旅行，一张机票的飞行和一个键盘的距离。如今的剑门蜀道，已经做好了康养主题的蓝图，广元康养名市的目标也将助力剑门关的新跨越。

左图：剑门关的雄与险，在这里得到演绎
右图：剑门蜀道，留下了斑驳的岁月痕迹

探秘 "剑门天下险"的形成原因

"一夫当关，万夫莫开"，剑门关自古就有"剑门天下险"的说法，这与剑门山的形成有着密切的关系。它是在漫长的地质构造运动中，四川盆地北部边缘龙门山麓的剑门洪积堆，形成巨厚砾岩，出露地表，成为城墙岩群剑门关组，亦称剑门关砾岩。剑门岩由上至下，砾岩层次由多变少，砾径由大变小，砾泥岩逐渐增多。岩层向东南呈不均匀倾斜的单斜构造，北坡陡峭，南坡渐缓，这些地质特点铸造了剑门山的奇险。

剑门关剑峰千古耸立，但是其侧云层叠嶂，风动百里，风景时时不同，这些与剑门关的险峻融为一体，产生无穷的变化。从剑门关脚下沿着河道行走，你一路上可见金牛峡古栈道的七曲盘折，时而绕巨石而过，时而缩危崖而悬。行在其上，你的脚下微微发出几声吱呀，古道似乎有声，千年喟叹，如历史洪流。行不久，你便能见到天下闻名的关楼，两旁石崖千仞，飞鸟南行，一侧乱石嶙峋，森然如鬼蜮。关门一侧平坦，一侧陡峭，虽然气势磅礴，却只有一条道能行。只有到了此处，方知李白诗中"一夫当关，万夫莫开"是何种气势。

■ 左图：重走古蜀道的人络绎不绝
■ 右图：剑门关，随处可见悬崖峭壁
　　刘华伟 | 摄

景观体验

交通 景区距剑阁县剑门关火车站24千米，广元盘龙机场52千米。自驾从成都出发约280千米，耗时3.5小时。

住宿 剑门关淮山酒店、君悦客栈、青柠小舍、新益酒店、蜀缘酒店等。

美食 剑门豆腐宴、金仙馓子、剑阁油茶等。

特产 剑门手杖、剑门石斛、剑门关土鸡、剑门根雕、剑阁红心猕猴桃等。

非物质文化遗产 剑门手杖制作技艺。

■ 广元剑门山分大剑山和小剑山，是剑门蜀道风景名胜区的重要组成部分。两山紧密相连，东临嘉陵江，西接五指山。山体主要由白垩系坚硬砾岩构成，经褶皱上升后形成单面山，北陡南缓，经后期侵蚀风化，山峰突兀而起，峰峰如剑，其中以剑门七十二峰最著名 刘华伟｜摄

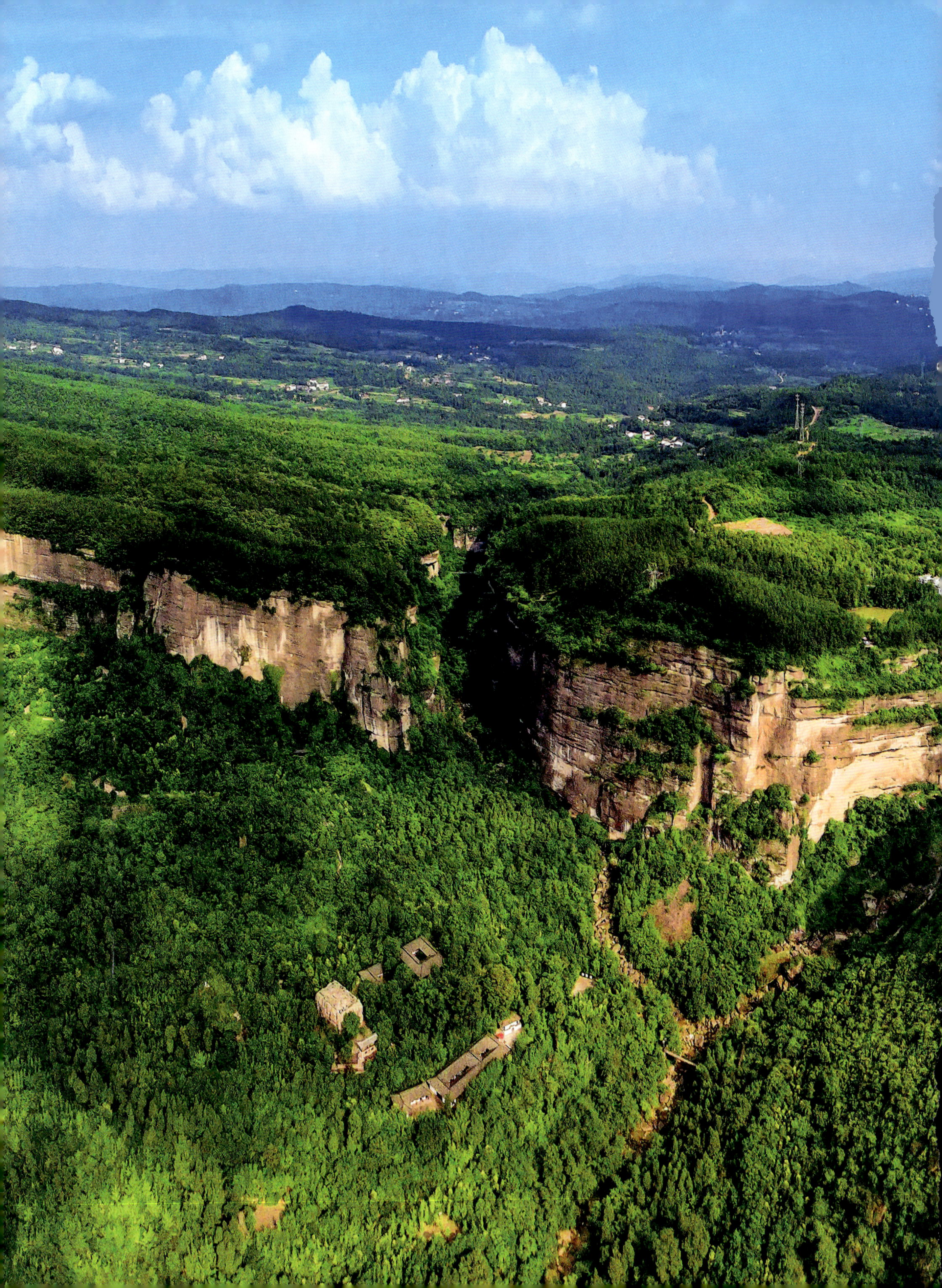

四川省翠云廊古柏自然保护区

翠云廊
负氧离子发生器

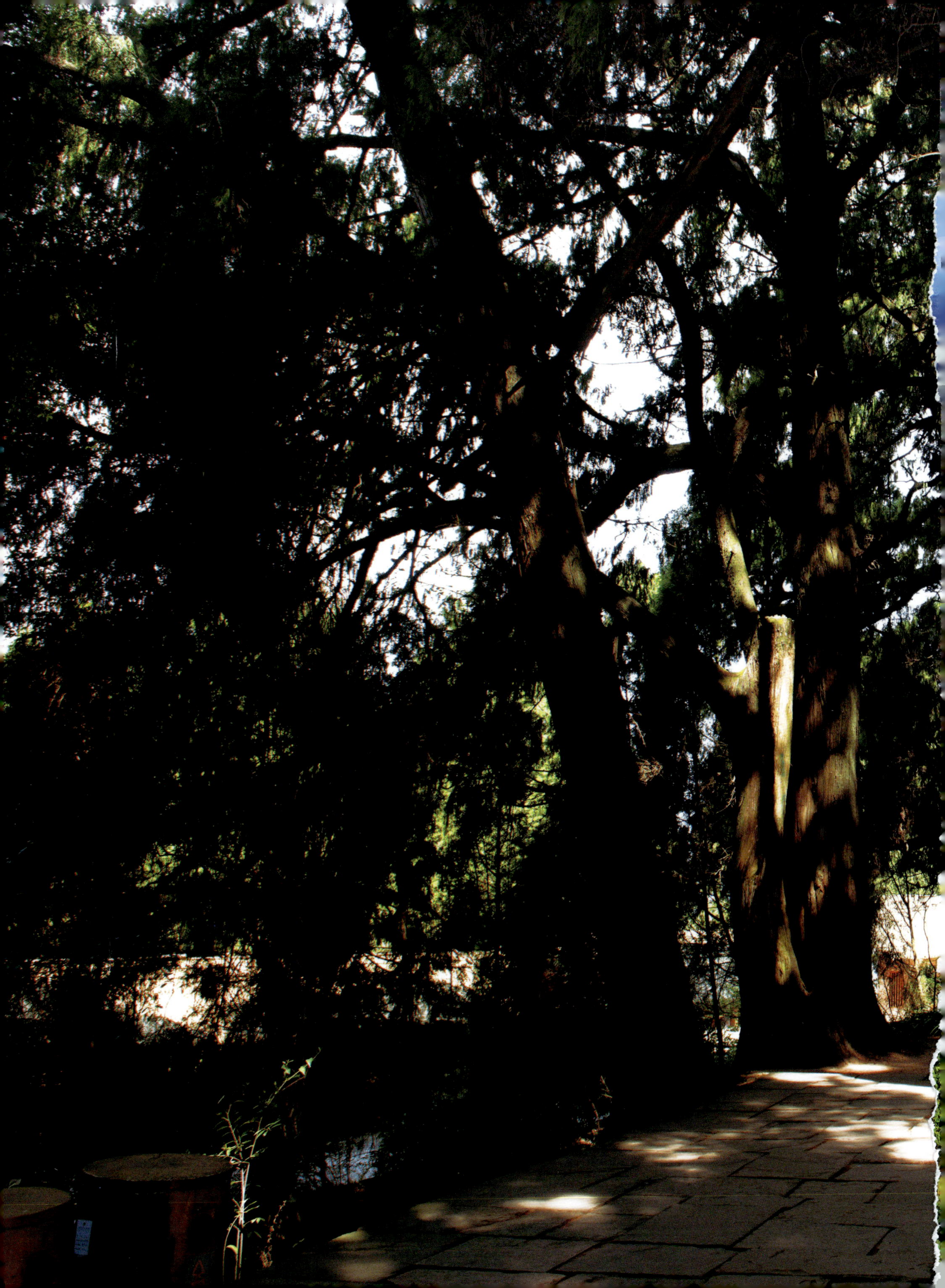

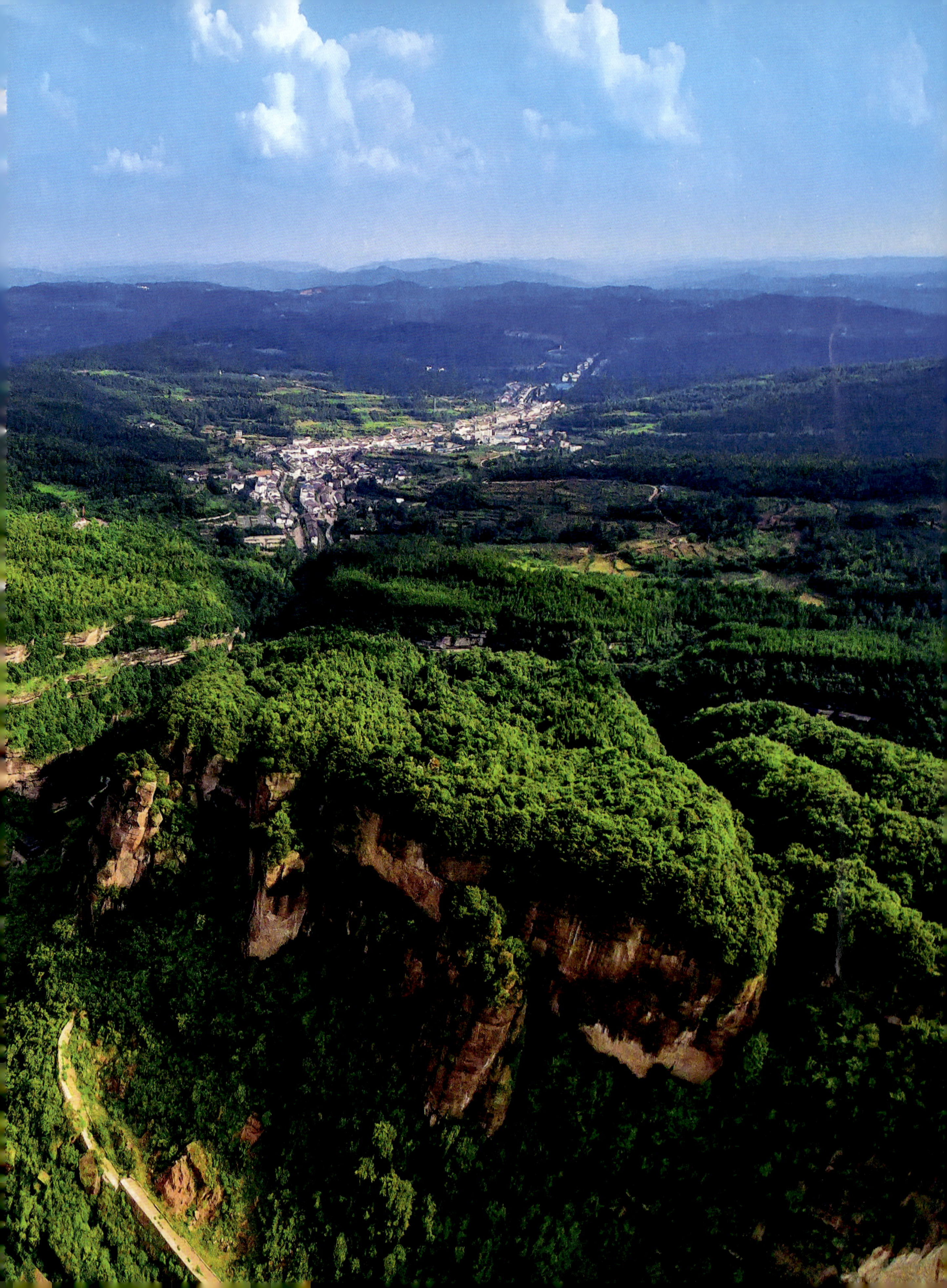

四川省翠云廊古柏自然保护区位于广元市昭化区、剑阁县和绵阳市梓潼县，是古蜀道的一段，也是以古柏及其生存环境为主要保护对象的野生植物类型省级自然保护区。近万株苍翠的行道古柏组成的绿色长廊，分布在长 150 余千米的古驿道上。历经千古沧桑，它们依然生机盎然，成为世界罕见的人工种植的古老行道树群体。如今，以翠云廊、剑门关国家森林公园、剑门关风景区为主体建成了国家 5A 级旅游景区。

苍茫长龙卧于蜀

远望翠云廊，像一条莽莽苍苍的长龙，逶迤于崇山峻岭之间。身临其中，又如一条浓绿欲滴的翡翠画廊，溢彩流辉。

古蜀道像裹着绿色的绒毡，大地因之而显得格外秀美，山河因之显得更加壮观。千百年来，翠云廊古柏累受天灾人祸的袭击，而今保存下来的只有古柏 9 233 株。虽然比原规模小了许多，但气势如故，古貌犹存。加之有成片的中、幼柏树群陪衬，使素有"柏木之乡"美称的剑门山区倍添秀色。

历史上的 6 次"扩军"

根据文献记载和科学工作者对现存古柏研究考察及民间的传说，古蜀道上大规模植树有 6 次。

【第一次：始于秦】

第一次是秦朝。秦始皇修阿房宫，曾在蜀中大量伐木。杜牧在其《阿房宫赋》中有"蜀山兀，阿房出"的描写。蜀中百姓怨声载道，秦始皇为平民愤，倡导在驿道旁植树。他还下令在全国各驿道种植松柏，用以显示天子的威仪。此后，群众便把这次植的树称为"皇柏"。据科学工作者考察，凡胸径 2 米以上的古柏，树龄约 2 000 年，应是秦代所植。

权威测评·林草探秘指数

资源禀赋：87
体验产品：90
基础设施：82
交通优势：90
网络人气：86
品牌潜力：86

左图：古蜀道，见证着古柏的生长，树林荫翳中走过多少历史的车架
贾林 | 摄

右图：古蜀道旁的村庄安静祥和，灿烂的油菜花成为山间常见的景致
贾林 | 摄

古道蜀风

前人种树，后人将这里发展成为了旅游长廊、康养长廊。茂密的古柏将这里变得十分阴凉，置身在这上十万株古柏中，那就是置身于绿肺之中。翠绿的柏树给人以非一般的视觉体验。绿树也给这里带来清新的空气，来此游玩令人身心愉悦。

【第二次：战国"张飞柏"】

第二次是三国时期。相传，张飞当年为巴西（今阆中市）太守，军政往来频繁。当时的剑阁道是蜀都至中原的必经要地，为适应政治、军事上的需要，张飞令士兵及百姓沿驿道种树，军民同心协力，完成了植树任务。据考察，翠云廊上2米左右胸径的古柏当是"张飞柏"了，而今"张飞柏"在剑阁人民群众心中已成了翠云廊古柏的代名词。

【第三次：东晋】

第三次是东晋时期。剑门山人曾在驿道两旁大量种植古柏，当时叫栽"风脉"树。尚书郎郭璞为此写了《种松记》刻于石碑。这碑到了宋代，由于风雨剥蚀，当地人又请大文豪苏轼重书碑文，今碑刻仍存武连觉苑寺内。估计翠云廊上一米七八左右胸径的古柏就是当时所植。

【第四次：唐朝】

第四次是唐朝。相传，唐天宝年间（公元742—756年），杨贵妃喜欢吃川南荔枝，唐玄宗命人快马加鞭，连夜运送。为保持荔枝鲜味，官府令百姓沿途种植柏树，剑门关人民又在原有基础上进行栽补，使翠云廊初具规模。

【第五次：北宋】

第五次是北宋时期。据《宋会要辑稿·方域·道路》记载，宋仁宗诏令，自凤州至利州，剑门关直入益州道路，沿官道两旁，每年栽种土地所宜林木。这又是一次大规模植树，并且延伸到了整个蜀道。

【第六次：明朝】

第六次是明朝。明正德年间（公元1506—1521年），时任剑州知州的李璧，曾对南至阆中、西至梓潼、北至昭化的官道进行了整治，并沿路大量种植柏树。因而清同治时期的《剑州志》所载清人乔钵《翠云廊》序云："明正德时知州李璧，以石砌路，两旁植柏数十万，今昔合抱，如苍龙蜿蜒，夏不见日。"

康养蜀道 主题线路

探秘 千年古柏的生命延续

走进翠云廊，古朴苍劲的高大柏树成群地映入眼帘，让人不禁产生了疑问，这些古柏在这里生长了多少年？说翠云廊的古柏千余年之久并不稀奇，而在这千余年间仍不断有新的古柏从泥土中新生，注目着时代的变迁。

根据多方考证和大量的史料证明，这些古柏并非一朝一代的产物，是自秦代以来历代劳动人民以血汗栽植而成。在翠云廊各段抽样调查的900多株古柏中，胸径2米以上的有7株，1.8米至2米的有86株，1.5米至1.7米的有363株，1米至1.4米的有854株，1米以下的有669株。这说明翠云廊古柏不是一次栽植而成，而是历代不断栽植形成的产物。

景观体验

- **交通** 景区距剑门关火车站26千米，广元盘龙机场54千米。成都自驾约280千米，耗时3.5小时。
- **住宿** 剑山未见山精品民宿酒店、悦榕山庄、广元帅府大酒店等。
- **美食** 剑门豆花稀饭、剑门火腿、剑门腊肉、剑阁串串等。
- **特产** 剑门绿茶、剑门豆腐干等。
- **非物质文化遗产** 白龙花灯、高观皮影、白龙纸偶等。

扫一扫 了解更多资讯

四川唐家河国家级自然保护区

唐家河
大自然本来的样子

权威测评·林草探秘指数

资源禀赋：95
体验产品：92
基础设施：90
交通优势：80
网络人气：86
品牌潜力：86

　　四川唐家河国家级自然保护区位于广元市青川县境内，地处岷山东北麓，龙门山北段的高山峡谷区，是以大熊猫及其栖息地为主要保护对象的森林和野生动物类型的自然保护区，属国家4A级旅游景区，被世界自然保护联盟（IUCN）选为全球首批最佳管理保护地，有"天然基因库"的美誉。这里生活着林间精灵金丝猴、憨态可掬的大熊猫、体形粗壮的羚牛、威武霸气的黑熊……还有随处可见的珍贵树木珙桐、连香树，名贵中药材羌活、天麻、贝母。生物多样性在这里得到完整的保护。这里还是大自然本来的样子。

■ 左图：唐家河彩林风光 赵辉 | 摄
■ 右图：羚牛是唐家河常见的珍稀动物 谢谦 | 摄

亿年积淀的自然本底

唐家河是一个来自远古、淳朴未开发的原始角落。数亿年来，幸运的唐家河凭借着四川盆地边缘的地质变迁，形成河流密布、山川巍峨的地貌特征。这些独特的地质条件巧遇亚热带季风气候，铸就了秀丽的自然景观。随着四季的不同，这些景观呈现出多样色彩：初春时节，紫荆花盛放山谷林间，沁人心脾的花香满山弥漫；酷热夏日，鲜花开遍河谷，蜂蝶翩翩起舞；秋风瑟瑟，万山被染上鲜艳的红色，彩林显现；迈入冬季，树叶枯落，层层翻飞，高山降雪，银装素裹。

多彩繁杂的天然基因库

唐家河因处在横断山脉北端向青藏高原过渡地带，所以没有在第四纪冰川活动期间形成大面积的冰盖，很多古老物种得以保存下来。

据调查，保护区内涵盖山地常绿阔叶林、常绿阔叶与落叶阔叶混交林、针阔叶混交林、亚高山针叶林、高山灌丛和草甸五种带谱，所以这里的植物类型丰富，植被覆盖率高，是一个"天然基因库""绿色明珠"。其中，这里有高等植物3 100多种，珍贵树种有珙桐、水青树、鹅掌楸、金钱槭、杜仲等十几种。此外，这里还生长着各种野生中药材。

景观体验

- **交通** 景区距广元火车站174千米，广元盘龙机场169千米。自驾从成都出发约330千米，耗时5.5小时。
- **住宿** 青川唐家河大酒店、青川怡家小筑乡村酒店、雅居山庄、青川古道麻院45号民宿、广元青溪怡家小筑。
- **美食** 青竹江娃娃鱼、白龙湖银鱼、豆瓣鲜鱼等。
- **特产** 青川黑木耳、唐家河蜂蜜、七佛贡茶、青川天麻、青川竹荪等。
- **非物质文化遗产** 川北薅草锣鼓、黎渊石刻、七佛贡茶茶饼制作工艺等。

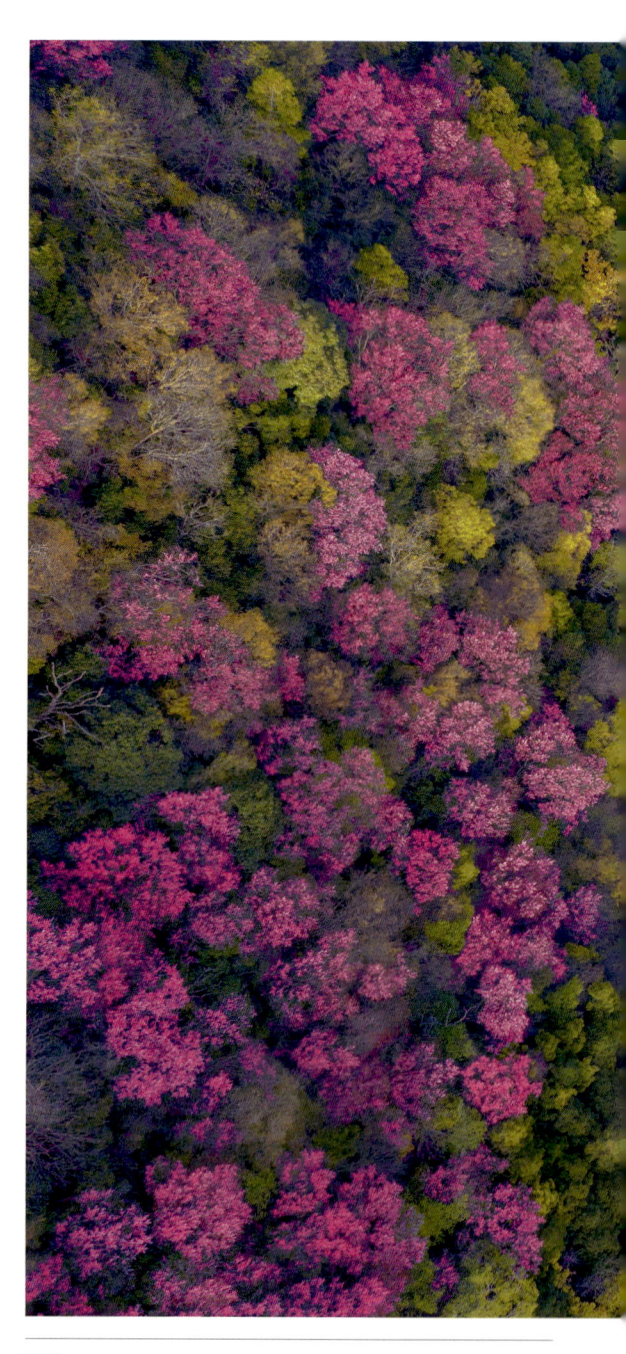

上图：唐家河溪流两岸，铺满了红叶　董开国｜摄

探秘 唐家河珍稀动物全家福

唐家河是全国低海拔地区野生动物遇见率最高的地方，是名副其实的动物家园。这里蕴藏着生物之秘，拥有大规模的动物群落，众多的野生动物在这里栖息繁衍。其中，大熊猫、川金丝猴、羚牛等珍稀动物，绿尾虹雉、灰冠鸦雀等珍稀鸟类，代表着这里生物的多样性。

大熊猫长期生活在唐家河，并且数量较多、分布集中，它们主要生活在海拔 1 700～3 000 米以针阔叶混交林为主的区域。在这里，箭竹资源丰富，为它们提供了丰富的食物及良好的生存环境。此外，这里还设立了中外闻名的第二个大熊猫野外定位观察站——白熊坪生态观察站。

所以，你来唐家河看大熊猫，白熊坪是不得不去的地方。

川金丝猴是唐家河数量较多的国家一级保护动物，保护区内有 1 000 多只。因为面孔呈蓝色，鼻孔上仰，所以它们也叫"蓝面猴""仰鼻猴"。它们的毛色金黄柔软，最长可达 10 厘米，耀眼夺目，看上去华丽且高贵。它们平时生活在大片铁杉、冷杉和桦树林中，以这些树的芽、叶、籽为食。在唐家河，一年四季都能看到它们矫健的身姿。

羚牛也是唐家河常见的国家级保护动物，当春季来临，草木开始萌芽和生长，羚牛们就会从高海拔地区来到低海拔地区觅食，并且经常在河边饮水解渴。到了夏季，山顶的积雪已经融化，高山植物开始萌芽和生长，它们则会从低海拔地区迁徙到海拔 2 000 多米以上的草甸生活。

唐家河还是鸟儿的家园，300 余种珍稀鸟类在这里安家。其中，绿尾虹雉属于世界性易危物种，灰冠鸦雀数量也极为稀少。灰冠鸦雀是一种体型较小的雀形目鸟类，从 1892 年外国科学家在甘肃南部采到几只标本后没有再次发现。2007 年 7 月，野生动物摄影师奚志农和董磊在唐家河国家级自然保护区拍摄鸟类时，在一片海拔约为 2 600 米的冷杉林下的竹丛中见到一种罕见的鸦雀，经专家鉴定，这只鸦雀

就是100多年来神秘莫测的灰冠鸦雀,这也是有史以来灰冠鸦雀的第一次影像记录,证实了这种濒危鸟类仍然在唐家河的森林中生存。

与灰冠鸦雀一样,水獭的出现,同样给唐家河带来了惊喜。2016年5月,"唐家河来水獭了"的新闻吸引了好奇的人们。水獭多穴居,主要栖息于河流和湖泊一带,尤其喜欢生活在两岸林木繁茂的溪河地带,在内陆范围却极其罕见,3只水獭的出现有可能是唐家河全年禁止捕捞垂钓、大力增殖放养使生态环境改善所致。

在唐家河,你不仅可能遇见上述珍稀动物,也可能与藏酋猴和猕猴狭路相逢,还与野生鱼类来一次偶遇,与高山草甸上的林麝和毛冠鹿相视一望……

唐家河四季气候舒适,除了适时地放置盐巴,为野生动物们补充营养,当地林业工作者还会定期进入保护区巡查受伤的动物。为了防止狂犬病在大熊猫及动物间传播,他们并不会携犬类同行,一旦发现动物的尸体,也仅仅是抽取样本,查明死亡原因,在必要的情况下,实施疫病的控制和治疗。唐家河成了野生动物的栖息乐园,以及探究人类与动物关系的绝佳自然博物馆。

四川唐家河国家级自然保护区供图 肖飞 邓建新等 | 摄

广元青川 四川白龙湖国家级风景名胜区

白龙湖
左手龙门，右手摩天

川东北 经济区

四川白龙湖国家级风景名胜区位于广元市青川县，总面积420平方千米，被誉为"西南第一湖"。湖区20多座岛屿星罗棋布，最大的阴平岛，面积约3.5平方千米，岛上最高峰是大洼山，海拔为892米，约2平方千米的冷杉林郁郁葱葱。

三省交界"第一湖"

白龙湖风景名胜区烟波浩渺，壮阔奇丽。其东起陕西宁强的金山寺，北接甘肃文县余家湾，西至四川广元青川的骑马乡，南至广元的宝珠寺，连接川、陕、甘三省。旭日东升，湖面上闪动万点金鳞，湖光反照，把环绕的群山映得一片灿烂。夕阳西下，彩霞满天，西湖港湾，一桥飞架，长虹卧波，倒影似游龙在浪谷峰间沉浮，山风乍起，松涛涌动，湖面泛起阵阵涟漪，泛舟湖上，飘逸超然，心旷神怡。

权威测评·林草探秘指数

资源禀赋	80
体验产品	79
基础设施	78
交通优势	85
网络人气	80
品牌潜力	88

傍晚时分，白龙湖一片渔舟唱晚的景象，湖边的雕塑，正演示着垂钓动作。

■ 左图：冬日白龙湖
青川县林业和园林局供图

■ 右图：垂钓者雕塑
青川县林业和园林局供图

·365·

多元化湖岛风景线

　　白龙湖地处岷山山脉和大邑山脉交会处，龙门山系与摩天岭山系的交汇使其山势雄奇嵯峨，多姿多彩，形成了一个水域广阔、环境优美，集湖泊、岛屿、山峦、溶洞等自然景观和丰富的历史文化遗迹为一体的风景区。

　　它集山景、水景为一体，湖周重峦叠嶂，山势陡峭雄伟，湖岸线曲折蜿蜒，峡谷众多，溶洞成群，水鸟云集，景观奇特；湖中湖，湖外湖，大湖含小湖，湖湖有特色；山中峡，峡中山，大峡套小峡，峡峡有景观；半岛成群，岛屿孤立，岛中有镇，镇中有阁，同类景区不可比拟。

　　它以阴平岛为中心，分为沙洲湖、刘家峡、龙洞峡、洛阳河、青草坪、景谷峡、宝珠寺七个各具特色的景区。这里有"沙洲日出""碧水丹秋""双峡环流""黄峡探奇""栈桥夜月""西港飞虹"等十大景观，是理想的游览、度假、会议、疗养、水上运动基地。

垂钓者的天堂

无论晴天或阴雨，走进白龙湖，清澈的湖面少有涟漪，最亮眼的当属那条天蓝色的水上栈道，栈道上聚集着一群垂钓者。白龙湖景区经过多年的生态渔业带动苗种培育、休闲垂钓和涉渔服务业"人放天养"的发展模式探索，现如今已被垂钓爱好者称为"中国西部最佳的生态淡水有机鱼垂钓目的地"。

万亩油橄榄守护白龙湖

依托白龙湖两岸充足的光热资源和水资源，以退耕还林为契机，让白龙湖岸边的普通山地摇身一变成为油橄榄生存的最佳福地。湖边的沙洲镇、木鱼镇组织农户种植油橄榄近万亩，每年10月，果叶一片翠绿，不仅给白龙湖增色添彩，同时也给城镇农户带来丰厚的收益。

上图：鸟瞰白龙湖全景，饱览美丽景色
青川县林业和园林局供图

白龙湖，岛屿密布

探秘 白龙湖底的"城"

在白龙湖，湖面上自然风光无限好，湖底则隐藏着别样的景色。白龙湖底藏着一座城镇，名叫沙州镇，是宝珠寺电站青川库区最大的移民镇，也是历史悠久的千年古城镇。当年，为建设宝珠寺电站，全镇迁徙，旧址下沉蓄水形成白龙湖水库。

其实，白龙湖在古代便是交通要冲，是秦汉时期入蜀古道，著名的金牛道、景谷道和阴平道交会于此，为兵家必争之地，留下了许多古关、古道和文物古迹以及红军长征遗址等。

或许是因为历经数朝数代，见惯了血雨腥风，才让这个湖看上去如此平静。

景观体验

- **交通** 景区距广元火车站40千米，广元盘龙机场26千米。从成都自驾约350千米，耗时7小时。
- **住宿** 广元宾馆、天成大酒店、广元国际大酒店、丽枫酒店、希尔顿欢朋酒店、广元富力万达嘉华酒店等。
- **特产** 广元凉面、广元酸菜、椒盐酥锅魁、广元核桃酥饼等。
- **美食** 利州杜仲山鸡、利州香菇、利州红栗、广元橄榄油、利州贡米等。
- **非物质文化遗产** 白花石刻、云峰剪纸、渔河刺绣等。

广元曾家山生态康养旅游区

曾家山

蜀道新表达 康养新高地

权威测评·林草探秘指数

资源禀赋	74
体验产品	76
基础设施	75
交通优势	73
网络人气	75
品牌潜力	72

■ 左图：盘山公路是曾家山秋日里的景观大道 曾家山林场供图

■ 右图：金秋季节，来曾家山观红叶的人络绎不绝 曾家山林场供图

曾家山有"溶洞王国""石林洞乡"的美誉，是游客们赋予它最写实的标签。这里以喀斯特地质资源为主要特色，其典型的岩溶地貌景观几乎囊括了温带到亚热带岩溶地带的全部类型。石笋坪的喀斯特地质景观最具特色。这里有10余座石笋峰矗立入云，其中一座石笋峰的峰顶石状似老鹰，所以这里的村落被称为石鹰村。石笋峰后山的峭壁奇形怪状，颇为壮观。

广元曾家山生态康养旅游区位于广元市朝天区，处在秦巴南麓、川陕接合部，是国家4A级旅游景区。这里的地质景观独特，石笋坪的"巨型石芽"、川洞庵的"瓮形竖洞"举世罕见，云海、林海、石海、草海、雪海是这里的五大特色景观。

■ 曾家山的云海与山峰 甘霖 摄

山川护佑的自然基因

  每到炎炎夏日，国内各大城市已突破 36℃高温警戒线时，平均海拔仅 1 400 米的曾家山，平均气温却只有 23℃。这里山势奇峻多姿，原生植被丰富，植物种类繁多，空气清新宜人，森林覆盖率达 74%，每立方厘米空气中的负氧离子高达 10 万余个，是城市空气的 500 多倍。

  曾家山有"溶洞王国""石林洞乡"的美誉，是游客们赋予它最写实的标签。这里以喀斯特地质资源为主要特色，其典型的岩溶地貌景观几乎囊括了温带到亚热带岩溶地带的全部类型。石笋坪的喀斯特地质景观最具特色。这里有 10 余座石笋峰矗立入云，其中一座石笋峰峰顶石状似老鹰，所以这里的村落被称为石鹰村。石笋峰后山的峭壁奇形怪状，颇为壮观。

  秀美的自然风光，丰富的地质景观，舒适的宜居环境，是游客们的绿色的天然氧吧、康养旅游的好去处。除了夏天，曾家山还是春天踏青赏花、秋天观红叶、冬季赏雪滑雪的养生旅游胜地。

林间的人文内涵

  4 000 年前，就有先民在曾家山刀耕火种，创造了人类远古文明——白羊石器文化。曾家山川洞庵山高林密，地势隐蔽而险要，历来为兵家必争之地。先秦白羊栈道及蜀汉文化遗迹历经千年沧桑，古风依然。古来迁客骚人、南北商贾和兵家纷争，曾为曾家山留下浓墨重彩的历史印记。新民主主义革命时期，中国工农红军第四方面军辗转南北，在此建立苏维埃政权。曾家山由此汇入革命洪流，成为川北革命老区的重要组成部分。

八方宾客的选择

　　康养新高地的曾家山吸引着四面八方的游客前来"打卡"。在这里，他们或林中穿梭，或野外露营，或看漫天星辰、云海日出，享受着从"火炉"到"天然空调"的极致清凉。他们与山水为邻，看林间莺歌燕舞，花开花落。他们在五坊街交同道益友，看青石溪流，观亭台楼榭。生活的点滴汇聚成一幕幕幸福的回忆。

　　不少游客对曾家山一见倾心，在此买房安家。定居后，他们可以享受这里优质的空气和水质，参加夏季登山、冬季滑雪及各类体育运动，参加书法、绘画、歌唱等各种文艺活动，食用环保、有机、具有本地特色的食品。总而言之，他们在这里享受着这座大山一年四季带来的舒适、惬意。

康养生活的胜地

　　曾家山还打造了集养生养老、避暑闲居、运动休闲、旅游度假于一体的 2 平方千米全龄段颐乐康养生活小镇，是这里发展康养旅游的点睛之作。

　　曾家山康养生活小镇以丰富多彩的森林景观、沁人心脾的森林空气环境、健康安全的森林食品、内涵浓郁的生态文化为依托，采用中式园林建筑风格打造，配备相应的养生休闲及医疗、康体服务设施，融合"养生文化""邻里文化""农耕文化""禅茶文化"四大核心文化理念，开展以修身养性、调适机能、延缓衰老为目的的森林游憩、度假、疗养、保健、养老等活动，让人们在安全、轻松、私密的环境下体验原乡生活的乐趣，为人们回归森林、了解森林开启了一道神秘之门。

康养外的艺术佳作

曾家山除了有发展康养旅游的资源禀赋外，还有令人称绝的艺术基底。曾家山的麻柳乡，号称"中国民间艺术之乡"，民间特色刺绣享誉中外。麻柳姑娘善于刺绣，所绣的帐帘、枕套、围腰、袖套、手帕、花鞋、笔袋等生活用品，色调鲜明，对比强烈，有浓郁的乡土气息，可购买作为纪念品。此外，这里的曾家锣鼓、曾家山歌、李家狮舞、平溪傩戏等民俗活动也颇具特色。

探秘 曾家山景区

广元曾家山景区由森林景观、农业观光、民俗风情、地质博览"四大园区"和川洞庵、石笋坪、汉王洞、吊滩河、麻柳峡"五大景点"构成。

森林景观园总面积约 497 平方千米，园内动植物种类繁多，有红豆杉等珍稀植物、林麝等野生动物数百种；云海、林海、石海、草海、雪海五大景观独具特色。农业观光园总面积约 67 平方千米，园内建有新品种展示、果蔬采摘、农耕体验等 8 个特色园区。民俗风情园以曾家山高山风情小镇为主体，是曾家山的旅游中心，"麻柳刺绣""李家狮舞""平溪傩戏"等充分展示出高山风土人情和民俗文化。

露营曾家山，别有一番风味；云雾中的曾家山，仙气沁人；溶洞里，一束阳光倾写而下。

- 上图：曾家山林场秋景 甘霖 摄
- 左下图：彩林渲染的曾家山林场 甘霖 摄
- 右下图：曾家山洞庵 曾家山林场供图

景观体验

- **交通** 景区距广元火车站 64 千米，广元盘龙机场 80 千米。自驾从成都出发约 360 千米，耗时 4.5 小时。
- **住宿** 曾家山大酒店、曾家山养生苑宾馆等。
- **美食** 火烧馍、曾家山老腊肉等。
- **特产** 曾家山土鸡、曾家山甘蓝、曾家山玉米、曾家山莴笋、朝天天麻等。
- **非物质文化遗产** 麻柳刺绣、李家锣鼓等。

川东北经济区

广元朝天 | 四川省鸳鸯池森林公园

鸳鸯池

微阳下乔木，远色隐秋山

航拍国家山林场 甘霖 摄

探秘鸳鸯池

天然神奇的自然风光、古朴典雅的人文景观、独具一格的民俗风情和底蕴深厚的历史文化使得无数人为鸳鸯池森林公园心驰神往。广元市朝天区特殊的地理位置成为中原文化和巴蜀文化的交汇点，历史文化积淀深厚，本土文化源远流长。

四川省鸳鸯池森林公园位于广元市朝天区，面积约 25 平方千米，其海拔在 1 500～2 000 米。境内有阔叶彩林景观，喀斯特地貌造就的奇峰绝壁连绵数十千米。2019 年，它入选第五届"中国森林氧吧"榜单。

云端上的鸳鸯池

鸳鸯池森林公园地处米仓山脉，人称"曾家山后花园"。山上有两个人工湖，湖水浩渺，景色旖旎，所以得名鸳鸯池。鸳鸯池森林公园还有一个接地气的名字：李家林场。在炎炎夏季，这里是被绿色温柔地包裹着的世界，远远近近、高高低低全是绿色。城里是炎夏，这里的气温却只有20℃左右，阳光轻暖，山风凉爽。树林掩映中，藏着一个农庄，这就是林场的场部。

初春时，工作在这里的林业工人，看守着嫩芽一点点长大，由鹅黄至嫩绿，到浅绿、深绿、金黄、绯红，再到大雪封山，天地间变成白茫茫的一片。大自然这位艺术家总是能调出最治愈的颜色，任凭时光流转，美从不改变。在森林公园深处，赫然矗立着两个瞭望塔台，纯白的塔身在周遭的浓绿中显得格外亮眼。登上塔台，似乎置身云端，放眼望去，整个鸳鸯池森林公园在翻涌的云海下若隐若现，充斥着一股神秘又静美的色彩。

神仙眷侣的世外桃源

或许是时间的洗礼和城市的霓虹让人逐渐失去了对自然恬静的追求动力。当穿越层层山林，走上一条洁净车马道，一排简约的木质独栋小房映入眼帘，恍惚间好似穿越到世外桃源。再行至林深处，鸳鸯池便呈现在眼前。在一片青草地上，池并不大，周边牛马成群。那一刻，时间仿佛静止，画笔和相机都难以描绘的画卷在记忆中挥之不去。

权威测评·林草探秘指数

资源禀赋	72
体验产品	78
基础设施	76
交通优势	75
网络人气	75
品牌潜力	94

景观体验

🚗 **交通** 景区距广元火车站76千米，广元盘龙机场106千米。从成都自驾约380千米，耗时5.5小时。

🏠 **住宿** 栖云山居、广元云顶美墅等。

🍴 **美食** 火烧馍、曾家山老腊肉、麻辣田螺、广元纯黄茶等。

🛍 **特产** 羊木香菇、朝天天然黑木耳、曾家山马铃薯等。

🏛 **非物质文化遗产** 麻柳刺绣、李家锣鼓等。

这片森林外的草坪，时时有人打理，不至于让草长得太茂盛。高高低低、起起伏伏，像一片绿色的海浪在翻涌。树林里，牛儿悠闲地吃着草，晃悠着铃铛，发出叮叮当当的声音，鸟儿在枝头悠扬地唱着，鸣蝉演奏着口琴，虫儿唱着歌，一首超治愈的夏日森林狂想曲就此诞生了。

如果你住下来，主人家还会热情地点燃篝火。山里夜间凉，篝火、舞蹈刚刚好，对酒当歌，仰望星河，人生欢乐本就良多。你还可以第二天起个大早，登上望远山看云海日出，万里云海在天地间奔腾，日出时霞光色彩不停地流转变换，又渐渐散去，360°震撼视角，给你一个久违的惊喜。

▎左图：鸳鸯池旁草地与彩林交相辉映 甘霖 摄
▎右图：驱车行驶在森林公园的盘山公路上，入目皆景 甘霖 摄

鸳鸯池秋色

走进鸳鸯池深处，多样化的植被分布，满足着游者的寻景愿望。此时鸳鸯池森林氧吧秋意正浓，不均匀铺就的秋日色彩是它最撩拨思绪的情怀。

站在高处远望，秋天的鸳鸯池到处是火红火红的枫叶，朝霞初照，像落在山腰的红云彩；晚霞辉映，像一团团玛瑙。游者停下前行的脚步，如痴如醉于万山红遍、层林尽染中。秋天的鸳鸯池因满山火红的密林声名远播，弯弯曲曲的山路两旁，险峻的山巅之上，目之所及，片片红林像点燃的野火般在曾家山内外蔓延，染红了萧索落寞的秋天。

山林曼妙，山谷幽静，在鸳鸯池海拔1 988米的大尖山制高点，五彩斑斓的色调是其旅游资源最美的写照。漫山遍野的落叶松织就秋日锦华，山庄掩映于无比绚丽的秋色童话王国里。抬头仰望，纵横交错的枝蔓将碧蓝的天空条块分割，似在宣誓各自的领空主权。水光潋滟晴方好，湖水浩渺澄澈如镜，犹如上帝之眼，葱郁林海热烈如火，造物者将热烈与静谧完美调和。

当时间来到宁静的初冬早晨，在这里如果等到了一场入夜的小雪，空气洁净，周遭都是干净的阳光、干净的树林，宽阔的天被森林的起伏分割了视线。还有一些没来得及褪去绿黄的树丛，让这样的早晨似田园童话的观感。

广元 四川天曌山国家森林公园
利州

天曌山
皇恩宠赐的日月传奇

四川天曌山国家森林公园位于广元市利州区境内，海拔1 100~1 700米，是典型的城郊型森林公园。天曌山森林覆盖率达98%以上，大部分是人工柳杉林。茂密的森林、宜人的气候、幽美壮观的自然人文景观，成为理想的消夏避暑之地。

女皇武则天的礼佛圣地

门开天府，山启日月。天曌山是女皇武则天童年曾经生活和礼佛之地，山中多佛寺、仙观。梵天寺曾现佛光金莲，自唐代成为川、陕、甘、滇的佛教、道教名山。千百年来香火不断，游人如织。

松涛夹林浪，舸声伴梵音。千年古刹，暮鼓晨钟；巍巍群山，重峦叠嶂；莽莽林海，万木争荣。梵天寺、读书台、蟠桃石、舍利塔、状元塔、神仙桥、天池湖、睡佛、听涛石、艮台观等自然人文景观，景景不同，景景相映。天曌山是皇家宗教朝觐、避暑、休闲度假、女皇文化体验综合旅游目的地，是"剑门蜀道，女皇故里"旅游风景线上的绿色瑰宝。天曌山山壁上刻有巨大的红色"曌"字，俯瞰广元。最炎热的8月，走进天曌山，最高气温也不过20℃。天曌山不仅拥有优美的自然风光，打造的人文景观也很值得玩味，武则天文化更是得到更好的体现。从游客接待中心前高大的立柱到景区内诸多小景，皆有女皇的故事，而其中最优美的大概是日月湖了。

权威测评 · 林草探秘指数

资源禀赋：77
体验产品：80
基础设施：79
交通优势：71
网络人气：74
品牌潜力：74

林荫小径，是山里人的对外通道；崖壁上，"曌"字还是那么耀眼。
■ 左图：天曌山原始森林
天曌山国家森林公园供图
■ 右图：曌望台
天曌山国家森林公园供图

三教合流，泽被万方

　　天曌山万亩森林密布，郁郁葱葱，大自然的鬼斧神工将此山打造得重峦叠嶂，更有夏无酷暑、冬无严寒的山地气候相陪衬。大风吹来，松涛狂吼；烈日当空，浓荫蔽日，登高眺望，一览众山小。后山与前山天池湖海拔相差约百米，形成奇特的地质植物景观。茂密的森林、宜人的气候、幽美壮观的自然人文景观，成为人们理想的消夏避暑之地。

　　群山苍苍，林海茫茫。望脚下，云雾缭绕，如临仙境。从天台阁景点向东不远，就是蟠桃石，一块巨石形似仙桃，倒立于地，四周无依，大风吹来，摇摇晃晃。距蟠桃石百余步，有一块立在悬崖边的巨石，顶上十分平坦，可容十余人，巨石与平台相距约两米，纵身可跃上巨石。巨石周围有高大的树木遮掩，环境清静，在此下棋、读书惬意无比，不是神仙胜似神仙。

　　天曌山自古就是著名的宗教活动圣地，道教、佛教在此皆有。广元地接南北，天曌似乎也山分南北，前山秀美舒适，后山险峻阳刚，前山佛教庙宇居多，后山以道观为主。前山道教现仅存玄通府一座宫观，后山的灵台观有占据天曌山的制高点的真武宫、慈航殿，有八卦亭造型的太清宫，有三清宫、别具一格的亭式灵官殿，有大气雄壮的药王殿，还有密林中绝无仅有的沟叙廊桥。优美幽静的天池湖，山上的寺庙道观，皇恩宠赐的福祉，泽被万方。

上图：天曌山的日出与云海
下图：夏季的天曌山是避暑胜地

天曌山上的脚印

经过灾后重建的四川广元天曌山国家森林公园，基础设施完备，游客接待能力增强，文化内涵得到了极大的提升，已经成为国内知名、省内一流的山地生态景区、武则天文化体验区与皇家宗教朝觐区的综合旅游度假胜地，成了四川省最具特色的高山生态旅游区、旅游休闲度假区、绿色生态养生基地和四川省重要的佛、道教文化朝觐地。

天曌山是用一位皇帝自创的字来命名。对这个中国唯一女皇有兴趣者，还可以到天曌山下的广元城嘉陵江边，那里有个皇泽寺，是武则天登基后改名的古寺庙。

寺庙临江依崖，共有三重大殿，第一层是二圣殿，供奉夫妻两个皇帝；第二层是武则天唯一的真容殿，供奉的是老年的武则天塑像；第三重为大佛楼，佛像栩栩如生。大佛楼隔江望去，对面是凤凰楼，凤凰楼修建在凤凰山上，楼为凤头，山为凤身。据说，武则天就是出生在那里。

此外，沿凤凰楼临江而上，不远处为千佛崖，嘉陵古道边的悬崖上刻有上千佛像，其中有按武则天面容塑造的弥勒佛。广元流行"女儿节"，时间在正月二十三。据说，这个日子是女皇的生日……

探秘 天曌山的女皇印迹

天曌山与中国唯一女皇帝武则天有着密切的关系，是探秘女皇印迹的好地方。天曌山的得名就和武则天有关。据史书记载，武则天称帝后，给自己取名武曌，这个"曌"字是她独创并专用的，而据说就得"意"于这里的山水：日月湖正对梵天寺，日月对空门而成"曌"字。在天曌山，前山是高山湖泊，长廊两边是环湖的木质步道，有十九处临水休闲平台，每个平台以武则天的年号命名。更为奇特的是，从湖上望过去，不仅前山有梵天寺，而且寺庙后面的青山（后山）也犹如一尊睡佛，尤其雨雾天，缥缈云间。据传，武则天小时候来此礼佛，随口说这湖就是日月湖，这庙宇就是最美的梵天，于是观音道场改名梵天寺，无名湖泊更名为日月湖。如今，梵天寺后面还留有五棵巨大的古柏，传为武则天及父母姊妹五人所种。

梵天寺建于魏晋时期，唐代武则天时期而具备规模。此外，唐代王状元、清代管道士等在此羽化升仙，寺庙又称蜀门金顶。寺庙背靠山峰，山峰顶端建有佛塔，供奉得道高僧的五彩舍利，更增加了这个寺庙的分量。

景观体验

- **交通** 景区距广元火车站21千米,广元盘龙机场27千米。自驾从成都出发约310千米,耗时4小时。
- **住宿** 广元星昱国际度假酒店、天泉山庄、松涛山庄等。
- **美食** 女皇蒸凉面、广元酸菜、椒盐酥锅魁、广元核桃酥饼等。
- **特产** 利州杜仲山鸡、利州香菇、利州红栗、广元橄榄油、利州贡米、利州贡梨等。
- **非物质文化遗产** 白花石刻、云峰剪纸、渔河刺绣等。

上图:天曌山日月湖 天曌山国家森林公园供图

广元利州 | 四川南河国家湿地公园

南河

再造山水灵性和城市个性

四川南河国家湿地公园位于广元市利州区东城片区南河河畔，总面积约1.11平方千米，其中水域面积占61%，是四川省第一家国家级湿地公园，也是我国西部规模最大的开放性城市湿地公园，公园内有河流、湖泊、梯田湿地等多种类型的湿地，是许多珍禽水鸟和鱼类的栖息地，生态功能显著。2019年，它被全国绿化委员会办公室授予首批国家"互联网+全民义务植树"基地称号。

四川首家国家级湿地公园

南河国家湿地公园是四川省第一家，也是相当长一段时间里唯一一家国家级湿地公园。它将原生态保护和人文景观建设完美融合，凸显山、水、城、林和谐共生的独特风韵，形成生态湿地、水景风貌、民俗文化三大特色和"十区二带"迷人景观，成为南山森林公园的重要组成部分和广元创建国家级森林城市的标志性工程。

南河湿地公园以广元市的母亲河南河及其河溪湿地为主体。南河发源于广元市朝天区境内，流经燕子乡、荣山镇、大石镇，横穿广元市城东，注入嘉陵江，广元市城区内的四分之三用水来源于南河。南河在广元市区接纳了汇入的万源河，河道纵横之间，人工湖、退耕梯田等复合湿地生态系统开始形成，并在此区域发挥着涵养水源、净化水质、维护湿地生物多样性和调节区域气候等重要生态系统服务功能，是广元重要的生态基础设施。

权威测评·林草探秘指数

资源禀赋：80
体验产品：88
基础设施：82
交通优势：90
网络人气：83
品牌潜力：89

■ 左图：南河廊桥 甘霖｜摄
■ 右图：湿地公园内的粉黛乱子草 甘霖｜摄

城市与自然的和谐融合

在南河湿地公园建立之初，就在南河下游建立了调节水坝，以保证水位的相对平稳。在调节坝的上游，水位受水坝调节，常年保持在稳定状态，把曾经广袤的地带覆盖了起来。接着，实施林泽工程，将环境适应性强的耐淹植物进行引种，在河道边形成类似于海岸红树林的生态环境，水生动物增多的同时，也就引来了大量水鸟。一个完整的自然生态系统在南河岸边形成。

如今，站在岸边，随处可见半空中飞过成排的鸟，冬季来此越冬的候鸟有几十种，去年还引来了几只天鹅，来越冬的部分斑嘴鸭甚至在南河湿地公园安了家，由候鸟变成了留鸟。

水的那一边：或喧嚣，或恬静

城区的高楼仿佛直入云霄，欲与远山一较高低。湿地公园却是鸟语花香，宛若世外桃源。公园的主要景点面向市民开放，公园建设中的一草一木、一砖一石都考虑到了百姓的方便和舒适，从道路铺设到景点打造，处处都体现出了人与自然的和谐相融。在植物种植上做到了"春有花、夏有果、秋有色、冬有绿"，形成了小桥、流水、古树的宜人美景。

园内依山傍水，风光旖旎，形成了生态湿地、水景风貌、民俗文化三大特色。这里有古朴典雅的仿唐景观廊桥，有鲜亮明快的现代餐饮中心，有欧式风格的西餐音乐茶座，有精彩别致的露天音乐剧场，还有川北民居风情的万源古街小镇。生态、人文、自然三大理念在这里体现得淋漓尽致。

探秘 国家湿地公园客流量之最

传统意义上的湿地公园，距离城市人群聚居地都有一定的距离（或在郊外，或在野外），而南河湿地公园直接连通到广元市区，良好的生态环境服务效益和区位优势，引得本地人一天来公园三四次是很平常的事。

喜欢锻炼的人们一早一晚要来公园；喜欢遛弯的、遛鸟的、遛萌宠的，闲暇之余要来公园；走路上下班刚好可以从公园经过的，必定选这条自然风光优美的途径。据统计，南河国家湿地公园建成以来，平常来南河湿地公园游玩的市民平均为每天 2.5～3 万人次。节假日最高峰一天的游客量曾接近 10 万人次，创国家湿地公园客流量之最。

不仅因坐落于城市核心而游客众多，同时南河国家湿地公园有完整、独立的城市湿地生态系统，野生鸟类多，野生鸟类栖息的岛屿、滩地也多，所以这里不仅是当地市民休闲健身、亲近自然的好去处，还是中小学生科普教育的重要基地。

上图：南河的青山碧水间，亭台楼阁林立其中

景观体验

交通 景区距广元火车站 5.7 千米，广元盘龙机场 17 千米。自驾从成都出发约 300 千米，耗时 4 小时。

住宿 滨江国际、希尔顿欢朋酒店、喆啡酒店、巨洋酒店、广元国际大酒店等。

美食 广元酸菜、椒盐酥锅魁、广元冷面、广元核桃酥饼等。

特产 利州辣椒、利州杜仲山鸡、利州香菇、利州红栗、广元橄榄油等。

非物质文化遗产 白花石刻、云峰剪纸、渔河刺绣等。

广元旺苍 四川省米仓山大峡谷风景名胜区

米仓山大峡谷

乱云飞渡仍从容

四川省米仓山大峡谷风景名胜区位于广元市旺苍县，总面积约265平方千米。景区以山、水、峡谷景观为主，融合林、泉、洞等自然景观和红色文化于一体，自然与人文交相辉映，具有"雄、奇、古、红"等特点，为国家4A级旅游景区。

地理分界，动物乐园

秦巴山区有一条狭长幽深的大峡谷，绵延数十千米，不仅风光优美，而且生物种类丰富多样。这条峡谷就是川北地区久负盛名的米仓山大峡谷。

它不仅是一个大峡谷，还是我国南北气候的重要分界线，其南面是亚热带季风气候带，北面则是温带的湿润气候带。所以，这里既有南方湿润的气候特点，又有北方天高云淡、艳阳高照的气候特点，形成了北雄南秀的景观。

不同的气候特点造就了不同生物的生长环境。米仓山大峡谷南面是亚热带阔叶林带，生长着无数繁茂的亚热带植物；北面则是温带的落叶林带，生长着很多温带的植物。这样的生态环境吸引众多的动物来此游玩和栖息，成为动物们的乐园。目前，米仓山大峡谷内生长着241种脊椎动物、240种鸟类和70余种鱼类，是我国最具生物多样性的区域之一。

权威测评·林草探秘指数

资源禀赋：90
体验产品：92
基础设施：91
交通优势：90
网络人气：92
品牌潜力：91

左图：米仓山山脊　李程光｜摄
右图：峡谷中的溪流　王家骏｜摄

四季色彩，拥翠流丹

米仓山大峡谷，随着季节变化呈现出不同的色彩。暖意洋洋的春天，峡谷深处成片的杜鹃盛世绽放，峡谷绝壁上的幽兰则暗自传来芬芳，峡谷两侧的野黄花、桃花、李花、柑橘花等也前来争奇斗艳，从而把整个峡谷装点成多彩的花花世界。酷暑难当的夏天，这里却青翠欲滴，满山绿透，凉爽无比，整个峡谷就是一台天然的中央空调。满目金黄的秋天，这里霜林染醉，枫叶流丹，群山如同霞染，整个峡谷就像打翻的调色盘，色彩纷呈。寒风凛冽的冬天，这里白雪如银，银装素裹，冰锥、冰帘飞挂，晶莹剔透，整个峡谷犹如一片粉妆玉琢的冰雪世界。

古蜀人的商道

如果说米仓山大峡谷仅仅是一处风光秀丽、生物多样的景观，那就太狭隘了。这里还是古蜀人北出的重要通道，是古蜀道的重要组成部分。米仓道是川东地区的经络，始建于秦末汉初，北起陕西汉中，越过大巴山、米仓山，南抵巴中，西去成都，南至重庆，纵贯秦巴山区，是连接关中、汉中和蜀中的"三中"之地，也是北连黄河流域文明，南连长江流域文明的重要通道。米仓山好似历史的过滤器，在关中和巴蜀之间，"乱云飞渡仍从容"。

景观体验

- **交通**　景区距广元旺苍火车站 73 千米，距广元盘龙机场 162 千米。自驾从成都出发约 400 千米，耗时 7 小时。
- **住宿**　旺苍县米仓山大酒店、旺苍凤冠酒店、银杏宾馆等。
- **美食**　根面丸子、旺苍腊三鲜、泡菜鱼、普济牛肉、旺苍猕猴桃、香煎鱼等。
- **特产**　米仓山茶、旺苍杜仲、杜仲雄花、川北王酒、旺苍土鸡、旺苍板栗、旺苍龙凤大米等。
- **非物质文化遗产**　木门醪糟、大巴山崖柏根雕等。

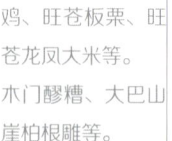

城墙式断层峡谷带来的绝美景致

米仓山大峡谷是全国最典型的城墙式断层峡谷，是欣赏峡谷风光的理想选择，冰川学家张文敬称其"堪比美国科罗拉多大峡谷"。"一线天"、龙潭峡等景点就是这种城墙式断层峡谷的具体表达和绝美景致。

"一线天"景点堪称一绝，两岸陡壁如削，高达 300～500 米，谷底最宽处约 2 米，狭窄处仅有 0.5 米，人要侧身方能通过，极尽曲折。悬崖峭壁上藤萝交织，枯枝倒挂，遮天蔽日。岩壁苔藓挂遍，满谷皆绿。

龙潭峡，潭长景美。河谷长约 1 000 米，宽 10～20 米，两侧峭壁如削，高达两三百米。河床中，怪石嶙峋，奇石频出；时而流水潺潺，时而瀑流跌宕。"幽"在这曲径之中，"美"在这回转之间。

探秘

"龙潭子"传奇

"龙潭子"是米仓山大峡谷以前的名字，因景区内有大小碧潭18个而得名。潭水清澈碧绿，洞口又小又圆，可供一人通过，下入洞内又是一番景象。走过高高窄窄的峡谷后，眼前豁然开朗，那必是到了龙潭飞瀑。这里有国内落差极高的瀑布，落差为125米，宽5米，丰水时宽达10米，气势磅礴，十分壮观。瀑布的轰鸣声日夜不息，即使站在10千米外的川陕公路上，也能看到那飞流直下的白练，感受到那惊心动魄的震撼。

相传，这潭中石龙是东海龙王的三女儿，因思凡尘到人间犯了戒规，被龙王爷用巨石压在这里。对面石壁上有一人头石像，便是龙王爷派来看守石龙的兵丁。

■ 左图：米仓山十八龙潭
白少波 | 摄
■ 右图：城墙式断层峡谷
白少波 | 摄

四川南充 南充嘉陵江绿色生态走廊

嘉陵江
绿色生态走廊

凌空大度的绿色生态走廊

权威测评·林草探秘指数

资源禀赋：		83
体验产品：		86
基础设施：		85
交通优势：		84
网络人气：		76
品牌潜力：		88

嘉陵江绿色生态走廊位于南充市境内，是以植树造林为主的生态打造模式，形成的滨江开放生态景观走廊，展现了南充滨江魅力特色，漫步公园，感受亲水乐趣，静看水鸟飞舞，尽享河畔休闲的乐趣。

山水拱涌，中国最驰名 logo

周子古镇被誉为嘉陵江上最后的码头古镇，创作了《太极图说》的宋代理学巨擘周敦颐曾在此讲学，并写作了《爱莲说》，"二程"也曾在此听讲。走在古镇小石板路上，竹影扶疏，如临无人之境，冥冥之中，太适合大梦一番。我们不妨浪漫地设想一下，周子创造太极 logo 之时，是否恰好为自然地理感召？

宋时某日，周子拂袖，站在嘉陵江畔晨望，江水潺潺，云烟浩渺，飞鸟高低逐波其间。目光停留处，便投向对岸的离堆。"离堆"是嘉陵江早期河曲经自然截弯取直后遗留的山丘。离堆山丘孤断，取阳刚之形；嘉陵江水曲围绕，作阴柔之意，山与水相拥，自然而然，写意出了太极阴阳相依的曲线和意象。

嘉陵江畔的山水拱涌，成就了中国最驰名 logo。

左图：嘉陵江南充段江面 黄文志 | 摄
右图：周子古镇码头

千里一碧，百牛泅渡

柔美的水形涵养了嘉陵江文脉，早在汉时，便孕育了蓬安耕读文化的基因。一位仙气飘飘的儒生司马相如便诞生在这里，其代表作《子虚赋》辞藻富丽，结构宏大，后人称之为"赋圣"和"辞宗"。

武帝时文人，赋莫若司马相如，文莫若司马迁。司马相如与卓文君凤求凰的佳话，更是流传千古。在农耕文明时期，种几亩薄田，养花植草，畅游山水，吟诗题赋，抒发情感是文人崇高的情操寄托。

牛是古代宝贵的劳动工具，古人常感念其辛劳耕作的美德，道家不食"四荤"，其中不食牛，以其为善，蓬安人对牛，又分外喜爱。暮春至初秋时节，裹挟着岸边江泥，近百头牛都会渡入嘉陵江中，游至对岸江中岛——太阳岛和月亮岛食草。日出晨烟四起，牛群施施然走入了水墨画卷百牛图的起笔；日落金波夕照，拍打在湿滑的牛背上，牛儿们无须召唤，涉水归栏。人就守在舫上观看这一朝一夕的百牛之阵，此时宜有笛音入画，我们自然能回归到"牧童遥指蓬安乡"的遥远乡愁里。

青居放舟，是终点又是起点

李白诗曰："朝辞白帝彩云间，千里江陵一日还"，描述了轻舟飘过万重山的洒脱。在南充青居镇放舟，怕是要自哪里来，回哪里去。因为嘉陵江流过这里，为烟山所阻，不得不在青居镇北侧来了个近180°的大转折，出现了一道Ω形的曲流流段。

"河上行一天，岸上一袋烟"，曲流顶部是曲水乡，当地人家的赶场就很是欢喜，早上坐船顺流而下，小半天工夫到青居镇上，赶完场，不必复杂换乘，原地再次顺流而下，倒流15千米，返回曲水乡。

凌云山起，有仙则灵

嘉陵江蜿蜒，山水相映，成就了阆苑仙葩，聚山藏气大风水。

明代著名道士张三丰仙乘而来，欣然写下："蜀山灵秀属凌云，水木清华远俗氛。九鼎烟中鸾凤啸，仙音不与世间闻。"自明清时起，凌云山一带僧道云集，香火鼎盛，民间称之为"小西天"。

2007年，76岁高龄的伊世同研究员站在凌云山上，沉默良久，叹为观止。他分辨到，在凌云山东、南、西、北的方位上，青龙、玄武、朱雀、白虎四象分列，对仗工整，青龙山呈腾飞之势；白虎山则现安静的驯服状；玄武山的龟蛇盘旋，威武雄健；朱雀山上红冠英姿，展翅飞翔。这是中国唯一的天然四象，浑然天成，惟妙惟肖，他仿佛找到了《伏羲画卦》传说中"仰观天文，俯察地理"的源头。

■ 左图：蓬安奇景"百牛争渡"
■ 右图：蓬安古楼临江镇守着一方人间烟火 吕仕友 | 摄

探秘四川 88个不得不去的林草景观

探秘 嘉陵曲流回转出风水宝地

极目远眺，嘉陵江似"Ω"形的回曲奇观呈现眼前。这359°曲流，仅差1°，仅隔一梁，就回归原点。据说，世界上如此江河奇观仅有两处，此处便是其一，嘉陵江那江河扭曲之韵律，造化之机巧，令人神往。

随"嘉陵江曲流"的滚滚江水，嘉陵江流域诞生的第一个中华人杰，最早可追溯到上古时期。《史记》记载，伏羲"孕于阆中，生于仇池，长于成纪"。伏羲在嘉陵江发源地甘肃天水发明了"八卦"，以八种简单却寓意深刻的符号和图形来概括、认识天地间的万事万物。

唐代出了两位纬学奇士，一位是司天监的李淳风，一位是隐士袁天罡。袁天罡曾被嘉陵江的风水地脉所吸引，于是决定在阆中安度晚年，后李淳风访友也追随至此，在阆中推演出《推背图》。现在阆中天宫乡五里台山上和观稼山半山腰，袁天罡墓和李淳风墓还在遥遥相对，安静地比邻相守。

风水嘉陵江，千古人文脉。从伏羲演八卦的故地缓缓而来，嘉陵江水生生不息。吴道子一笔绘就江山，周敦颐千里来寻太极，司马相如与卓文君的爱情圣地，"春节老人"落下闳的太初历诞生于此……嘉陵江人文之气蓬勃律动，正如阆中天宫院里风水大师袁天罡墓门上的对联所云：

人诚杰也，成败利钝动心忍性，当是百炼出者。
地其灵乎，龙砂水穴游目畅怀，似有一气贯之。

左图：嘉陵江蜿蜒，山水相映，成就了川东神秘风水之境 黄文志 | 摄

景观体验

- **交通** 景区沿线有南充火车站、南充高坪机场。自驾从成都出发，沿沪蓉高速、张南高速即可抵达。
- **住宿** 全线辐射星级标准酒店数家，其他酒店、民宿则更多。
- **美食** 河舒豆腐、川北凉粉、南部脆香甜柚、仪陇酱瓜等。
- **特产** 充国香桃、高坪甜橙、蓬安锦橙、保宁醋、腊肉火锅、保宁压蒸、仪陇元帅柚等。
- **非物质文化遗产** 川北大木偶、川北王皮影、嘉陵江石画等。

扫一扫 了解更多资讯

四川省朱德故里——琳琅山风景名胜区

琳琅山

绿色五星，元帅故里

权威测评·林草探秘指数

资源禀赋：	88
体验产品：	82
基础设施：	85
交通优势：	88
网络人气：	83
品牌潜力：	86

左图：航拍琳琅山 贾林 | 摄
右图：朱德纪念馆 贾林 | 摄

　　四川省朱德故里——琳琅山风景名胜区位于南充市仪陇县，面积约52.5平方千米，由琳琅山、柏杨湖、蓬莱阁、插旗山景区和马鞍古镇五部分组成，核心景区面积约5.6平方千米，由朱德故居、朱德同志故居纪念馆等核心景点组成，是国家5A级旅游景区。

马鞍山的预兆

　　一直以来，阆中被视为中国西南的风水宝地，继而被开发规划，成了有名的旅游城市。其实，相较而言，与阆中同属嘉陵江水韵龙脉的仪陇风水保存得更为完整。仪陇地势崎岖，曲径通幽，地阔人稀，重峦叠嶂的光雾山、华蓥山余脉绵远，气运聚集的近邦风水格局相对独立，庇佑着"元戎出仪陇、旌旗满大千"的天地之灵气。

　　在琳琅山与马鞍山接合部的半山坳上，一处独立的川北农家居屋默默无语，承受着世纪的雪雨风霜、阳光雨露。瓦顶的正房和黄麦秆覆盖的两侧耳房，造就了四川潮红的泥土上一代国威军魂的元帅之家。

　　朱德诞生地坐落在马鞍镇形似太师椅的李家湾丁家老屋，前接琳琅湖，后枕琳琅山。当地群众用实例诠释了他们对人居环境的认知：安全、便捷、繁衍和发展。

浅丘绝秀·神韵琳琅

位于仪陇县境内的大巴山南侧、嘉陵江中游的浅山丘陵，早在春秋战国时期就有了刀耕火种的文明，在传统农业文明的滋养中别具风韵。仪陇的丘陵景观实为川东之最。峰峦起伏、丘壑纵横的群岭之中，拥簇着一座独特的山峰——琳琅山。琳琅山也称五星山，距马鞍场镇仅1千米。山顶有一峰突起，像一弯明月，有五条山梁均匀地分布于五个方向，恰似一枚浑然天成的五角星，拔地而起。

琳琅山门前有两尊形似铃铛的锥形巨石，叫作琳琅石，据传是由王母娘娘送给琳琅仙子的一对耳坠变成的，琳琅山因此而得名。琳琅山五条山梁的山嘴均筑有坚固的寨门，所以，此山也称"琳琅寨"。清光绪年间，山下的富豪丁邱南兄弟几人为了保全自家财富，在琳琅山建修了"安乐窝"。南寨门石柱上至今尚有一副对联："天外云峰新壁垒，山巅武曲化干戈。"横批：安乐窝。

丁氏庄园·探寻客家建筑艺术

位于琳琅山南麓的丁氏庄园"安乐窝"，占地面积6 800平方米，是一座有着"川北第一庄园"称号的客家庄园。这座庄园具有清代至民国时期的客家建筑艺术特点，兼顾了普通庄园少有的建筑防务特色。

庄园内的建筑大多为歇山式土木重楼单檐建筑，墙体系宽墙板取黏土筑成。庄园内，大、中、小三套四合院紧密相依，平行排列，正中主院最大。四合院所用柱、檩、枋、椽均取上等优质柏木，基础石料选用质地坚硬细密的青灰色石材，配合精湛的筑墙技术，使得丁氏庄园的建筑墙体至今完好无损。

值得今人探寻的还有这座庄园的防务设计。庄园的背后靠山，前面用条石筑有一道3米多高的堡坎，坎下是一湾类似护城河的"月"字形的水塘。庄园的北面建有一座三层碉楼，碉楼的四面均设有枪眼，院子的其他几面则有高大的院墙阻挡，唯一的入园通道就在这碉楼下。这样精密的防务设计，使得丁氏庄园坚固如堡垒。

除了宏观的建筑群体以外，丁氏庄园细节处的雕刻也是一大亮点。整座庄园共有大小房屋108间，有石门12道，木门108道，石门门柱和门楣上均刻有楹联和横批，并以浅浮雕装饰。庄园的木雕主要见于窗户、门框、屏风、家具和建筑中的额、枋、柱、廊部分。傲霜菊花、翩翩瑞云、喜鹊闹梅、富贵牡丹、鸳鸯藕荷、百鸟朝凤……木雕栩栩如生，石雕精细圆润。

在丁氏庄园，似乎还能感受到百多年前客家人在这里生活时的情致。庄园的主院内，花草繁茂，摆放有序；主院花园四周的墙上，还悬挂着四块当时政要送的大匾。匾上分别刻有"凤梧鹤松""为善最乐""屋身并润""身润琳琅"等吉祥语和祝福词。置身其中，仿佛看见了当年这座庄园落成时的盛大热闹的场面。

目前，丁氏庄园已经与琳琅山朱德故里的各个景点连成一片。

左图：航拍丁氏庄园 贾林 | 摄
右图：丁氏庄园内的天井 贾林 | 摄
左下图：丁氏庄园大门 贾林 | 摄

探秘 仪陇的水脉气象

"得水为上，藏气次之"，所以水脉对一个地方的格局有着深远的影响。朱德故居屋外有一方川北农家常用的栽荷、养鱼的小水塘。这条横塘迂回西南，汇入新寺河，西纳拱桥河，东会斯滩溪河，入营山县名绿水河，最后汇入渠江，汇入仪陇广阔水脉的洪流，流经仪陇汇入嘉陵江，更是气势磅礴，东南入长江，滚滚东流。仪陇东、西、南三面诸水明朝暗拱，呈现百水归流的态势。水脉纵横，水迹绵远，水运通畅，商运通达。

仪陇不仅是朱德的故里，也是人民军队中平凡战士张思德的家乡。朱德同志故居纪念馆、朱德同志铜像纪念园、张思德纪念馆、红军碑廊、抗战胜利纪念碑、"金粟书岩"及当年红军南征北战的遗迹、遗史等丰富的人文景观与烟波浩渺的太子湖，苍翠欲滴的琳琅山，清秀空灵的唐太子李贤读书洞等奇美的自然景观融为一体。

钟灵毓秀映照人文华彩，天宝物华乃因人杰辈出。正如琳琅山中一户农家的对联所云：

中流九派，气运琳琅，浅山丘陵通幽径；江腾川东，脉贯龙须，涪渠水脉蕴德才。

景观体验

- **交通** 景区距南充火车站140千米，南充高坪机场132千米。自驾从成都出发约309千米，耗时3.5小时。
- **住宿** 琳琅农夫山庄、仪陇川北院子酒店、仪陇德福民宿、仪陇喜悦客栈等。
- **美食** 仪陇胭脂萝卜、干烧四季豆、盐脆花生等。
- **特产** 仪陇酱瓜、仪陇元帅柚、芭蕉木瓜、仪陇大山香米、仪陇黄酒、潘豆腐干等。
- **非物质文化遗产** 仪陇剪纸。

左上：航拍马鞍镇 贾林 | 摄
右上：朱德故居 贾林 | 摄

太蓬山

云雾之上，川东蓬莱

充山兩营　四川太蓬山国家森林公园

四川太蓬山国家森林公园位于南充市营山县，最高海拔731米，属亚热带湿润季风气候区，植被以亚热带低山针阔混交林和常绿针叶林为主。除了植被丰富，太蓬山岩壁上还有造像、碑记、佛教经典、诗词、游记等石刻群，山上遗存有古刹五座和数以百计的摩崖石刻造像，与古刹和题龛造像相辉映的有飞仙桥、朝阳洞等胜迹。

小蓬莱——蓬莱山

不是所有人都能找到合适的地方，日上鸡鸣，从打坐起始，松沉禅定，安然心性。也不是所有的地方都能隐匿一段"云深不知处"的神话传说。

嘉陵江流域有一处仙山——太蓬山，它被称为"小蓬莱"，也是蜀中近处的国家森林公园。"何处飞来海上山，两蓬高峙白云间"，太蓬山，古称绥山。所谓太蓬，即山间常年云雾缭绕，数座山峰中此峰独高，仿佛海上仙山蓬莱。明朝进士陈周有文赞曰："峰悬百仞，猿有翼而难飞，路狭千寻，鹏无风而亦歇；书藏委婉，台吟天子之声，羽化空蒙，桥写仙人之匾；桃非凡种，能开三千年结子之花，羊以木为，恍睹十二人飞升之迹。"故此种种，太蓬山是一个古已有之的修仙场域。来这里，列于山间云端，吐纳新气。

权威测评·林草探秘指数

资源禀赋	75
体验产品	81
基础设施	80
交通优势	78
网络人气	68
品牌潜力	80

太蓬山古称绥山，因山状若海中蓬莱而得名，"何处飞来海上山，两蓬高峙白云间"。

■ 左图：太蓬山标志景观——迎客松　贾林 | 摄

■ 右图：太蓬山俯瞰图　贾林 | 摄

山外之仙，相思赋予谁？

"有门无门是为佛门，是洞非洞自成仙洞。"在透明岩洞口的石壁上刻有这样一副对联，寓意释、道教都可在此兼修。在这里归隐修仙，最为奇闻之人，当属杨贵妃。山上凿有唐时的《安禄山题龛》，相传是杨贵妃为安禄山祈福所造，一时引证臆测，莫非这里与杨贵妃有渊源。

"马嵬坡下泥土中，不见玉颜空死处。"是说杨贵妃并非真的被赐死，据《分门古今类事》卷二引《成都广记》，谓赐贵妃死，"以帛缢之""既解帛而气复来"。又云在马嵬事前，曾梦见骑马人对她说："帝命妃子受益州牧蚕皇后"。益州乃四川成都，这预示贵妃后来将归隐蜀中。

白居易《长恨歌》写下了当时的情况，其中写到的蓬莱仙山，据说指的就是今天营山县境内的太蓬山。贵妃本是修道之人，如此一来，太蓬山遂成了她归隐的必然之地。

太蓬山透明岩的特点：它有一个巨大的穿岩石穴，径直穿过山腹，长约数十米，两端透明，一眼望穿，洞自西向东，西边为一深壑，东面出口约1.5米下即是绝壁。

■ 上图：太蓬山石刻　贾林 | 摄
■ 下图：太蓬山石刻一角　太蓬山国家森林公园供图

探秘 川东蓬莱的人文肌理

太蓬山不仅有川东蓬莱的传说故事，更有实实在在的人文肌理，比如佛教遗迹、文人墨客的诗词歌赋等人文遗存。

太蓬山曾为川北佛教圣地，山中有岩，岩上有洞，岩壁上还有造像、碑记、佛教经典、诗词、游记等石刻群，山上遗有古刹五座和数以百计的摩崖石刻造像，与古刹和题龛造像相辉映的各处胜迹。

透明岩是太蓬山的主要景点之一，这里山势奇峭，风光独特，历代许多墨客骚人都曾在此留题作赋。透明岩北端石壁也就是入口处有唐代知事任惠琳隶书的"透明岩"三个石刻大字，至今犹存。悠悠远远，居于深处可眺远，这恰恰便是一处藏龙卧虎的好去处。

景观体验

交通 景区距营山火车站32千米，南充高坪机场54千米。自驾从成都出发约350千米，耗时5小时。

住宿 跃进旅馆、太蓬旅馆、通友旅社、三江友餐旅馆等。

美食 丝丝鳝鱼面、营山油腐、营山呷酒、营山油豆腐、营山酸辣豆花等。

特产 营山冰糖柚、通宝牛肉、东碧冬菜、千层酥、烤方酥等。

非物质文化遗产 营山凉面、营山何氏宫廷扇等。

南充蓬安 | 四川蓬安国家森林公园

白云寨

让川东浅丘活起来

权威测评·林草探秘指数

资源禀赋：79
体验产品：83
基础设施：82
交通优势：75
网络人气：67
品牌潜力：82

左图：蓬安国家森林公园，拥有北纬30°线上中国最典型的方山丘陵地貌，大量平顶丘陵与少量圆顶丘陵交错分布，方山与圆丘之上是常绿的柏树，翠浪绿涛。2009年，白云寨林场被列为我国仅有的两个国家柏木良种基地之一。10年间，林场工人按照国家柏木良种选择标准，采集柏木良种共计1 000余千克。这批种子可育苗172平方千米，白云寨林场提供的柏木良种，相当于100年间再造200多个"自己"。 黄文志｜摄 贾林｜摄

右图：白云寨林场的柳杉林 贾林｜摄

四川蓬安国家森林公园白云寨景区位于南充市蓬安县，地处低中山丘陵区，最高海拔为814米，属亚热带湿润季风气候，植被以常绿阔叶林为主，森林覆盖率达84.6%，面积约37平方千米。

川东浅丘，林海阵阵

蓬安国家森林公园由白云寨、料石寨两个景观片区组成，白云寨是南充市最大的林区，山脉属华蓥山系。这里的植被不仅有马尾松、白木林、黄荆、马桑、女贞等乔木灌木丛林，还有樟木、檀木、红豆、水杉、银杏等珍稀树种。

白云寨林区内，花草芬芳四溢，灌木丛随风逐浪，苍翠欲滴。树木遮天蔽日，阵阵松涛呼啸而过，犹如万人合哼一曲无名歌。进寨门不远处便是白云湖，湖中建有水中亭台，旁边是灯盏岩景点。清朝咸丰年间，反清义军准备在白云山建立根据地，后被团练李文通出卖，义军被重重包围。当地村民白娌为救义军，在岩上凿洞，用桐油点灯草照明，带领义军突围出山，后人将石窝命名为灯盏岩，以纪念义军壮举。

大深南海，山水相映

在中国水利建设史上，有许多治水的大工程、大建设是 1958—1960 年实施的。在这 3 年期间，全国各地的中小型水利工程不计其数。在白云山下仅几千米处，一座于 1958 年开工筑就的中型水库——大深南海水库（原名大深沟水库），默默地滋养着这片土地已逾半个世纪。大深南海水库正是中国水利建设的小小缩影。

大深南海由左右两条长约 40 千米的主流和 14 条长 13 千米左右的支流组成，目前蓄水总量超千万立方米。这个集防洪、灌溉、养鱼、场镇供水、旅游观光为一体的水利工程，滋养着下游约 17 平方千米的良田和多个乡镇。1997 年，大深南海被四川省政府公布为省级风景名胜区；2011 年，被评为国家水利风景区（水利风景区是指以水域或水利工程为依托的自然和人文景观）；2012 年，大深南海成功创建为国家 AA 级旅游景区。

大深南海在一片丘陵地貌之上，虽为人工筑就，但经过几十年的蓄养，库水早已跟这里的五座山峰（峰已成岛，其中皇冠岛上有人工种植的果园可供游人采摘）和南海寺融为一体。巨大的蓄水量使得这蓝天映照之下的碧水既宽阔又厚重。宽阔、平稳、安静的湖面最宜泛舟。阳光微暖，微风徐来，舟行碧波之上，半岛、峡谷、古寺庙，构成了大深南海最独特的景致。

相如湖，库塘与沙洲的眷恋

在嘉陵江中游下段、蓬安县境内，占地约 21 平方千米的相如湖国家湿地公园，是融合了永久性河流、库塘以及洪泛平原湿地的复合型湿地生态系统的典范，携带着典型的嘉陵江流域湿地特色。在相如湖国家湿地公园内，行至水穷处，可观湖光山色，四季葱茏。行走其间，入目皆景，芳草萋萋，山水相映，鸥鹭成群。若是走累了，可在江边的亭台楼阁里小憩片刻。听江水轻轻拍岸，看"嘉陵江水此东流"……

每年三月，这里还有 1 314（一生一世的谐音）的守候。在湿地公园内，5.2 千米长的樱花跑道的两侧栽种了 1 314 棵樱花树，每年三月，它们都会响应季节的邀约，竞相绽放，成为一道独特而又亮丽的风景。穿行其中，人们会不自觉地沉浸在樱花的海洋里，仿佛被浪漫包围。"十大爱情故事"彩色浮雕立于樱花大道旁，《孔雀东南飞》《牛郎织女》《梁祝化蝶》等还配有故事简介。在温柔的三月，浪漫的樱花海洋里，形态各异、栩栩如生的人物浮雕为游客带来不一样的感受。

如今，相如湖国家湿地公园湿地率达 84.12%，园内库塘与沙洲交错而生，生物多样性丰富，水源保障性良好，在嘉陵江流域具有重要性、典型性和代表性的特点，是探寻复合型湿地景观的理想之地。

左图：大深南海水库 贾林 | 摄
右图：白云寨林场的毛竹林 贾林 | 摄

相如故城，赓续赋圣千年文脉

蓬安县中部，一个东面和南面都与嘉陵江相依的小镇，脉承锦屏山，名为锦屏镇。此地得山护水养，曾是历史上有名的"相如县"。2021年5月开始对外开放的"相如故城"就在这锦屏镇上。

相如故城是司马相如的故乡，也是相如县县政府所在地。南朝梁武帝于天监六年（507年），设置"相如县"，并一直沿用至明代洪武中（公元1368—1398年），距今已有1 500余年历史。相如县的古街格局保存完好，名木古树保存众多，不少明清民居也完好无损，古城墙、古衙门遗址尚存，数段残垣依稀可见。

相如故城有许多珍贵的历史遗迹，如文庙、武庙、城隍庙、玉环书院、相如故宅、龙神祠等古建筑。他们历经风雨，有的至今仍保存完好，有的只剩残垣断壁。为传承相如故地的文化基因，当地政府按照"留古、复古、扬古、用古"原则，以"原基址、原空间、原风貌、原材料、原工艺"的标准进行复建，重点把文化基因融入有形建筑，让故城在原有面貌、形态、规制的基础上"复活"。

经过几年时间的"复活"，相如故城里的12个景点已对外开放。这12个景点以司马相如为主角，用"微演艺+非遗表演"的方式，还原汉代的武气、文气、烟火气。走进相如故城，走过石板铺成的古街，走进玉环书院，观名人字画、体验软笔书法、聆听着琴者抚琴，会让人有穿越千年时光而入梦境的错觉。

左图：航拍白云寨林场
贾林 | 摄

右图：相如故城东门
贾林 | 摄

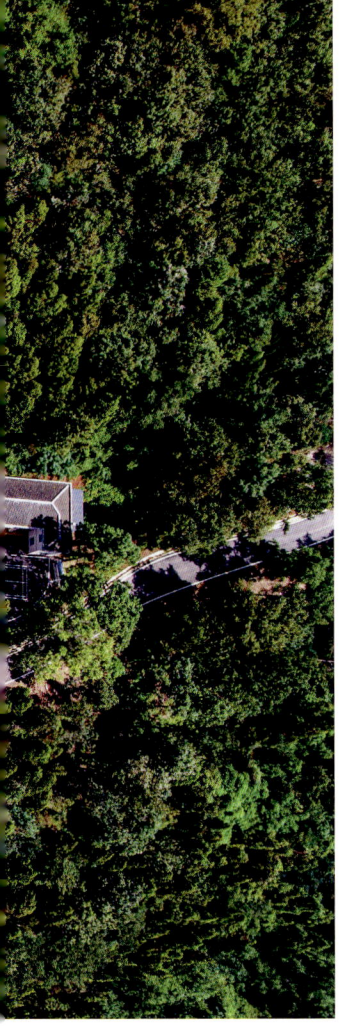

探秘 清末古寨的绿色屏障

白云寨的出现与清末特殊的历史背景、周围山体及川东浅丘地形相结合，形成了独特的景观。宋元以来，每出现社会动荡时，巴蜀地区就有修筑寨堡的传统，借以抵抗盗匪，保卫桑梓，川东地区此风尤甚。白云寨就诞生在这种历史背景下，其对研究巴蜀历史具有重要意义，加之后来植被恢复，丘陵地形的景观凸显，做到了绿色为底、文化为魂。

景观体验

- **交通** 景区距南充火车站67千米，南充高坪机场55千米。自驾从成都出发约282千米，耗时4小时。
- **住宿** 白云避暑山庄、南充白云山生态农庄、佳乐旅馆等。
- **美食** 河舒豆腐、川北醪糟、吴馓子、亚东卤鸭、唐氏米凉粉、蓬安回锅肉等。
- **特产** 蓬安锦橙、相如香兔、金溪白酒、相如古镇等。
- **非物质文化遗产** 婚嫁歌、嘉陵江船工号子等。

四川省锦屏山风景名胜区

南充阆中

锦屏山

古代名人的星光大道

四川省锦屏山风景名胜区位于南充市阆中市城南，古称阆山，有"天下第一江山"之誉，因"花木错杂似锦，两峰连列如屏"，故得名锦屏山，是国家 3A 级旅游景区。吴道子的三百里《嘉陵江山图》即以锦屏山为轴心，杜甫诗句"阆中胜事可肠断，阆州城南天下稀"即指此地。锦屏山风景区除锦屏山、奎星楼外，还包括环列于锦屏的东山园林、滕王阁等阆苑名胜。

巴人最后的都城

阆中是先秦时期巴人与楚斗争失利以后偏安一隅的都城。从风水学的角度看，阆中古城山围四面，水绕三方，山水俱呈蟠龙蜿蜒之势，腾挪欲飞。城内外的地理格局，完美地具备了风水学中"龙、穴、砂、水"等地理要诀，成为巴国最后年月里的首善之区。

站在锦屏山上俯瞰阆中古城。嘉陵江流经城北玉台山沙溪场之后，便收敛其桀骜不驯之势，数条支流海潮拱辰般汇聚，状若"九龙朝圣"，然后缓缓向南流淌，为塔山与大像山所阻，转而折向北方，再经灵山阻挡而南流，形成一个"U"形依城抱郭之势，天然形成了"丽水成垣"和"金城环抱"的风水绝胜之地。

这里有嘉陵江环绕，不但交通便利，"私盐之利，舟楫之便，可以通四方商贾"，还便于设险，犹如一道天然护城河，让任何来犯者都不得不敬畏三分。即便是从水力学的角度来看，由地球自转偏向力而形成的凸岸会比水流不断淘蚀挖空的凹岸安全得多。假如是北方秦国南下攻城，巴人即便不敌，亦有充分时间通过嘉陵水道一路扬帆直达长江沿岸。

正因为如此，巴人在退无可退的时候会选择阆中古城作为最后的都城。迁都阆中不久之后，楚国在与秦国的对抗中失利，再也无力西进，阆中则继续存在了很长时间，形成了巴人"后治阆中"的局面。

权威测评·林草探秘指数

资源禀赋：79
体验产品：78
基础设施：80
交通优势：78
网络人气：82
品牌潜力：81

左图：阆中白塔 贾林 | 摄
右图：在锦屏山上俯瞰阆中城
　　　贾林 | 摄

阆中滕王阁，古城的文化符号

说起滕王阁，我们首先想到的是江西南昌的滕王阁，然而在阆中也有一座滕王阁，这两座滕王阁都是滕王建造。在中国历史上滕王有很多位，但最为有名的还是唐代滕王李元婴，他是江西滕王阁的建造者，也是阆中滕王阁的修建者。据史料记载，公元679年，唐高宗将李元婴调到阆中镇守，李元婴修建的隆苑、镇江楼、玉台观、观景亭等建筑，奠定了今天阆中古城的基本格局。

后人为了纪念李元婴，将观景亭称为滕王亭，后改称滕王阁，从唐代至清代一直保存至今。在蜀中游历的杜甫登上滕王阁，写下了诗篇《滕王亭子二首》"君王台榭枕巴山，万丈丹梯尚可攀"，诗中既有对阆中山水的赞美，也有对滕王骄奢生活的嘲讽。后来，南宋诗人陆游来到阆中，在游览滕王阁夺锦亭时，写下了"夺锦轩中醉倚栏，锦屏紫翠插云端"的诗句，滕王阁因此成为阆中的文化符号。

如今，走进重建的滕王阁，朱漆大门徐徐打开，赫然入目的是一座滕王雕像。他气宇轩昂，一手拿酒杯，一手拿毛笔，潇洒恣意的形象让人印象深刻。登临滕王阁，远处的古城山水一览无余，山环水绕中蒙蒙细雨使周围的环境更显静谧与惬意。

阆中森林公园以大盘龙山、小盘龙山、锦屏山、灵山、玉台山、西山及绕城而过的一湾嘉陵江水为主体，形成"三面江光抱城郭，四围山势锁烟霞"的整体格局。

锦屏护佑的阆苑仙境

阆中城对面是锦屏山，原本叫阆山，从华光楼码头乘船渡过嘉陵江到对岸的南津关码头。这里曾留下许多名人的脚步：三苏父子于景祐元年（1034年）赴京应试在此登船，南宋放翁在此小憩，杜甫在安史之乱后曾在此居住。登上锦屏山，看对岸的阆中城，近处是老城，远处是新城区。人在城中，城在水中，水绕山环，山抱城郭。

锦屏山是一座有背景的山，杜甫游历此山时写下"阆中胜事可肠断，阆州城南天下稀"的诗句。杜甫的《阆山歌》和《阆水歌》写尽了锦屏山的险奇秀丽和嘉陵江的风光旖旎。

中唐时期，玄宗命画师吴道子去蜀中采风，回宫之后，吴道子一日间挥就《嘉陵江山图》，从此传为佳话。吴道子的《嘉陵江山图》正是以锦屏山为轴心，锦屏山因此被称为"嘉陵第一江山"，雄峙阆中城南，像一座屏风一样保护着阆中古城。

瞻仰过锦屏碑林的人都会有一种错觉，似乎穿越到了古代，碑林殿内有历代名人书画260多幅。有张飞的《立马铭》汉隶碑，吴道子的《行道观音》，张善子的《上山虎》《下山虎》等，这些都是独一无二的真迹，对于书画爱好者来说能见真迹是件幸事。

景观体验

- **交通** 景区距阆中火车站 2.2 千米，南充高坪机场 115 千米。自驾从成都出发 267 千米，耗时 3 小时。
- **住宿** 南充阆中熊猫大酒店、锦元张飞国际酒店、大众假日酒店等。
- **美食** 白糖蒸馍、白糖烧饼、锭子锅盔、牛羊杂碎面、阆中酸菜、油茶馓子等。
- **特产** 阆中张飞牛肉、保宁压酒、保宁醋、保宁松花皮蛋、奉皇米豆腐等。
- **非物质文化遗产** 巴象鼓舞、阆中丝毯织造技艺、保宁醋传统酿造工艺等。

左图：构溪河湿地自然保护区的鹭鸟
右图：构溪河上的野鸭

构溪河自然王国

阆中市境内的构溪河是国家级湿地自然保护区。保护区总面积约为49平方千米，其中核心区和缓冲区（核心保护区）约为5平方千米、实验区（一般控制区）约为44平方千米。构溪河的源头在苍溪县龙山镇境内，自苍溪县乔家河、双河，再经阆中市多个乡镇后汇入嘉陵江。在湿地保护区内，有丰富的野生动物资源和林木资源。野生动物共有129种（鸟类95种，两栖类7种，爬行类8种，兽类19种），树木有64科126属461种。

保护区内由5座水库而形成的5处湖泊，是观赏鹭鸟、白鹤、野鸭的绝佳地，常常能见到数十只、上百只或游于水面，或飞翔在岸上山林间。构溪河支流处的三岔河片区是鹭鸟最为集中的地方，被誉为"鹭鸟天堂"。每到清晨和傍晚，河面上白茫茫一片，颇为壮观。此外在湿地保护区内还有8处壮观的瀑布。他们有的跟湖泊形成浑然一体的景观。有的浑然天成，别具一格。其中的高砍瀑布由于水流平缓、错落有致成为人们夏季玩水、避暑的网红打卡地。

长长的构溪河因其天生的自然形态，造就了其上急下缓的河流走势。在河道转弯处，形成了一个天然的"U"形，位于这个"U"形区域内的妙高、河溪、柳湾三大核心景区就非常值得探访了。此河段河水碧绿、河流平缓，是泛舟赏景、观鸟听风的好地方。湖光山色之间，还可露营、野炊、骑行、垂钓，也可沿湖步行，欣赏清澈的湖水，聆听清脆的鸟鸣。2009年4月，构溪河湿地保护区被亚太环境保护协会评为中华100大生态亲水美景。

广安华蓥 四川华蓥山国家森林公园

华蓥山
奇幻迭出的地理之脉

四川华蓥山国家森林公园位于广安市华蓥市境内，地处亚热带湿润性季风气候区，植被类型为常绿落叶林和阔叶林。高登山为华蓥山最高峰，海拔为 1 704.1 米。华蓥山是国家地质公园，园内地貌类型有平坝、台地、低丘、深丘、低山等。

自然风物，川东丘陵的华蓥情结

华蓥山是一座博大的天然地质陈列馆，这里的山峰是川东平行岭谷与川中红色丘陵的分界线。在漫长的地质年代里，华蓥山形成了从寒武纪到侏罗纪的完整地质构造。华蓥山大断层将 20 余种矿产剖露在地壳的表层地带，为中国提供了品种众多、储量丰富、极具开采价值的矿藏。

山上的石柱雄壮秀拔，石生树、树缠石等自然景观随处可见。旅游区内的植被更是枝叶繁茂、郁郁葱葱。经初步估算，旅游区内的植被种类竟达 304 种之多。珍稀的香果树、穗花杉等多种国家一、二级保护植物似珍珠般散落于旅游区。山下以松树、杉树为主，山上以藤蔓、稀有树种为主，茂密的白夹竹、茨竹、方竹、灌木、乔木漫山遍野，掩映于奇特的石林之中，植被覆盖率达 95% 以上的旅游区格外耀眼壮观。个别罕见的植物至今仍没有名字，从而更增加华蓥山神秘的色彩。

权威测评·林草探秘指数

资源禀赋：80
体验产品：76
基础设施：82
交通优势：78
网络人气：75
品牌潜力：80

■ 左图：华蓥山雄壮秀拔的石柱、石生树、树缠石处处可见
■ 右图：华蓥山下的天意谷瀑布群
黄文志 | 摄

华蓥山以其不可复制的天然溶洞、瀑布群与生态景观、悠久的人文历史和川东古巴人文化底蕴而闻名古今，成为川东名胜。正如地方县志对华蓥山大峡谷所描写：『中流九派，气运华蓥，新亭古刹通幽径；江腾川东，脉贯龙须，青山绿水醉游人』。

峡谷雄风，石灰岩练就的骨骼金身

华蓥山大峡谷位于四川省东部华蓥市境内华蓥山脉，属华蓥市邻水县管辖，是华蓥市城市范围内的重要山体。大峡谷地处风景秀丽的华蓥山脉，现已建成景区旅游公路，可直达大峡谷景区，形成便捷的旅游交通网络。华蓥山天然溶洞奇观众多，在30余座群峰护持下，形成"溶洞群、瀑布群"的景观格局，仰观众山，清幽寒静。

华蓥山周边为低矮的群山丘陵环抱，加之丘陵特有的梯田纹理的农业景观，构建起城市周边独有的田园景观。大峡谷旅游景区常温比市区低3~5℃，风景秀丽，空气新鲜，气候宜人，区位优势和自然条件得天独厚，是旅游避暑不可多得的胜地。

左图：华蓥山大峡谷常温比市区低3~5℃，风景秀丽，空气新鲜
右图：华蓥山具有典型的中国南方特点的石林景观，亦为我国岩溶性生态景观之代表作　黄文志｜摄

华蓥群峰里的红色遗脉

"山不在高，有仙则名"，华蓥山有着丰富的人文积淀，不仅有巴人故事，更有红色遗脉。

古巴人在大禹称帝的时候，就创造了灿烂的文明。相传，在遥远的岁月里，古巴人的祖先因在故乡无法生存，于是造了一条泥船，率族人由湖北沿三峡溯流而上，历尽千辛万苦，最后来到巴蜀之地，在此繁衍生息，古巴人有一些奇特的习俗——对刀、剑、虎的崇拜，在饮食、婚嫁、丧葬方面也有许多奇特的习俗，如在丧葬方面有船棺葬、悬棺葬。

至今，在巍峨的华蓥山还能看到古巴人的坚韧精神。千百年来，为了追求幸福安康的生活，华蓥山儿女与一切落后观念、反动势力进行了英勇斗争。20世纪以来，华蓥山儿女在中国共产党的领导下，与日本帝国主义和国民党反动派进行了长期、艰苦卓绝的斗争，尤为可歌可泣的是：1948年，中国共产党领导的华蓥山游击队武装起义。

著名小说《红岩》中的"双枪老太婆"就是以华蓥山地区陈联诗、邓惠中、刘隆华等一大批地下女工作者为原型的真实形象再现。"双枪老太婆"的传奇故事铸就了万世不朽的红岩精神，现旅游区内天坑溶洞处的华蓥山游击小道、华蓥山游击队指挥部、华蓥山游击队存粮处、华蓥山游击队弹药库、华蓥山游击队望台和警戒哨所等遗迹仍保留完好。

■ 左图："双枪老太婆"精神在华蓥山永远传承
■ 右图：华蓥山的峡谷风光，秀美雅致　黄文志 | 摄

景观体验

交通 景区距广安火车南站49千米。自驾从成都出发约334千米，耗时3.8小时。

住宿 华蓥山大酒店、盛天福地度假村、华蓥山森林山庄、华蓥逸居缘客栈等。

美食 银芽虾仁薄饼卷、酸辣蕨根粉等。

特产 华蓥山薇菜、醉仙麻辣牛肉、华蓥山银针茶、华蓥山蕨菜等。

非物质文化遗产 华蓥山宝鼎香会、华蓥山滑竿抬幺妹、坐歌堂等。

达州
宣汉 四川省百里峡自然保护区巴山大峡谷景区

巴山大峡谷
地质奇迹与秘境山林

四川省百里峡自然保护区巴山大峡谷景区位于达州市宣汉境内，是喀斯特岩溶地貌构成的峡谷型自然风景区，因峡谷长百余里而得名，是国家地质公园、国家 4A 级旅游景区。景区山环水绕，深谷一线，峰丛入云，形成了百兽聚会、仙女岩、观音洞、南天门等十大主要景点；峡谷内有秦末汉初樊哙屯兵驻扎留下的将军坪、跑马梁、拴马石、大通险道及石栈道等遗址，还可以看到张献忠、白莲教留下的青龙寨、大寨子等遗址。

权威测评·林草探秘指数

资源禀赋：91
体验产品：95
基础设施：93
交通优势：93
网络人气：98
品牌潜力：94

■ 左图：宣汉巴山大峡谷　黄文志 | 摄
■ 右图：罗盘顶红豆杉　　甘霖 | 摄

洞藏大象，岩似仙女

巴山大峡谷内不乏自然奇景，大象洞便是其中之一。大象洞因洞内形似大象的巨大钟乳石得名，其他造型奇特的钙化景观也引人夺目。比如，石柱和光影的搭配营造出如梦似幻的月光石林效果，通过人体压力感应和灯光配合相映成趣的五彩栈道及神奇钙化反应结晶而成的钙化池，在光影技术的衬托下，整个洞穴都流光溢彩。

巴山大峡谷的另一处标志景观便是秦巴山地的褶皱地貌，这些褶皱是地球岩石由于地壳运动隆起形成的。绵延几十千米的奇峰峻岭、褶皱悬崖，皆记录着地球运动的痕迹。仙女岩就是大峡谷具有代表性的一处褶皱景观。仙女岩位于巴山大峡谷百里峡腹地，褶皱的地貌如同一幅巨大的画面，起伏坑洼则是画面上的生动线条，描绘出一位亭亭玉立的捧篮仙女。

桃谷鱼泉，山林体验

　　作为巴山大峡谷的主要景点，桃溪谷集奇石褶皱与峡谷幽潭于一处，这里既有奇特的钟乳石洞，又有婉约静谧的山泉飞瀑，无论是鼓起勇气在绝壁探险，还是随心漫步林间，都可收获到欣赏山间多样景观的奇妙体验。

　　不同于壮阔起伏的山景，鱼泉河更像是婉约诗词中描写的景象。常年的流水侵蚀形成了鱼泉河地缝式峡谷，畅游其间，游人可以在幽深曲径间感受泉水潺潺，瀑布飞溅，更能欣赏泉眼、绝壁等山景水景。上游的鱼泉洞和鱼泉栈道是亲水的好地方，幸运的话，还可与溪间鱼儿相遇，为旅途增加不少乐趣。

　　来大巴山峡谷怎能错过体验绝壁的惊险刺激？大红岩栈道就为挑战者们提供了这个机会。栈道位于鱼泉河和画架沟景区间，悬于峭壁之上。栈道由透明玻璃建成，游人行走其上，既可以俯瞰脚下万丈峡谷，又可以抚摸身边喀斯特地貌下奇峰怪石的纹理，更能体会到峡谷的壮观之美。

山中秘境，山路不止十八弯

巴山大峡谷桑树坪景区内有这样一首歌形容一条公路："大巴山山路不止十八弯，就像藤把树来缠"，歌词中所唱的便是山路不止十八弯景区内的蜿蜒公路。这条公路连接了罗盘顶和苏家屋基，起伏的山峰褶皱打造出了曲折盘旋其间的山路。除了乘车在山间穿梭，感受神奇的弯道，在赵家崖观景台，游客可以拥有欣赏山路不止十八弯的最佳视角。

山路九拐十八弯，一个弯连着一个弯走来。巴山大峡谷的罗盘顶养生养心体验园区就是最高端、最辽阔、最痛快的体验地。

罗盘顶境内历史上曾有川陕茶马古道通过，气候属于亚热带季风气候，整个景区海拔最高的有2 480米，是整个巴山大峡谷的制高点。罗盘顶一带全年夏季最高温度28℃，冬季常年最低温—5℃，所以这里是夏季避暑、冬季滑雪的绝佳地。

■ 上图：鱼泉河地缝式峡谷　甘霖 | 摄
■ 下图：游客峡谷漂流体验　甘霖 | 摄

探秘 巴山之巅的红豆杉栈道

巴山大峡谷蕴藏着高等植物 400 余种，是一座植物资源的"宝库"，是生物专家们搞科研的好地方。这些植物既有大名鼎鼎的国家一级重点保护植物红豆杉，还有水杉、银杏、崖柏等稀有植物，更有金银花、百合、柴胡、党参、当归、石斛、五倍子、云木香、厚朴等名贵中草药，因此巴山大峡谷享有"中国药乡"的美誉。

红豆杉是中国特有树种，是国家一级珍稀濒危保护植物，是世界上公认濒临灭绝的天然珍稀抗癌植物。在巴山大峡谷，红豆杉分布集中，主要生长在巴山大峡谷红豆杉栈道。这条栈道全长 1 200 米，沿途风景壮美，奇特的植物资源丰富，尤其属红豆杉居多，故称之为"红豆杉栈道"。这里可近观云海，触摸星辰，远眺日出夕阳，养心养肺。

景观体验

- **交通** 景区距达州火车站 124 千米，达州河市机场 132 千米。自驾可从成都出发 523 千米，耗时 5.5 小时。
- **住宿** 九龙巴山饭店、巴山名豪大酒店、燕子酒店、巴山民宿、云漫巴山度假别墅酒店、璐杰商务宾馆等。
- **美食** 土家吊锅、土家八大碗。
- **特产** 当春茶、雀舌茶、宣汉当春富硒茶、四川高山绿茶红茶、工夫茶等。
- **非物质文化遗产** 土家薅草锣鼓、东乡白莲教传说、徐鸭子传统制作技艺。

川东北 经济区

巴山大峡谷地质褶皱　黄文志 | 摄

四川宣汉国家森林公园

宣汉
国家森林公园

五马归槽奇
峨城竹海秀

权威测评·林草探秘指数

资源禀赋	70
体验产品	72
基础设施	80
交通优势	71
网络人气	64
品牌潜力	72

四川宣汉国家森林公园位于达州市宣汉县境内，由观音山省级森林公园、峨城竹海省级森林公园、五马归槽景区组成，面积约46.21平方千米，是秦巴山区生物多样性保护区，有郁郁葱葱、资源厚重的"飞播林海"和成片成丛、花色各异的"杜鹃花海"等景观。

■ 左图：峨城山中竹林莽莽
　　　甘霖 | 摄
■ 右图：五马归槽林场风光
　　　宣汉县林业局供图

五马知青林

五马归槽原是中国风水学堪舆用语，一般指五条像马形的山脉共同指向一处结穴的地方，并且结穴处明堂较大，座山、朝向选择容易，青龙、白虎、玄武、朱雀格局明显的风水佳城。宣汉的五马归槽景区因俯视犹如五匹骏马归来同在一个槽里进食而得名。景区内月亮坪下面密密匝匝的柳杉，是当年86名来自重庆的知识青年开垦荒山培植出来的。为了纪念他们战天斗地、不畏艰难险阻、绿化祖国山河的精神，特命名这一片松林为"知青林"。

难能可贵的是，当返城机会来临，大多数知青难以割舍对这片大山的热爱而选择留下，继续与寂寞深山做伴，与郁郁林木做伴。在极其艰苦的自然环境下，他们克服重重困难，由种树人变成砍树人，再由砍树人变成种树人及管护人，伴随五马林场完成了由荒山变林海、由林海变景区的华丽转变。

贵州 88个不得不去的林草景观
·436·

深山藏古寺

观音山，原名大行山，传说一只大鹰飞至此山，三天三夜，不食不动，人们视鹰为神，当地人开始修建寺庙。山顶上的华盖寺始建于唐，后被拆毁，庙宇颓垣断壁。

现残存殿堂牌坊，牌位的绘画和文字依然清晰可见。遥想当年的盛况，古寺依山，体现了古代风水学说的选址原则，人工建筑与自然山景相得益彰。

中国山水美学对于风景名胜的理解并非单纯的"深山藏古寺"，而是"景物因人成胜概"，既有建筑隐于山林的类型，也有建筑显于山林的类型。仔细研判古寺遗址，展现了寺庙延续发展的过程，是中国营造学"余韵"典范，元代已初具规模，明代又加以发展，清代持续修建，形成三路格局相互融合的和谐美感。

自古寺损毁以来，观音山山巅只留下古寺的片语传说，后来经当地林场职工自发初步修复，古寺重光，抚今追昔，一座气派的古寺重现眼前。

左上图：古寺神像残件　甘霖 | 摄
中上图：后殿石柱残件　甘霖 | 摄
右上图：古寺遗址　　甘霖 | 摄
下图：古寺大殿须弥座残件
　甘霖 | 摄

探秘四川 88个不得不去的林草景观

探秘 峨城竹海盛景

峨城竹海以得天独厚的生态自然景观和区位优势著称。这里以楠竹为主，动植物资源丰富，构成了美丽迷人的天然美景，四季景色各具特色——春赏绿意，夏纳清凉，秋看霜叶，冬观雪景。这里可观云山雾海，听月下松涛、雨打竹林、溪流作响。

峨城竹海将围绕低碳旅游这一主题，进一步夯实园内基础设施建设，拟建楠竹园、白夹竹、笋用基地、疗养基地等，真正唱响低碳旅游的旋律，打开宣汉生态旅游、低碳避暑的先河，使之成为宣汉旅游业一颗璀璨的明珠，成为广大游客生态旅游理想之地。

漫山遍野的楠竹、白夹竹，让峨城山成了竹的海洋。穿过莽莽竹林，汉代舞阳候樊哙筑城屯兵的古城堡出现在人们面前。走进寨内，古朴的雕塑令人目不暇接，"峨城胜景"四个大字下侧依稀可以辨认出落款为"雍正十年"字样的旁注，印证了"峨城雪霁"确为当地胜景。

左图：峨城竹海景区公路 宣汉县林业局供图

景观体验

交通 景区距达州火车站41千米，达州机场48千米。自驾可从成都出发约460千米，约7小时。

住宿 达州林蔓尼酒店（世纪广场店）、悦森禧致酒店、凯悦酒店等。

美食 童记麻辣鸡、油茶、格格儿、特色凉虾、豆花牛肉等。

特产 宣汉山羊板皮、九顶雪眉系列富硒茶、宣黄连等。

非物质文化遗产 土家薅草锣鼓、东乡白莲教传说等。

扫一扫 了解更多资讯

达州万源 | 四川省八台山风景名胜区

八台山
四川第一缕阳光

四川省八台山风景名胜区位于达州市万源市境内，因地貌呈层状梯级递降，有八层之多，故名八台山。主峰2 272米，为川东第二高峰。区内景物多彩多样，融山景、峰景、崖景为一体，是达州市最吸引人的景区之一。

寻访川渝之巅

古人曾有云"川西有峨眉，川东有八台"，可见它的美并不在峨眉山之下。在这里，云雾是自然的赏赐，春风是大山的柔情。推荐八台山的理由很简单，这里的云海、日出、佛光、绝壁、断崖、独峰、石芽等景点，每一处都让人沉醉其中，无法自拔。

这里春天山花烂漫，夏天云卷云舒，秋天彩叶遍野，冬天白雪皑皑。虽然最佳的旅行时节为春、秋季，但八台山夏季山上温度低山下10℃，是个避暑的好去处；冬天漫天的雪景，都会让人有不同的感受！对广大的天文爱好者和各位摄影达人们来说，夏季八台山的夜晚天空通透、澄净透明，非常适合拍摄星轨和银河！

八台山天文观测摄影的最佳季节是夏季，三个月间因受副热带高气压带的持续影响，会出现全年晴天最多的时期，八台山是非常适合天文观测和天文摄影的地域。

权威测评·林草探秘指数

资源禀赋	83
体验产品	82
基础设施	78
交通优势	79
网络人气	74
品牌潜力	85

八台山因地貌成层状梯级递降，有八层之多，故名八台山，有"巴山第二峰"美誉，被人们称为"川东峨眉"

■ 左图：在八台山之巅眺望川渝交界群峰　甘霖 | 摄
■ 右图：八台山刚开通的第五座玻璃索桥　甘霖 | 摄

滑草观林，
林草景观初体验

每年 3 月，八台山景区都会举办滑草节，只见游客坐在滑草车上，从彩道上一滑而下，或尖叫，或张开双臂，风在耳边吹过，围观的看客们都禁不住欢呼雀跃，俨然一副已经将自己置身其中的状态，都急不可耐地想亲自尝试。站在观景台上，整个草场一览无余，云雾将整个草场披上轻薄的纱幔，一条条五彩的滑道透过云雾忽明忽暗，耳边时而传来游客们爽朗的笑声。

观景台的另一边，万丈深渊，沟壑相间，一条临崖而建的小路将大山拦腰截断，云里雾里，时断时连。一株株崖柏在山间林立，泥土的芬芳洗礼着游人的心脾。站在这里，顿觉万物皆渺。山谷之间独秀峰矗立在八台山第五处，海拔约 1 930 米。独秀峰地层倾角约 10°，基座长 30 米，宽 95 米，高 25 米，其景亦奇亦幽，由于孤身立于天地之中，独秀峰顶部孤松葱郁挺拔，常年青翠，是媲美黄山梦笔生花的奇景。

■ 上图：八台山独秀峰 甘霖 | 摄
■ 下图：川渝群山间的盘山公路 甘霖 | 摄

座座奇峰，如数家珍

铸剑峰是八台山镇山之宝，是国内罕见的地质奇观。经过亿万年的自然变化终于形成巨大的单一层面的三角形"岩墙"。从八台山绝壁崖向北望，能看到一个巨大三角形片状岩块，似拔地而起的利剑，有一种"天地仗剑"的豪迈。

从棋盘山山顶处鸟瞰，有40余座孤峰，状若棋子；峰峰之间，沟谷相连，共同分布在长3 600米、宽1 800米范围内，恰似一块硕大棋盘，镶嵌山间。这是四川丛聚状锥峰岩溶地貌的典范，成为揭示大巴山新构造运动史的重要地貌学证据。

龙潭河：打造川东北高山奇水的全域旅游新格局

　　龙潭河坐落于八台山脚下，八台山以险、秀最为突出，相对八台山的美景，龙潭河也毫不逊色。

　　人类社会文明起源于河流文化。龙潭河发源于重庆市城口县白芷山，从龙潭河景区两扇门的巨岩之下流出，形成一大一小、一浑一浊、一冷一热的阴阳泉，是渠江水系中河之源头。

　　龙潭河素有"十里画廊"之称，其流域内有十峰八潭，河水清澈纯净，蜿蜒流淌，两岸奇山异峰，鸟语花香，水远山长，一派迷人的田园风光。

　　一片秀美是龙潭河的外表，那么，探险才是龙潭河骨子里存在的内涵，景区内漂流、探险、休闲是它的标签。

　　有人说，漂流是勇敢者的游戏，尤其是在四面青山环绕的环境中更容易激发激情，在龙潭河最是适宜这种游戏与挑战的。

　　在龙潭河上游处走马坝乘皮划艇，沿途经过红军洞、蝙蝠崖、海马下山、溴泉等多个景点直至鑫达养生谷，全程5 000米，耗时约两小时，漂流其间，时而轻盈如燕，时而奔腾如虎，迎面而来的是一种未知的期待。

- 左图：龙潭河漂流终点处的蹴月桥
  贾林 | 摄
- 右上图：龙潭河漂流起点处的喀斯特溶洞，洞口有喀斯特地貌独有的旋塘景观
  贾林 | 摄
- 右下图：龙潭河的上游就是蜂桶山自然保护区　贾林 | 摄

探秘

四川最早迎接阳光的地方

中国最先看到太阳升起的地方在黑龙江省抚远县乌苏镇，四川最先看到太阳升起的地方就是位于万源市的八台山。万源在四川最东部，有着"川东峨眉·川渝之巅"美誉的八台山又在万源最东部，加之鹤立鸡群的高度，给了八台山迎接四川第一缕阳光得天独厚的优势。八台山主峰峰顶有一宽约4米，长约50米的平台，是八台山的制高点，被称为"八台金鼎"，是川东地区观看日出、佛光、云海的最佳位置。2015年，被《中国国家地理》杂志选入"发现四川100个最美观景拍摄点"。

想要真正迎来四川第一缕阳光，选对时间非常重要。一年四季之中，八台山的夏季晴天最多，夏季的清晨4点到5点是最佳的日出观赏时刻。若是到了秋冬季节来这里观日出，清晨6点到7点才是观云海、看日出的最佳时间点。当然，这里除了有享誉大四川的日出，还有壮美的日落也值得一观。当落日霞光洒满千仞峰，暮霭之下山峰重峦叠嶂，群山颜色深深浅浅，山中沟谷似乎深不见底，这样的山川之美尽显川渝之美的格局与气度。

八台山飞拉达攀岩，是全国海拔最高的铁道式攀岩线路，位于八台山铸剑锋内侧崖壁之上，海拔高度约2 200米。攀岩线路分为体验线路和挑战线路，体验线路长85米，最高距离崖底高度120米。挑战线路全长403米，线路中最大离崖底高度260米。普通游客体验线路时间一般为25分钟，通过整条线路时间一般为1个小时。

■ 右图：八台山铸剑峰攀岩　甘霖 | 摄

景观体验

- **交通**　景区距万源市火车站34余千米，达州河市机场144余千米。自驾可从成都出发535千米，耗时6小时。
- **住宿**　万源八台山云尚客栈、万源明月巴山酒店、硒苑农庄等。
- **美食**　太极豆腐渣、四川腊肉、一品飘香兔、黄金富硒土豆、绿韵养膳鸡、巴山外婆鸡、万源汤洋芋等。
- **特产**　万源老腊肉、蜂桶蜂蜜、小煎仔鸡、旧院黑鸡、大巴山黄牛、肉牛等。
- **非物质文化遗产**　巴山背二歌。

在户外运动发烧友看来，巴塔哥尼亚原是一次探险，一次奇迹般的旅行，而在八台山，中国人正在用特有的东方智慧演绎着超越户外旅游本身的全程快乐体验，用中国式山多度假的快乐理念去感染那些以征服自然山水为骄傲的外国驴友的心。

四川省黑宝山森林公园

黑宝山

顾盼花萼，
守护大巴山绿色屏障

权威测评·林草探秘指数

资源禀赋：83
体验产品：73
基础设施：75
交通优势：70
网络人气：65
品牌潜力：74

左图：黑宝山山间溪流景观
万源县林业局供图

四川省黑宝山森林公园位于达州市万源市境内，自然风光独特，生态优越。这里群峰相连，沟壑纵横，溪流密布，有万亩杉木、松树人工林及原始森林植物群落，野生动植物种类繁多，是一个天然的动植物资源宝库。

神秘宝山

黑宝山有上千种动植物，俨然一个天然的动植物资源宝库。景区集森林、清泉、险峰、奇石异洞和野生动植物于一体，具有良好的自然生态环境，正在创建国家级森林公园。

2018年8月，已有旅游开发公司对黑宝山旅游康养综合开发项目进行投资，拟在10年内完成开发建设，最终形成国内一流的集休闲、养老、养生于一体的旅游品牌。为将黑宝山森林公园建成中国森林康养度假旅游目的地和达州北部片区核心景区，吸引更多企业前来投资兴业，景区目前正按照"川渝凉都"进行定位和规划，积极推进基础设施建设。走进黑宝山，当拔地而起的高楼变成遮天蔽日的森林时，分不清黑夜白昼。黑宝山黑得神秘，也黑得大器。脚踏松软的土地，抚摸沧桑的年轮，吸吮一丝林隙的阳光，这里是户外爱好者向往的天堂。

探秘 "草鞋书记"守护的花萼山

在万源市境内,与黑宝山遥遥相望的是花萼山国家级自然保护区,主要以珍稀动植物及亚热带常绿阔叶林生态系统为保护对象。花萼山自大巴山岭蜿蜒而来,是人们融入自然、探秘珍稀植物宝库的好去处。花萼山主峰南天门海拔约2 380米,极陡险,素来被人们称为"川东北群峰之首",为万源东北一带主山,同时也是汉江和嘉陵江的分水岭。南天门上有两道石壁屹立对峙,中间仅容一人通过,若遇雾霭缥缈,前方顶上的祖师庙在云海中忽隐忽现,脚下烟波万顷,穹庐微开。相传,三国时期"走马荐诸葛"的名士徐庶晚年隐居在四川万源花萼山,当地百姓建"祖师庙"供奉。祖师庙内供有徐庶全身塑像,人们也称徐庶为"花萼老祖"。

"七一勋章"获得者、原达县地委副书记、纪委书记周永开是花萼山当地父老乡亲口中的"周老革命""草鞋书记",十几年间他护林上万亩,推动建成了花萼山国家级自然保护区。离休后坚持在花萼山植树护林,并推动花萼山成功创建国家级自然保护区。如今已94岁的周永开仍在为保护花萼山出力,并创立了"花萼永开"基金,基金募集的所有善款专项用于花萼山国家级自然保护区的生物多样性保护工程。

花萼山核心区原始森林面积约35平方千米,素有"天然动植物宝库"之称。大巴山岩豆是豆科类野生植物,颗粒饱满。豆身呈椭圆,色墨,有少许淡红色的斑点。它有祛湿行血、治体虚的功效,生于沟边潮湿处、江边沙滩的岩石上,万源、宣汉人又叫它为"野胡豆"或"岩胡豆"。

■ 左图:黑宝山原始林景观 万源市林业局供图
■ 右上图:花萼山彩林景观 万源市林业局供图
■ 右下图:岩豆 甘霖|摄

景观体验

交通 景区距万源市火车站 70 余千米，达州机场 170 余千米。自驾可从成都出发约 580 千米，耗时 10 小时。

住宿 达州明宇雅庐半山酒店、万源大酒店、农家乐等。

美食 太极豆腐渣、四川腊肉、一品飘香兔、黄金富硒土豆等。

特产 万源老腊肉、蜂桶蜂蜜、小煎仔鸡、旧院黑鸡、姜葱螃蟹、大巴山黄牛等。

非物质文化遗产 巴山背二哥。

达州通川 青宁云门天寨农旅综合项目之天盆草原景区

云门天寨
川东林草旅游新舞台

权威测评·林草探秘指数

资源禀赋：72
体验产品：82
基础设施：80
交通优势：79
网络人气：68
品牌潜力：72

云从天上来，寨门向阳开。云门天寨的高山原乡康养度假基地。

■ 左图：云门天寨新建成的草坪景观　甘霖 | 摄
■ 右图：景区旁的油画小镇　甘霖 | 摄

　　青宁云门天寨农旅综合项目之天盆草原景区位于达州市通川区境内，是重点建设的乡村旅游综合开发项目。该项目是兼具农业观光、森林公园、自然及田园风光、古迹、奇石林和新农村建设于一体的综合观光旅游业态。

林下产业让景区起步

　　最开始云门天寨项目从农业发力，景区占地面积达 10 平方千米，涉及包含岩门村在内的 5 个行政村。当地的气候条件与自然环境非常适宜大面积栽种油用牡丹，这也能够为当地乡村带来极高的经济价值，云门天寨项目开始培育优质的油用牡丹，同时发展以花卉精油、食用油、面膜、防晒霜等油用牡丹为原料的加工产业，再结合当地巨石艺术为核心的生态猎奇、传统非遗文化旅游及自然教育研学，进行全生态农旅+文旅的综合性开发，在最大限度保留原始风貌的基础上进行再次开发，并形成产业联动。

云门天寨的雄心

现在，云门天寨景区包含了五大版块：石云境里综合服务版块、天寨文创艺术猎奇版块、天盆草原康养运动版块、糯果童年自然教育版块、山水漫乡生态保育版块，其中被当地村民称为"风聚石"的巨石占地约 11 万平方米，高度超过 100 米。五大板块中最核心的游览体验板块是天寨文创艺术猎奇板块，位于云门天寨山顶区域。整个天台保持原生态的景观氛围。中国非遗第一秀——云里火龙秀是最大的看点和亮点，是以文化带动整个项目的进一步发展。

云门天寨所在的村域拥有极佳的生态环境，常年气温要比山下低 5℃左右，非常适合旅游与康养产业。为了更加充分地利用场地内的农田、森林、水系等资源，以"糯果童年"为 IP 的原创品牌产品线诞生了。

近年来，纵观在荒山荒坡建美丽景区，建设发展的代表——金石云顶野生动物园是通川区重点文旅项目，同时也是建设国家 4A 级旅游风景区"金石云顶旅游综合开发项目"之一。

■ 左上图：云门天寨网红民宿 甘霖 | 摄
■ 右上图：环境的改善令周围的居民更加安居乐业 甘霖 | 摄

景观体验

交通 景区距达州火车站54千米，距达州河市机场64千米。自驾可从成都出发456千米，耗时5小时。

住宿 维也纳国际酒店（市府店）、凤凰国际大酒店。

美食 酸菜鱼、薄饼、石锅鱼、通川灯影牛肉等。

特产 通川灯影牛肉、通川柑橘、达州脆李等。

非物质文化遗产 达州元九登高节、巴渠童谣、蛇难爬、通川灯影牛肉传统加工技艺等。

扫一扫 了解更多资讯

探秘 灾区变景区的奇迹

曾经的青宁天盆草原，可没有现在风景如画、游人如织的场景。它是历经一次大灾难后，才凤凰涅槃成如今的模样。十余年前，青宁镇岩门村发生了特大山体滑坡，灾情震惊了全国。在天灾的摧残下，这个以梨花和层层梯田闻名的"川东梨花之乡"荡然无存。

在灾后建设和开发过程中，当地打造了云顶天寨、生态艺术石林、天盆草原、半山养生花园、孺果童年自然教育公园、中国非遗第一秀，首创国内独一无二、具有自主知识产权的北斗云顶天街、中华非遗第一秀——云里火龙秀，同时自然灾害滑坡后形成的石林在经过岁月的洗礼后也成了当地的特色景观之一。

四川达州 | 四川铁山国家森林公园

铁山
石猴藏身已千年

■ 意外发现的铁山大圣岩　甘霖 摄

四川铁山国家森林公园位于达州市境内，地处中亚热带湿润季风气候，气候温和，年平均气温约 13.7℃，平均海拔 880 米，最高峰塔峰海拔约 1 063 米。森林公园地属亚热带常绿阔叶林带，森林覆盖率达 85.3%。

城市氧吧

铁山山岭南北延伸，露出三叠系硅质褐色硬砂岩，石色如铁，故名铁山，主要的山峰有塔峰、大崖角、刀背山、二尖山、仙人帽、小尖山等，峰体陡直，需开辟石梯才能攀援上顶，会登峰顶。向东俯瞰，百里山川尽收眼底。向西望去，川中丘陵此起彼伏，延绵千里。览云海、观日出、赏雪景是铁山三大奇观。

铁山公园是整个铁山自然景观和人文史迹最集中的地区。景观名胜有扬公庙、铁山关、尖山关、小尖山寺、钟观音、仙人帽、灯盏窝等 14 个大自然风景和历史遗迹。它们与大自然浑然一体，为铁山公园平添了无穷的风韵。

大圣岩惊现铁山

大圣岩发现的过程可谓是一段美妙的传奇故事，被当地人传为佳话。几年前的一天，两位摄影爱好者发现一尊大佛突然现身铁山。在大崖角的悬崖绝壁之上，苍翠欲滴的藤蔓植物之中，凸现出一尊高度超过 20 米的白色石头肖像。那浓眉大眼，那坚挺的鼻梁，那刚毅的嘴唇，还有额头上那三道深深的抬头纹，似人似神，似仙似佛，巧夺天工，惟妙惟肖。

每逢夕阳西沉，红日如盘，道道霞光，直照大佛。此时的大佛，凸显于万绿丛中，璀璨的落日将赤、橙、黄、绿、青、蓝、紫毫不吝啬地倾注到佛的脸上，夕阳聚焦，佛光闪耀，使佛的轮廓更加分明，情感更加丰富。眼睛似乎在灵灵地闪动，嘴巴似乎在微微地开合，嘴唇还略显红润，俨然传说中孙悟空的形象。经过口口相传，石像被说得神乎其神，当地人取名大圣岩。每到特定日期，信徒烧香礼佛，顶礼膜拜。

达州市区盛夏炎热，而作为森林公园的铁山之上，森林覆盖率达 85.3%，气候温和，年平均气温 13.7℃，山上大气由国家测定为一级。境内林木葱郁苍翠，动植物种类繁多。重峦叠嶂，松涛绿浪声声；繁花丛中，雀叫鸟鸣阵阵。铁山是达州市民度假消夏的游览胜地。

权威测评·林草探秘指数

资源禀赋	85
体验产品	84
基础设施	86
交通优势	86
网络人气	85
品牌潜力	88

探秘 都市近郊的桃花源

达州城的北郊，由众多岛屿组成，湖光山色秀美的地方，就是莲花湖湿地公园。

这个湿地公园以达州石莲花水库为主体，经过多年的打造，渐渐形成现在的规模。

踏入湿地公园，眼前便是碧绿的世界，湖中岛上柑橘、桃树成林，景色如画；巴山大剧院、飞龙桥、凌波栈道、映月桥等建筑点缀着青山，美景如诗；湖光在望、莲舍清荫、桃花岛、荷塘、重石寨等24处景点风采无限。

每个季节，这里的景色各不同。阳春三月，可赏开遍整个湿地公园的桃花、柑橘花；夏季时分，可览湖中成片的荷花；秋天来临，桃子、柑橘等水果等你来采摘；冬天里，达州市民在这里垂钓休闲。

这里是达州主城最主要的生态资源，开发与保护齐头并进。根据规划，这里将建设"生态湿地区、婚庆园区、风情小镇区、亲子乐园区、茶博园区、艺术村区、文化公园区"七大功能区。未来的莲花湖，将以生态为引领，以"湖文化"为中心，突出"亲山近水"自然生态特色，融生态、休闲、康养、文化于一体，打造成为达州市亮丽的文化景观名片、生态海绵城市样板。

景观体验

交通 景区距离达州火车站21千米，达州机场25千米。自驾可从成都出发400千米，约5.5小时。

住宿 达州林蔓尼酒店（世纪广场店）、悦森禧致酒店等。

美食 酸菜鱼、薄饼、灯影牛肉、大风羊肉等。

特产 灯影牛肉、达州脆李。

非物质文化遗产 巴渠童谣、巴渠河川剧艺术、黄麻纸制作技艺、"蛇难爬"消肿散。

上图：莲花湖小岛　贾林 | 摄
左下图：莲花湖湿地公园标志景点——"莲花塔"　贾林 | 摄
右下图：湖畔樱花盛开　贾林 | 摄

川东北

四川光雾山国家级风景名胜区

光雾山
水青冈的基因库

权威测评 · 林草探秘指数

资源禀赋：85
体验产品：86
基础设施：84
交通优势：80
网络人气：86
品牌潜力：83

■ 左图：光雾山位于秦岭山系的广义大巴山的一段，十里画廊位于光雾山景区高处，树叶最早开始变红。

四川光雾山国家级风景名胜区位于巴中市南江县境内，以秀丽奇特的群峰为代表，苍翠茂密的森林植被为基调，集秀峰怪石、峭壁幽谷、溪流瀑潭、原始山林为一体，是国家重点风景名胜区，国家4A级旅游景区，2018年成功创建为世界地质公园，曾荣获"四川十大红叶旅游目的地"称号。

奇秀风骨，搭配稀缺资源

光雾山是巴中的风骨，北雄南秀喀斯特，千山万水入画境。地质学家说，这里的地貌兼具北方喀斯特和南方喀斯特的特点，发育系统完整，几乎囊括了喀斯特地貌景观的所有类型，是多层次、多阶段、立体的"喀斯特地貌天然博物馆"。以燕子岩为代表的岭脊型喀斯特峰丛，曲线沿岭脊展开，像天际线上移动的燕阵；以诺水河溶洞群为代表的喀斯特溶洞，各种洞穴沉积物成簇出现，景致秀美，被称为亿万鹅管的钟乳石，汇集出星雨般的点彩；以十八月潭为代表的滩—瀑—潭水体景观和花岗岩地貌组合独具一格，沿溪谷溯流而上，碧潭玲珑，闲上山来看野水，忽于水底见青山。

光雾山是四川盆地北部边缘山地重要的生物基因库，有全国最大、最完整的世界稀有树种——巴山水青冈种群，形成了西南山地的红叶奇观。每到入秋的季节，连绵数百千米的范围内，树树皆秋红，山山唯彩霞。同时，令人感到神奇的是，在攀登主景香炉峰时，你会发现，春日的杜鹃花盛放在峰岭绝壁，看与被看之间，是春秋变换的巴山红，犹如宋代《林泉高致》的画境："山得水而活，得草木而华，得烟云而秀媚"。

上图：满山红叶是光雾山最震撼人心的景观　南江县林业局供图

水青冈属植物起源古老，最早发现于白垩纪中期，到第三期才有可靠的印痕化石，为典型的北温带区系成分。它在我国的地理分布西界，并作为划分中亚热带东部和西部的标志之一，也是我国植物区系地理分布的重要分界线。

水青冈，独秀于林

　　光雾山是树木生长的天堂，森林欢舞的乐园。从事植物研究的业内专家，以"四川大巴山水青冈群落的物种多样性特征"为题进行专业调查分析，给出如下结论：在这个生物群落中，生物物种资源丰富。

　　丰富的植物群落中，何以巴山水青冈独占"花魁"，被称为植物活化石，这究竟是怎样的一种树木呢？水青冈，又称山毛榉，是对被子植物门壳斗科水青冈属植物的通称。目前，全世界分布有10～14种，在南江焦家河林区集中成片地分布着中国大陆的所有水青冈属的4种植物，是地球上水青冈属植物起源地现代分布中心之一。

探秘 水青冈留存的奇迹

包括巴山水青冈在内的所有水青冈，能从7 000万年以前的白垩纪活过来，如今被称作植物活化石的树木，实属不易。尽管米仓山的森林曾遭到过砍伐，但仍然有幸运者，于是，成片巴山水青冈林得以保存，成为今天大坝景区重要的风景点。

在这水青冈树唱主角的森林中，各种杜鹃、玉兰、木兰、丁香、栀子、迎春、茶花、猕猴桃、野桂花、野樱桃等花卉小乔木相配置，充盈着整个林间，丰满厚实，春花夏绿，红叶知秋霜，山山岭岭阔大的视野中，一年四季变幻着景色，展开的是一幅幅壮丽的山水画卷。

当然，巴山水青冈不愧为植物活化石，永远是这绿色森林大海中最耀眼的娇宠者。水青冈树高岸挺拔，又透着俊秀疏离；它气宇轩昂，又传达出端庄潇洒之仪态；苍劲古老，又闪射着青春活力，堪称树中"帅哥"。特别是光雾山红叶层林尽染时，更能显示它的脱俗之风骨，褪绿渐黄，黄而透亮，由黄入红，红而不艳，大气爽朗，气势宏大，而又不显张扬。落叶铺地，也是洋洋洒洒，织成锦绣。

水青冈穿越悠远的时空而来，原本为林中霸主，神性之树，却又是低调成林，可亲！可爱！可敬！

- 上图：小兰沟溪水幽而深邃，树叶红得最晚
- 下图：树中"帅哥"——水青冈

景观体验

- **交通** 景区距巴中火车站119千米，巴中恩阳机场141千米。成都自驾457千米，耗时5.3小时。
- **住宿** 巴中光雾山映山红宾馆、光雾山名人度假酒店、光雾山明宇豪雅酒店、红叶山庄等。
- **美食** 南江黄羊滋补汤锅、烤全羊、山野菜、腊猪蹄炖竹笋、苞谷馍馍贴蜂糖、光雾山豆腐干等。
- **特产** 土蜂蜜酒、寒溪液酒、野生猕猴桃、核桃。
- **非物质文化遗产** 石工号子、巴山茅山歌等。

四川空山国家森林公园

空山天盆
奇绝的喀斯特盆地

权威测评·林草探秘指数

资源禀赋：	84
体验产品：	78
基础设施：	75
交通优势：	72
网络人气：	73
品牌潜力：	78

■ 左图：四川空山国家森林公园地质构造属上扬子地台北部 黄文志 | 摄

■ 右图：地处四川台向斜向秦岭地槽褶皱带过渡地区的米仓山台穹 李仕亮 | 摄

空山空不空

空山天盆的地表深处，的确是空的，山坡上有许多深不可测的地窟窿，即使山洪暴发，洪水也会在瞬间消失得无影无踪。有趣的是，在龙池村有一个水洞，地下水位永远与洞口持平，雨季不会外溢，旱季也不会下降，当地群众称它是空山的生命源泉。

四川空山国家森林公园位于巴中市通江县境内，属中亚热带湿润季风气候，海拔最高点为2 117米，植被以针叶阔叶混交林、落叶阔叶林为主，森林覆盖率达90.6%。空山天盆是秦巴山区最大的高山盆地，是世界自然与文化遗产预备名录的重要组成部分，将奇特的岩溶地貌与神秘的原始森林融为一体，成就了国内罕见的喀斯特盆地景观。

天盆奇景，云蒸霞蔚

　　空山国家森林公园所在的空山乡位于四川盆地东北边缘、米仓山东段南麓，是两省四县七乡交会之地。清晨，天盆底部被一团团雾气轻柔笼罩，神秘而灵动。随着一束束阳光投射下来，与雾气相交融，幻化成一丝柔光，整个空山天盆瞬间变得清新而安宁。

　　天盆中央，有四座孤峰卓然玉立，遥相呼应。中峰高约 120 米，方圆面积约 5 000 平方米，四壁如削，峰顶古松苍劲，野花遍地，内有溶洞，刻有古人题词："第一洞天"。另一峰高 140 余米，方圆面积 6 000 余平方米，四壁陡峭，荆棘丛生，整座山体是一个蜂窝状溶洞，东、西、南、北均可进出，人们戏称"蜂窝公园"，内有古人题词："第二洞天"，1933 年，这里是红军的营地，故当地群众又称它为"红军寨"。

战斗的号角

　　1933 年 5 月，在这里爆发了著名的空山战役。在战役发起的前夕，为阻止敌军进犯，红军砍树栅路，时任红十一师政委李先念亲临现场检查设防。这时，一名战士正准备砍一棵大核桃树。见此，李先念对这名战士说，核桃树是百姓的"摇钱树"，应该保留。为了纪念红军，当地百姓后来称空山乡政府门前保留下来的一棵百年核桃树为"将军树"，果为"将军果"。空山还盛产银杏，空山当地有许多古银杏树，树干中空，但仍生机盎然，可容多人围坐聊天，树干覆盖面积巨大。

天鹅戏水　郑荣武、李仕亮、王述端 | 摄

不过，尽管空山自然风光旖旎神奇，其知名于世，却得力于川陕苏区时代的空山战役，它对于川陕革命根据地的巩固和发展起到关键作用。现在，当人们面对那决定根据地命运的空山军事会议旧址和那蜿蜒在群山之中的 25 千米战壕时耳畔仿佛还回响着阵阵号角，催人奋进。

探秘 狮象把水口奇观

水是喀斯特的生命，是喀斯特地貌生长发育的原动力。在空山喀斯特盆地边，通过河流的侵蚀，形成一个雄奇壮美的喀斯特峡谷景观。狮象把水口位于猴子峡景区杨家河，是一个雄奇壮美的喀斯特峡谷景观。当地壳快速抬升的时候，河流迅速下切，使得峡谷两岸高耸陡峭，造就了这样一个地质奇观。河对面的陕西省象山将长长的鼻子伸进河中，而四川的雄狮与之对峙，形成一个"太极锁黄龙"之势。

而景点"天鹅戏水"，则像是一只天鹅将头伸进河中吸水，河面在此形成太极八卦图形，非常奇特壮观。河水缓缓长流，青山苍翠相依，终年云蒸雾绕，是观看日出和云海的最佳之地。

景观体验

- **交通** 景区距巴中火车站 163 千米，巴中恩阳机场 185 千米。自驾从成都出发 501 千米，耗时 6.8 小时。
- **住宿** 空山大酒店、富氧山庄、万鑫旅馆等。
- **美食** 银耳汤、银耳宴、板桥蜜麻花、五味炒面等。
- **特产** 银耳、空山核桃、野生竹笋、通江青裕黑猪等。
- **非物质文化遗产** 通江银耳传统生产技艺、巴山剪纸等。

扫一扫 了解更多资讯

图书在版编目（CIP）数据

探秘四川：88个不得不去的林草景观 / 杨博主编. -- 成都：四川科学技术出版社，2020.12（2024.3重印）
ISBN 978-7-5364-9970-6

Ⅰ. ①探… Ⅱ. ①杨… Ⅲ. ①旅游指南－四川 Ⅳ. ① K928.971

中国版本图书馆CIP数据核字（2020）第224382号

探秘四川——88个不得不去的林草景观

TANMI SICHUAN —— 88 GE BUDEBUQU DE LINCAO JINGGUAN

主　　编	杨　博
出 品 人	程佳月
责任编辑	何晓霞　夏菲菲
责任出版	欧晓春
出版发行	四川科学技术出版社
地　　址	四川省成都市锦江区三色路238号
邮政编码	610023
印　　刷	湖北金港彩印有限公司
成品尺寸	210mm×260mm
印　　张	32
插　　页	4
字　　数	500千字
版　　次	2021年8月第1版
印　　次	2024年3月第2次印刷
定　　价	198.00元

ISBN 978-7-5364-9970-6

■版权所有·侵权必究■

探秘四川

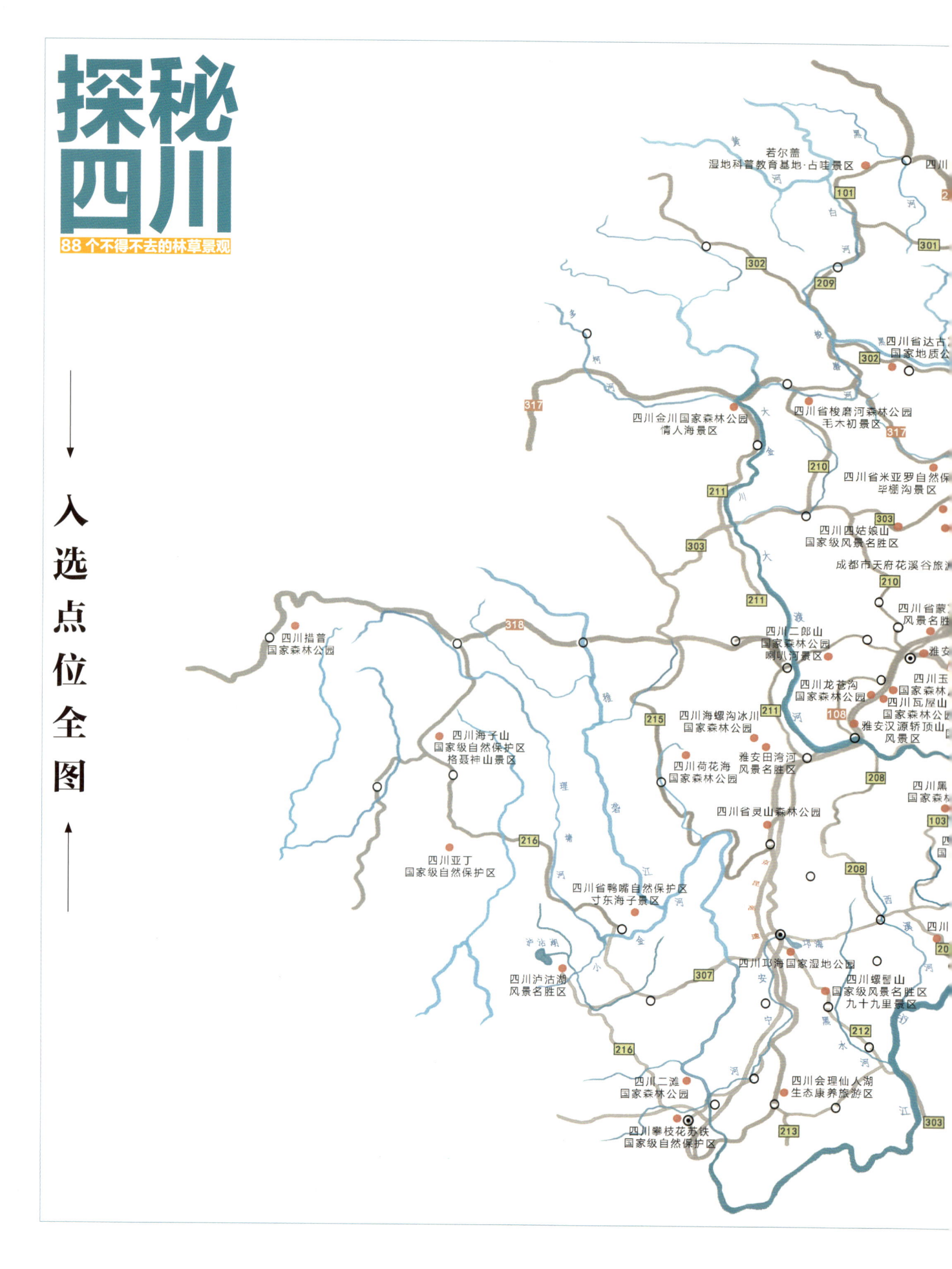

88个不得不去的林草景观

入选点位全图

若尔盖湿地科普教育基地·占哇景区

四川省达古冰川国家地质公园

四川金川国家森林公园 情人海景区

四川省梭磨河森林公园 毛木初景区

四川省米亚罗自然保护区 毕棚沟景区

四川四姑娘山国家级风景名胜区

成都市天府花溪谷旅游区

四川省蒙顶山风景名胜区

四川措普国家森林公园

四川二郎山国家森林公园 喇叭河景区

四川龙苍沟国家森林公园

四川玉屏山国家森林公园

四川瓦屋山国家森林公园

雅安汉源轿顶山风景区

四川海子山国家级自然保护区 格聂神山景区

四川海螺沟冰川国家森林公园

四川荷花海国家森林公园

雅安田湾河风景名胜区

四川黑竹沟国家森林公园

四川省灵山森林公园

四川亚丁国家级自然保护区

四川省鸭嘴自然保护区 寸东海子景区

四川泸沽湖风景名胜区

四川邛海国家湿地公园

四川螺髻山国家级风景名胜区 九十九里景区

四川二滩国家森林公园

四川会理仙人湖生态康养旅游区

四川攀枝花苏铁国家级自然保护区